The

Delaware Primers

of

Ira D. Blanchard

Edited and translated by
Ives Goddard and Miles Beckwith

Mundart Press

2021

Copyright © 2021 by Joshua Jacob Snider
Mundart Press, 807 Howard Street, Petoskey MI 49770

All rights reserved. No part of this book may be reproduced or transmitted in any form or by any means, electronic or mechanical, including photocopying, recording, or by any information storage and retrieval system, without permission in writing from the publisher.

The publisher hereby grants such permission to the Delaware Tribe of Indians and the Delaware Nation of Western Oklahoma for any tribal educational or cultural purpose.

A publication of the Recovering Voices Program of the Smithsonian Institution, supported in part by a gift from the Shoniya Fund.

Publisher's Cataloguing-in-Publication Data

Names: Blanchard, Ira D., 1808-1872, author. | Conner, James, 1817-1872, author. | Journeycake, Charles, 1817-1894, author. | Goddard, Ives, 1941- editor, translator. | Beckwith, Miles, 1959- editor, translator.

Title: The Delaware primers of Ira D. Blanchard / edited and translated by Ives Goddard and Miles Beckwith.

Other titles: Blanchard, Ira D., 1808-1872. Linapi'e lrkvekun, apwivuli kavuni vawinj wato. | Blanchard, Ira D., 1808-1872. Linapie lrkvekun, ave apwatuk. | Blanchard, Ira D., 1808-1872. Delaware first book.

Description: Petoskey MI : Mundart Press, [2021] | Includes bibliographical references.

Identifiers: ISBN: 9780990334460 (paperback) | LCCN: 2021911807

Subjects: LCSH: Delaware language--Readers. | Algonquian languages--Readers. | Delaware Tribe of Indians--Language--Readers. | Delaware Nation, Oklahoma--Language--Readers.

Classification: LCC: PM1034.B53 A6 2021 | DDC: 497/.345--dc23

Table of Contents

Introduction.	v
Abbreviations.	vi
Bibliography.	vii
Linapi'e Lrkvekun (Blanchard 1834a).	**1-47**
[*Cover.*]	3
[p. 1] [*Title Page.*]	3
(p. 2) Key to the Delaware Alphabet [illegible; not transcribed]	4
(p. 3) [*Letters, Numerals, Punctuation* (not transcribed).]	4
(p. 4) [*Syllables* (not transcribed).]	4
(p. 5) [*Easy Words* (transcribed); *Syllables* (not transcribed).]	5
(p. 6) [*Lessons 2-13: Syllables* (not transcribed).]	6
(p. 12) [*Words; Conversations; Sentences.*]	6
(p. 13) [*Words; Sentences.*]	9
[*Cold Weather; Spring is Coming.*]	12
(p. 14) [*The Cat.*]	13
[*The Horse.*]	13
[*Spring.*]	14
[*Rain.*]	15
(p. 15) [*The Sun.*]	15
[*The Moon and the Stars.*]	16
[*Knowledge is from a Book.*]	16
[*The Flour Mill and the Saw-Mill.*]	17
(p. 16) [*Farming.*]	19
[*Fall.*]	22
(p. 17) [*Winter.*]	23
[*The Rewards of Work.*]	23
[*Feeding the Poor.*]	24
(p. 18) [*About the Delawares.*]	25-47
Linapie Lrkvekun, Ave Apwatuk (Blanchard 1834b).	**49-178**
[p. 1] [*Title Page.*]	52
(p. 2) Key to the Delaware Alphabet.	52
(p. 3) [*Talks to Delaware Boys.*]	53
(p. 7) [*Drunkenness (1).*]	60
(p. 8) [*Warning to Boys.*]	65
(p. 13) [*The Cost of Whiskey.*]	76

(p. 14)	[*Drunkenness (2)*.].	79
(p. 15)	[*The Creation.*]	81
(p. 17)	[*The First Man and Woman.*]	84
(p. 17)	[*The Flood.*]	87
(p. 19)	[*The Tower of Babel.*]	90
(p. 19)	[*Jacob and the Law.*]	92
(p. 20)	[*The Ten Commandments.*]	93
(p. 21)	[*Animal Sacrifice.*]	98
(p. 22)	[*Relapse into Sinful Life.*]	99
(p. 23)	[*When Jesus Christ Came.*]	100
(p. 23)	[*Nicodemus.*]	103
(p. 25)	[*The Sermon on the Mount.*]	104
(p. 26)	[*What Jesus Did.*]	111
(p. 26)	[*The Parable of the Sower.*]	112
(p. 28)	[*The Prodigal Son.*]	119
(p. 30)	[*Lazarus.*]	124
(p. 33)	[*The Death of Jesus.*]	134
(p. 36)	[*The Burial of Jesus.*]	141
(p. 36)	[*The Resurrection of Jesus.*]	142
(p. 39)	[*What Jesus's Disciples Did.*]	149
(p. 41)	[*Things Those Who Loved Jesus Did.*]	149
(p. 41)	[*More Things Those Who Loved Jesus Did.*]	154
(p. 41)	[*Philip and the African.*]	155
(p. 42)	[*How the Indians Lived.*]	158
(p. 43)	[*Plans for an Indian State.*]	161
(p. 46)	[*The Future Indian State.*]	168
(p. 47)	[*Why I Made this Book.*]	173
[Back cover.]	[*Hymn.*]	176

The Delaware First Book (Blanchard and Journeycake 1842).   181-221

[Cover.]		181
[p. 1]	[*Title page.*]	183
[p. 2]	[*Delaware title page.*]	183
[p. 3]	Key to the Delaware Alphabet.	183
[p. 4]	[*Letters, etc.*]	184
(p. 5)	[*Syllables.*]	184
(p. 6)	[*The Creation.*]	184
(p. 7)	[*The Garden of Eden.*]	186
(p. 8)	[*The Flood.*]	188
(p. 9)	[*The Tower of Babel.*]	192
(p. 10)	[*Jacob and the Law.*]	193
	[*The Ten Commandments.*]	194
(p. 13)	[*Jacob, Joseph, and Benjamin.*]	199
(p. 18)	[*Address to Boys.*]	210
(p. 20)	[*The Evils of Drink.*]	214
(p. 22)	[*Warning of Danger.*]	217
(p. 23)	[*The Evils of Whiskey.*]	220

Introduction

This book presents an edition of the three school primers in the Delaware language that were produced by the Baptist missionary Ira D. Blanchard in the years 1834 and 1842. Their short titles are: *Linapi'e Lrkvekun* (Blanchard 1834a), *Linapie Lrkvekun* (Blanchard 1834b) and *The Delaware First Book* (Blanchard [and Journeycake] 1842).

The Delawares (or Lenape), who were originally from southern and central New Jersey, were then in a part of Indian Territory that is now eastern Kansas. The little books were printed on a press at the nearby Shawnee mission and are now excessively rare. For an account of Blanchard's work and additional information on the topics summarized here the reader is referred to the Introduction to the edition of Blanchard's *Harmony of the Four Gospels* (Goddard 2021a).

The printer of the 1834 primers, Jotham Meeker, played a major role in devising the unique adaptation of the alphabet that Blanchard used. His work on this and other languages, documented in detail in his journal, is described and catalogued in a book that celebrates him as the "pioneer printer of Kansas" (McMurtrie and Allen 1930). The 1842 primer was printed by John G. Pratt.

The language of the primers is what was originally the southern dialect of Unami (ISO **unm**), a member of the Eastern Algonquian branch of the far-flung Algonquian family. It differs somewhat from the varieties of Unami that were used by the earlier Moravian missionaries in their extensive linguistic work and translation. A grammar is Goddard (2021b).

Blanchard relied on bilingual Delawares for help in translation, two of whom are known by name: James Conner and Charles Journeycake. The variation seen in details of the language used suggests that there may have been others, as well. No helper is named in the 1834 primers, but Meeker attests that Conner aided Blanchard in the early years. He is acknowledged as Jimmy (in Delaware spelling) in the *Harmony*, and Journeycake is evidently the co-author named as Charles in the third primer. The names of these men have been added to the citations of the books they are named in, although they are not acknowledged on the English title pages.

The correctness of the translation and the accuracy of the transcription improved noticeably over the years of Blanchard's work. The first primer has many imperfect spellings and unlikely words and word combinations, and Blanchard himself appears to have essentially disowned it, as he called the third one the "Second Edition." In the editions here presented comments on such errors and proposed corrections are added in square brackets or on an added line labeled "/n". Those interested in the language may wish to study the primers in reverse chronological order.

The text of the primers was transcribed from photocopies obtained from The Boston Athanaeum in Boston, Mass. (Blanchard 1834a), The Gilcrease Institute in Tulsa, Okla. (Blanchard 1834b), and the Watkinson Library of Trinity College in Hartford, Conn. (Blanchard 1842). It was regrettably not feasible to resolve doubtful and unreadable letters by examining the originals.

Miles Beckwith prepared the initial edition of large parts of the second primer, of which he is given as co-editor, and made many contributions to the edition of the other primers in the course of his preparation of the *Glossary* (Beckwith and Goddard 2021),

The transcription of names is, to some extent, conjectural; see the *Glossary* for these and other problematical words.

Abbreviations

absol.	absolute	/p	phonemic transcription
Acts	Acts of the Apostles	p.	page
AI	animate intransitive	para.	paragraph
anim.	animate	pl.	plural
/b	Blanchard text as printed	PN	prenoun
B 1834b	Blanchard 1834b	ppl.	participle
B 1837	Blanchard [and Conner] 1837-1839	PRES	present
B 1842	Blanchard [and Journeycake] 1842	proh.	prohibitive
B&A	Brinton and Anthony 1889	prox.	proximate
cf.	compare	PV	preverb
CW	James C. (Charlie) Webber	RSV	Revised Standard Version
dim.	diminutive	s.b.	should be
DN	Delaware Nation (speaker)	sg.	singular
e.g.	for example	subd.	subordinative
exc.	exclusive (excluding addressee)	/t	English translation
fut.	future	TA	transitive animate
Glossary	Beckwith and Goddard 2021	TI	transitive inanimate
Gr.	Grammar (Goddard 2021b)	TI(1a)	transitive inanimate (class 1a)
IC	initial change	TI(2)	transitive inanimate (class 2)
II	inanimate intransitive	TI(3)	transitive inanimate (class 3)
imp.	imperative	V	C.F. Voegelin
inan.	inanimate	w.	with
inc.	inclusive (including addressee)	WL	Willie Longbone
indep.	independent	X	indefinite person ('one', etc.)
Jn	Gospel of John in B 1837	0	inanimate
LB	Lucy Blalock	1s	first person singular
lit.	literally	2s	second person singular
Lk	Gospel of Luke in B 1837	2p	second person plural
LTD	Lenape Talking Dictionary (online)	3s	third person singular
ME	Martha Ellis	3p	third person plural
Mk	Gospel of Mark in B 1837	12	first person plural inclusive
ms.	manuscript		
Mt	Gospel of Matthew in B 1837		
Mun	Munsee		
/n	note(s) to the text		
ND	Nora Dean		
neg.	negative		
no.	number		
obv.	obviative		

Bibliography

Beckwith, Miles, and Ives Goddard. 2021. *A Glossary to the Delaware Publications of Ira D. Blanchard.* Petoskey, Michigan: Mundart Press.

Blanchard, Ira D. 1834a. *Linapi'e Lrkvekun.* Shawnee Mission: J. Meeker.

Blanchard, Ira D. 1834b. *Linapie Lrkvekun, Ave Apwatuk.* Shawannoe Mission: J. Meeker.

Blanchard, Ira D. [and James Conner]. 1837 [completed 1839]. *The History of our Lord and Saviour Jesus Christ.* Shawanoe Baptist Mission: J. Meeker [and John G, Pratt].

Blanchard, Ira D. [and Charles Journeycake]. 1842. *The Delaware First Book.* Second Edition. Shawanoe Baptist Mission Press: J. G. Pratt.

Brinton, Daniel G., and Albert S. Anthony, eds. 1889. *A Lenâpé-English Dictionary.* Philadelphia: The Historical Society of Pennsylvania. [Second title page has "1888."] (A copy with Anthony's annotations is in the Elliott Moses Fonds, Library and Archives Canada, Ottawa.)

Goddard, Ives, editor. 2021a. *A Harmony of the Four Gospels in Delaware.* The translation by Ira D. Blanchard and James Conner (1837-1839). Two volumes. Petoskey, Michigan: Mundart Press.

Goddard, Ives. 2021b. *A Grammar of Southern Unami Delaware (Lenape).* Petoskey, Michigan: Mundart Press.

McMurtrie, Douglas C., and Albert H. Allen. 1930. *Jotham Meeker, Pioneer Printer of Kansas.* Chicago: Eyncourt Press.

Linapi'e Lrkvekun

(The first Delaware primer of 1834.)

Linapi'e Lrkvekun

[Cover]

/b	Linapi'e | LRKVEKUN.
/p	ləna·p·e·í·i-le·khí·k·an.
/t	A Delaware book.
/n	Spelling influenced by the singular ⟨Linapi⟩ and perhaps English.

/b	Apwivuli Kavuni.
/p	a·p·əwíhəle· ká·xəne.
/t	It really becomes easy.

[*Filet*]

/b	Krkw tcli vate lrmwfwe |
/p	kéku / tə́li / hát·e· la·múnkwe.
/t	(intended?:) There are things inside.
/n	⟨vate⟩ for ⟨vatc⟩ (recte ⟨vatr⟩) ; ⟨ lrmwfwe⟩ for ⟨lamwfwc⟩.

/b	tufjc tunhwte	
/p	túnkše·(h) / =tá / nčó·t·i(?).	[Verb idiomatic?]
/t	Open it (anim.), my friend.	
/n	Cf. nčó·t·ie B, nčó·t·ia WL, ND.	

/b	krmypunamun | krkw li lrmufwc ne nhuti.—
/p	kəmái-pənámən kéku lí la·múnkwe, ní· nčó·t·i.
/t	You're going to see things inside, my friend.
/n	/lí/ PV w. no verb; idioms?

/b	Ketes ka hi kifali.
/p	kí·t·i·s ... [??]
/t	Your friend ... [??]
/n	Perhaps intended (emending ⟨kifali⟩ to ⟨jifali⟩ 'hate me!' [non-neg. imper.]): ní·, nčó·t·i, kí·t·i·s; káči / šinká·li. 'I'm your friend, my friend; don't hate me.'

/b	Jeki vawin, ta ne klista krkw ntclwr.
/p	ší·ki awé·n=tá / ní· / kələ́sta / kéku ntə́ləwe.
/t	It is good for someone [??]. / me / Listen! / I speak (say things).
/n	⟨va-|win⟩ (B's spelling throughout this book); broken syntax.

[page 1]

/b	LINAPI'E | LRKVEKUN,
/p	ləna·p·e·í·i-le·khí·k·an.
/t	A Delaware book.

Blanchard's Primers

/b APWIVULI KAVUNI VAWINJ WATO.
/p a·p·əwíhəle· ká·xəne. awé·n=č o·wá·to·n.
/t It really becomes easy. A person will know it.
/n ⟨watw⟩ for ⟨waton⟩, or absolute for objective.

/b OPVALOQRPEAS, | NELAHI MANETO.
/p ɔ·p·a·lo·kwé·p·ia·s nihəláči / manní·to·.
/t White-Hat(-Wearer) made [it] himself.
/n ⟨pv⟩ for /p·/; absolute for objective.

[*Filet*]

/b Jybni krkw kuski wehumul nrkek Linapruk.
/p šé· yó·ni kéku / kkáski-wí·č·əməl / né·ki·k ləna·p·é·ɔk.
/t Here is something / I can help you (sg.) / the Delawares.
/n Broken syntax,

[*Filet*]

SHAWNEE MISSION.

J. MEEKER, PRINTER.

1834.

(p. 2)

Key to the Delaware Alphabet

[Page is barely legible owing to the faintness of the type.]

(p. 3)

/b RLIMI LRKVEKUN. [Header; repeats]
/p áləmi-le·khí·k·an. [broken syntax: preverb as prenoun]
/t (intended for:) Beginning book.
/n ⟨rlimi⟩ for áləmi (also p. 14, l. 2).

/b *Rlimi Linexswokun.* [Heading.]
/p áləmi-ləni·xsəwá·k·an.
/t (intended for:) Beginning Delaware.

[Upper- and lower-case letters in roman and italic type, numerals, punctuation.]

(p. 4) [*Syllables.*]

(p. 5)
/b   *Apwut Aptonakun.*
/p   á·p·əwat a·pto·ná·k·an.
/t   Easy words; *lit.*, 'is easy'.
/n   Heading.

/b	takw	tani	jefi	jrla	hepy
/p	takó·	tá·ni	šínki	šé·=lah	čí·p·ay
/t	not	where is?	unwilling to	'Here now!'	ghost

/b	krkw	bqi	vowe	prmi(?)	prw
/p	kéku	yúkwe	xúwi	pé·mi	pé·w
/t	something	now	old	continuing	comes

/b	apw	srki	loqe	wlit	prut
/p	ahpú	sé·ki	ló·k·əwe	wələ́t	pé·a·t(?)
/t	is, exists	while	yesterday	it is good	when he came

/b	lisw	kibo	pexo
/p	ləs·u	(??)	péxu
/t	is	—	soon

/b   Aptunee [?]
/p   a·ptó·ne· (?)
/t   speaks (?)
/n   Heading.

/b   Ta uh kctan? Na mati. (?)
/p   tá=háč ktá·n. — (??)
/t   Where are you going? — (??)
/n   Word very uncertain.

/b   Ta uh kom? Wli cnta trkuni.
/p   tá=háč kó·m. — wəlé énta té·kəne.
/t   Where did you come from? — Out in the woods.
/n   énta: as if 'in' (not idiomatic}; té·kəne: usually té·kəna in B.

[*Filet*]

[Syllables.]

(p. 6)
/b Lcsun 2.   [Syllables.]
/p lésən 2.
/t Lesson 2.
/n Phonetics conjectured.

    Lcsun 3.   [Syllables.]

(p. 7) Lcsun 4.   [Syllables.]
        Lcsun 5.   [Syllables.]

(p. 8) Lcsun 6.   [Syllables.]
        Lcsun 7.   [Syllables.]

(p. 9) Lcsun 8.   [Syllables.]
        Lcsun 9.   [Syllables.]

(p. 10) Lcsun 10.   [Syllables.]
        Lcsun 11.   [Syllables.]

(p. 11) Lcsun 12.   [Syllables.]
        Lcsun 13.   [Syllables.]

(p. 12)

[*Words.*]

/b	rli	bni	nrl	vuf	quh	kw[n]
/p	é·li	yó·ni	né·l	hánkw	kwáč	kó·n
/t	as	this	those	always	why?	snow, ice
/b	ave	wli	nrk	ton	wol	
/p	áhi	wəli	né·k	wtó·n	ó·ɔl	
/t	very	well	those	mouth	egg	

[*Conversations.*]

/b Ta vuh ton ketes? — keekia.
/p tá=háč tó·n kí·t·i·s? — ki·i·k·é·a.
/t Where is your friend going? — To where I visited.
/n For stem-final ⟨ki⟩, see 1s form below.

/b Tani tali?—| Wli otrnif.
/p tá·ni táli? — wəli-o·t·é·nink.
/t Where was it? — In Good Town.

/b Pcxo vuh pra? — Kovan, voline[|
/p péxu=háč pé·w? — kɔhán, xɔləníti.
/t Is he coming back soon? — Yes, very soon.
/n ⟨pra⟩ for ⟨pro⟩; voline[*gutter*]: presumably ⟨volineti⟩.

/b Ta vuh krpi ktan? — Lybni.
/p tá=háč ké·pe ktá·n? — šé· yó·ni.
/t Where are *you* going? — Right here.
/n ⟨Lybni⟩ for ⟨Jybni⟩ (for /še· yó·ni/, as on p. 1).

/b Krkw vuh ku[|toxwc? — Keeki jwk.
/p kéku=háč kuntó·x·we? — nki·í·k·e šúkw.
/t Why did you go? — I was just visiting.
/n ⟨ku[*gutter*]⟩: presumably ⟨kun-⟩ (for /kun-/); ⟨ee⟩ unclear.

[*Filet*]

[*Words.*]

/b	asin	nset	trva	hifi	qela	kah[
/p	ahsən	nsí·t	wté·ha	čínke	kwí·la	káči
/t	stone	my foot	his/her heart	when?	at a loss	don't

/b	wtif	ukun	mvwk	prta	amwc	piji
/p	wténk	xkán	mhúkw	pé·t·ai	á·məwe	píši
/t	behind	bone	blood	bring it!	bee	indeed

[*Conversations.*]

/b Mrhi mpa. hifi vuh ktalumusk? — Kotajt oqun[| akvak ta tamsc.
/p mé·či mpá. čínke=háč ktaləmska? — kwə́t·a·š txo·k·wənákhak=tá tá·mse.
/t I have come back. — When did you leave? — Maybe six days ago.
/n txo·k·wənákhak (form?): add -e?

/b Samwc qeaqe qela ntawsi.   [⟨e⟩ uncertain]
/p lɔ́·məwe kwiá·kwi / kwí·la / ntáɔhsi.
/t After a long time(?) I am still unable to warm myself.
/n ⟨Samwc⟩ for ⟨Lamwc⟩ (see below 2x; for later ⟨Lomwc⟩ 'long ago');
    ⟨q-⟩ perhaps for /nkw-/, but s.b. nkwí·la-aɔ́s·i.

[*Filet*]

[*Words.*]

/b	komun	kwlan	vawin	sekan
/p	kó·mən	kúhəla·n	awé·n	sí·k·ɔn
/t	you came from (there)	you got (anim.) from (there)	someone	it is spring

/b	nomun	sekak	qeaqe	nepun
/p	nó·mən	sí·k·a·xkw	kwiá·kwi	ní·p·ən
/t	I came from (there)	board	still	(it is) summer

/b	pasyc	lrlyi	faxrs	lamwc
/p	pahsá·e·	le·lá·i	nkáhe·s	ló·məwe
/t	it's a valley	in the middle	my mother	long ago

/b	fuski	oekun	velvpw	amwel
/p	nkáski	ɔ·í·k·an	lhílpu	á·mwi·l
/t	I can	backbone	is industrious	get up!

/b	mukws	kuphi	wehum	nekan
/p	mɔkó·s	kkə́pča (?)	wí·č·əm	ni·k·a·n- (?)
/t	nail	you're crazy	help him!	ahead

/b	kovan	alwns	takok	lwuni
/p	kɔhán	alúns	takó·k	lo·waní·i
/t	yes!	arrow	other	in winter

/b	pwjes	pwqes	mrkes	tunty
/p	pó·ši·s	pó·kwe·s	méki·s	tə́ntay
/t	cat	mouse	sheep	fire

[*Conversations.*]

/b   Wun[t]aval fwe[s]. Krkw vuh fwes krnimun | naxki[f]? —
/p   wə́ntax á·l, nkwí·s. kéku=háč, nkwí·s, kennə́man kənáxkink?
/t   Come here, my son. What do you have in your hand, my son?
/n   [For some letters there are only traces. Prefix /kə-/ missing.]

/b   [L]rkvekun.
/p   le·khí·k·an.
/t   A book.

/b   Vawin vuh nrl tcl lrkvekun? — Ne.
/p   awé·n=háč né·l təle·khí·k·an? — ní·,
/t   Whose book is that? — Mine.
/n   ⟨lrkve-|kun⟩; s.b. təle·khí·k·ana (/-a/ obv. omitted).

/b   Ta vuh uk kwlan? — Melkwnc kita | netes.
/p   tá=háč=k kúhəla·n? — nəmi·lkó·na=ktá ní·t·i·s.
/t   Well, where did you get it from? — My friend gave it to me.
/n   Prefix /nə-/ missing; ⟨-c⟩ for /-a/; ⟨kita⟩ for /=ktá/.

/b   Kuski vuh akema? — Kovan, krxiti kita. ‖
/p   kkáski-=háč -ahkí·ma? — kɔhán, ke·xíti=ktá.
/t   Can you read it? — Yes, or I should say, a little bit.

(p. 13)

[*Words.*]

/b maheqe	vusqem	sekaqc	lrlrxi
/p mahčí·kwi	xáskwi·m	si·k·á·xkhwe·	lehəlé·x·e·
/t bad	corn	makes boards	breathes

/b nrkuma	sifwrl	nelahi	apwatw
/p né·k·əma	ksínkwe·l	nihəláči	a·p·əwát·u
/t he or she	wash your face!	(one's) own	they are easy

/b aluntc	tolomi	metsia	peskrk
/p a·lánte	tɔ́ləmi	mi·tsía	pí·ske·k
/t some	begins	(when) I ate	dark

/b tavumon	manetw	amekuh	kejqek
/p ntáx·ama·n	manní·tu	amí·ka=č	kí·škwi·k
/t I fed it to him, her	make it!	later on	day

/b nwaton	paleva	maneva	rlkeqi
/p no·wá·to·n	pɔli·há·ɔ	mɔnni·há·ɔ	e·lkí·kwi
/t I know it	destroys him, her	makes him, her	as much as

[*Sentences.*]

/b   Uksela quhi akem.
/p   ⟨??⟩ kwčí-ahkí·m.
/t   [??] try to read it!
/n   ⟨quhi⟩ for ⟨qhi⟩.

/b   Kata wli pelyhihi aphi nwlamvetaon nox ok | faxrs.
/p   nkát·a-wəli-pi·laečə́č·i; á·pči no·la·mhítaɔ·n nó·x ɔ́·k nkáhe·s.
/t   I want to be a good boy; I'll always believe my father and my mother.
/n   ⟨K-⟩ for /nk-/.

/b   Okj muta vuji kukulwni
/p   ɔ́·k=č máta háši nkak·əló·ne.
/t   And I will never lie.
/n   ⟨k-⟩ for /nk-/; ⟨-i⟩ for /-e/ (cf. ⟨fukulwnc⟩ Jn 8.55)

/b   ok vuf ta vuji | maheqi krkw ntclwr.
/p   ó·k=hánkw tá=á· háši mahčí·kwi kéku ntələwé·e.
/t   And I will never say bad things.
/n   ⟨n[t]clwr⟩ (allegro pronunciation of /ntələwé·i/).

/b   Ta vuji ok mutvaki. — |
/p   tá=á· háši ó·k nəmathaké·e.
/t   I will also never fight.
/n   Prefix /nə-/ missing; ⟨-i⟩ for /-é·e/ (or bare stem).

/b   Ta ok heh nesktwnvr.
/p   tá=á· ó·k čí·č nni·skto·nhé·e.
/t   I will also never again talk dirty.

/b   Wlyvaseanc wrmi tavolkwk;
/p   wəlaehɔ·s·iá·ne, wé·mi ntahó·lko·k.
/t   If I do a good deed, they all love me.
/n   ⟨ta-|volkwk⟩.

/b   aphi vrlik rlafomehek.
/p   á·pči ?? e·lanko·mí·č·i·k.
/t   always / ?? / my relatives.
/n   ⟨vrlik⟩: perhaps for /xé·lo·k/ 'are many'..

/b   Kahi bkek pelyhihuk ok qrhihuk
/p   káč·i yó·ki·k pi·laečə́č·ak ó·k xkwe·čə́č·ak
/t   But these boys and girls /
/n   ⟨q-⟩ for /xkw-/.

/b   muta kulistaa krkyimvrhek
/p   máta kələstáe· / ke·kayəmhé·č·i·k /
/t   does not listen to / ones in authority ("rulers");
/n   ⟨kulis-|taa⟩ (cf. non-neg. objective kwəlsət·aó·ɔ); object s.b. obviative.

/b   muta wlametaku
/p   máta o·la·mhita·k·ó·u.
/t   He (obv.) doesn't believe him.
/n   ⟨-u⟩ for /-ó·u/.

/b   pcvo kupithrw.
/p   péxu kpə́č·e·w.
/t   He will be foolish.
/n   ⟨kupit-|hrw⟩.

/b   Mahiliswakun mulaji wrtunro
/p   máhči-ləs·əwá·k·an málahši wé·t·əne·w.
/t   wrong-doing / like / he (it) takes (him); intended: 'It's as if wrong-doing takes him.'
/n   ⟨wrtunro⟩: /wé·t·əne·w/ '(anim.) takes (him) (absol.)' or for /wwe·t·əná·ɔ/.

/b   wifrw wehrw | mahilisehc.
/p   wínke·w / wi·č·é·e·w máhči-ləs·í·č·i.
/t   He likes (that) he goes along with wrong-doers.
/n   wínke·w 'he likes' (pl. p. 13; otherwise unattested); s.b. wínki- PV 'like to'(??); ppl. with no IC; /-č·i/ s.b. /-lí·č·i/ obv.

/b   Wrlilisehc, jifalkwa:
/p   wé·li-ləs·í·č·i wšinka·lkəwá·a;
/t   Well-behaved ones hate them;
/n   /-č·i/ s.b. /-lí·č·i/ obv.

/b   ta wifc rvafomkw; wifia kulwnrhek.
/p   tá=á· wwínki-[ēh]anko·mkó·u, wínki-=á· -kəlo·né·č·i·k.
/t   they don't like to [associate with?] ones who would like to lie.
/n   ⟨rvafomkw⟩(??); inflected for singular object.

/b   Wrmi vawin jifalkwa.
/p   wé·mi awé·n[i] wšinka·lkəwá·a.
/t   Everyone hates them.
/n   awé·n for awé·ni (obv.).

/b   Kejclrmoqwf ok vuf wuni lwc nrpch jifala.
/p   ki·š·e·ləmúk·ɔnkw, ɔ́·k=hánkw wáni lúwe·, "né·pe=č nšinká·la."
/t   As for our creator, he also always says, "I hate him, too."
/n   Syntax?

/b   Lamwc aptonakun nuni.
/p   lɔ́·məwe a·pto·ná·k·an nəni.
/t   Long ago that was the word.

/b   Aphi kata wrmi krkw wlilisevumo.
/p   á·pči kkát·a- wé·mi kéku -wə́li-ləs·íhəmɔ.
/t   You (pl.) always want to do everything right.
/n   Idiomatic?

/b   Kata | wrmi wato jwk wcltvik.
/p   kkát·a- wé·mi -wwá·to· šúkw wé·ltək.
/t   You (sg.) want to know everything that is only good.
/n   ⟨wcltvik⟩ for /wé·ltək/, influenced by the synonymous alternatuve /wé·lhik/.

/b   Kataj vifwrkseun aphih mujatum krkw wcltvik puntumina.
/p   kkát·a-=č xinkwe·ksían(?); á·pči=č / kəməš·á·t·am kéku wé·ltək, pəntamáne.
/t   You'll want to (??); you'll always remember good things when you hear them.
/n   ⟨j⟩ for /=č/ fut.; ⟨vifwrkseun⟩ 2s conjunct for indep.; /kə-/ missing; ⟨wclt-|vik⟩: see above; ⟨-ina⟩ (as if indep.) for /-áne/.

[*Filet*]
        [*Cold Weather; Spring is Coming.*]

/b   Kavunr ave trw. kunuct pcvo vwenc.
/p   ká·xəne áhi-thé·w. kóna=ét péxu wí·ne·.
/t   It's really very cold. I guess it's going to snow.

/b   Jrla sukrmvoqut wntaqe rlbsekak.
/p   šé·=láh səkahkəmhókɔt wəntahkwi é·li-wsí·ka·k.
/t   Look, the clouds are dark towards the west.
/n   Follows the Munsee word, assuming ⟨k⟩ for /-kahk-/; ⟨b⟩ for /i-w/.

/b   Kutuj vrli munaxrtum.
/p   káhta-=č xé·li -manax·é·t·am.
/t   Let's try to get a lot of wood.
/n   Future of 'want to' with imperative.

/b   Ta uj ntaqeun? Meliq akqunprpi: nelif ‖ kaptwn,
/p   tá=háč ntak·wí·an? mí·li·kw a·k·ɔntpé·p·i; ní·link nkaxpto·n.
/t   Where is my blanket? Give me a head scarf (you pl.); I'll tie it on my head.
/n   ⟨kapt-⟩ for /nkaxpt-/.

(p. 14)

/b   ok melip wewlinjrpi, lupih naxkif | nta[t]on.
/p   ó·k mí·li·kw wi·wələnčé·p·i; lápi=č nnáxkink ntá·to·n.
/t   And give me hand-wrapping; I'll put it on my hands again.
/n   ⟨-p⟩ for ⟨-q⟩.

/b   Kcvula nwlrlcntum ne nrmun rlomi | sekan;
/p   kéhəla no·le·ləntam, ní· nnémən áləmi-sí·k·ɔn.
/t   I'm really happy that I see spring beginning.
/n   Subd. complement w. no lí PV; ní· not idiomatic (for n-).

/b   nwlrlintum lifvakcvulc lupi.
/p   no·le·ləntam, linkhakéhəle· lápi.
/t   I'm happy that the ground is thawing again.

/b   Nwlrlintum mpuntumah hwlinsuk tcli kunjemwc;
/p   noˑleˑlə́ntam, mpə́ntama=č čoˑlə́nsak təli-kənčíˑmwiˑn.
/t   I'm happy I will hear that the birds are singing.
/n   AI as complement clause; ⟨kunje-|mwc⟩ for /kənčíˑmwiˑn/ (sg. for pl.).

/b   oknwlrlintum bkek yrsisuk nrvunafisuk, ok wijumwesuk,
/p   ɔ́ˑk noˑleˑlə́ntam, yóˑkiˑk aesə́sˑak, nehənaɔnkéˑsˑak, ɔ́ˑk wehšəmwíˑsˑak
/t   And I'm happy these animals, horses, and cattle

/b   elahi muxkum krkw methetet.
/p   níhəláči máxkam kéku miˑčˑíhtiˑt
/t   find (sg.) something on their own that they eat.
/n   ⟨elahi⟩ for ⟨nelahi⟩; number clash.

[*The Cat.*]

/b   Jrla vcfwc pwjes,
/p   šéˑ=láh xínkwi-póˑšiˑs.
/t   Look at the big cat.

/b   Krkw uj laprmqwsw? —
/p   kéku=háč laˑpˑeˑmkwə́sˑu?
/t   What is it useful for?
/n   ⟨uj⟩ for /=háč/.

/b   Pwqrs nan velr.
/p   póˑkweˑs ninhíleˑ.
/t   It kills mice.
/n   Obviative not used (s.b. /poˑkwéˑsˑa/); ⟨nan-⟩ for /nin-/.

/b   Wifruk aphi pwqrsuk kumwtkruk vusqem. —
/p   winkéˑɔk áˑpči poˑkwéˑsˑak kəmoˑtkéˑɔk xáskwiˑm.
/t   Mice always like to steal corn.
/n   winkéˑɔk: see note to sg. p. 13; loose syntax.

/b   Jwk bnc pwjes ta tclrlrmi pumenr kotc weqavumif.
/p   šúkw yóˑni / póˑšiˑs=tá / [k]təléˑləmi / pəmínnu kwə́tˑi wiˑkˑəwáhəmink.
/t   But this (inan.) / cat / [you] allow me / stays in one house.
/n   ⟨we|qavumif⟩; yóˑni inan.; broken syntax and forms.

[*The Horse.*]

/b   Jr puna nrvunafis. Krkw uj laprmqwsw? |
/p   šéˑ pəná nehənaɔnkeˑs. kéku=háč laˑpˑeˑmkwə́sˑu?
/t   Consider the horse. What is it useful for?
/n   ⟨uj⟩ for /=háč/.

/b   Jeki vuf yakifi:
/p   ší·ki=hánkw ae·kénke.
/t   It is good (a good or nice thing) when it is ridden.
/n   Apparently ⟨ya-⟩ for /ae·-/; ⟨-i⟩ for /-e/.

/b   ok vuf sekafi tclivakirw
/p   ó·k=hánkw si·k·ónke talaxhákie·w,
/t   And in the spring, it plows,
/n   ⟨tclivak-⟩ for /talaxhák-/.

/b   wunhi | vuf vakavri[f] vusqem opunesuk ok wrmi krkw | uxkunem.
/p   wə́nči-=hánkw -hakí·henk xáskwi·m, həpəní·s·ak, ó·k wé·mi kéku xkáni·m.
/t   by which one plants corn, potatoes, and everything (of) seeds.
/n   ⟨vakavri[f]⟩: second ⟨a⟩ seems ⟨a⟩ but s.b. ⟨e⟩.

/b   O vrlrnaoke ta nc kakw li lupamqusw.
/p   o·, xe·lennáɔhki=tá nə́ kéku lí-la·p·e·mkwə́s·u.
/t   Oh, many are the ways that it is useful.
/n   ⟨lupam-|qusw⟩. Several vowels wrong.

/b   Kuski uh rlini ta vawin rli kejexat bl ncvnafisul.
/p   kkáski-=háč [ēlini] =tá awé·n é·li-ki·š·í·ha·t yó·l nehənaɔnké·s·al.
/t   Can you [tell??] me / who was it who made this horse?
/n   ⟨rlini⟩ seems to confuse expected -lí and related forms; ⟨ncv-|nafisul⟩.

/b   Kovun, Kejrlrmoqwf tcli maneva ok wrmi | krkw.
/p   kɔhán, ki·š·e·ləmúk·ɔnkw tə́li-manní·ha·[n], ó·k wé·mi kéku.
/t   Yes, it is our creator that made it and everything.
/n   ⟨maneva⟩ s.b. ⟨manevan⟩.

/b   Ncnilro, nunal ta nuni; wrmi krkw qejelintum bqc b tali xqetvakumeqi.
/p   nə́ni lé·w; nánal=tá nə́ni; wé·mi kéku ki·š·e·lə́ntam yúkwe táli xkwi·thakamí·k·we.
/t   That is true; it is so; he created everything here on this earth.
/n   ⟨qeje-|lintum⟩ for ⟨qejrlintum⟩ (s.b. ⟨kejrlintum⟩).

[*Filet*]
           [*Spring.*]

/b   Mrhi alumi sekan.
/p   mé·či áləmi-sí·k·ɔn.
/t   Now spring has begun.
/n   Note: ⟨alumi⟩ now correct.

/b   Alumi skek sakskevuli;
/p   áləmi- skí·kw -sa·kskíhəle·.
/t   Grass is beginning to come up.

/b   kavani wli tokunro.
/p   ká·xəne wə́li-tók·ane·w.
/t   It's really warming up nicely.

/b   Pcxo xoluneti wrmih u tali rlumakumeki li uskusqexun skekol.
/p   péxu xɔləníti wé·mi=č yú táli e·ləma·kamí·k·e lí-askaskwí·x·ən skí·kɔl.
/t   Soon it will be all over this world that the grass is green.
/n   ⟨ta-|li⟩.

[*Rain.*]

/b   Punali swkulan
/p   pəná lí-só·k·əla·n.
/t   Look at it rain.

/b   tcxi muta tcxlanw qeqifumuk | ok wrmi vawin pif apet
/p   téxi máta te·x·əla·nó·u (?) kwi·kwínkəmo·k ó·k wé·mi awé·n mpínk é·p·i·t,
/t   It is by no means raining too much for the ducks, and every water creature.
/n   Lit., 'rain on top, rain spreading over' (??); ⟨apet⟩ for ⟨rpet⟩.

/b   yrsisuk wrmi wlrlintumuk rli nrmvetet rli swkulan.
/p   aesə́s·ak wé·mi wəle·lə́ntamo·k, é·li-ne·mhíti·t lí-só·k·əla·n.
/t   The animals are all happy, because they see it rain.
/n   ⟨wlrlintum-|uk⟩; second ⟨rli⟩ for ⟨li⟩.

/b   Muta si swkulanwqc muta krkw wlekunw | [no punctuation visible]
/p   máta si·s·o·k·əla·nó·k·we, máta kéku wəli·k·ənó·u.   [or: máta=á· '(nothing) would']
/t   If it never rains, nothing grows well.

(p. 15)

/b   wrmu vawin tumaksw.
/p   wé·mi awé·n ktəmá·ksu.
/t   Every creature is in a bad way.

[*The Sun.*]

/b   Muta vuji khifwcvuli, wrmi vawin takohw:
/p   máta háši kčinkwehəle·, wé·mi awé·n tahkóč·u,   [or: máta=á· 'would not']
/t   [If] The sun never comes out, all creatures are cold,
/n   Misprinted non-negative verb; s.b. subjunctive.

/b   ok a aphi peskrk.
/p   ó·k=á· á·pči pí·ske·k.
/t   and it would always be dark.
/n   Wrong verb form.

/b   Kejrlrmokwf tclextan bni kejoxul wunhi | khifwcvulet
/p   ki·š·e·ləmúk·ɔnkw təlí·xto·n yó·ni ki·š·ó·x·ɔl wə́nči-kčinkwehəlá·li·t,
/t   It was our creator that made this sun so that it would come out
/n   ⟨-tan⟩ for ⟨-twn⟩ (e.g.); ⟨-let⟩ for ⟨-lalet⟩. TI and yó·ni inan. s.b. TA and yó·l obv.

/b   palevuf bni peskrk, ok nuni trvrk.
/p   -palí·hank(!) yó·ni pí·ske·k, ó·k nə́ni té·he·k.
/t   and destroy the darkness and the cold.
/n   ⟨palevuf⟩ (as if TI(1a) on TA stem) s.b. -palí·ta·kw (TI(2))..

/b   Nani wunhi a aholanrn Kejrlrmokwf kutumakrlama.
/p   ná=ni wə́nči-=á· -ahɔ·lá·ne·n ki·š·e·ləmúk·ɔnkw; kkət·əma·k·é·ləma.
/t   That's why we would love our creator; you pity him.
/n   ⟨wunhi⟩ s.b. ⟨kwnhi⟩; ⟨kutum-|akrlama⟩ (s.b. inverse).

[*The Moon and the Stars.*]

/b   Pcvolineti peskrw; nunih knronin peli kejox: ok nrk alufuk.
/p   pexuləníti pí·ske·w; nána=č kəne·ó·ne·n pí·li kí·š·o·x, ó·k né·k alánkɔk.
/t   Very soon it will be dark; then we will see a different luminary, and the stars.
/n   ⟨nuni⟩ for /nána/ 'then'; ⟨-nin⟩ for /-ne·n/.

/b   Kavuniu ovolumi apwuk:
/p   ká·xəne óhələmi ahpúwak.
/t   They are really far away.
/n   ⟨-u⟩ (??).

/b   Muta krkwnif nepyeuk.
/p   máta ke·k·ó·nink ni·p·ai·í·ɔk.
/t   They are not standing on anything.
/n   ⟨e⟩ for /i·í·/.

/b   Kejrlrmokwf, ok nrl toli kejrliman.
/p   ki·še·ləmúk·ɔnkw ó·k né·l təli-ki·š·é·ləma·n.
/t   Our creator is the one that created them also.

[*Knowledge is from a Book.*]

/b   Tapet | kuski xrli tclahemolvulr.
/p   ?? / kkaski- xé·li ktəla·č·i·mó·lxəl.
/t   ?? / I can report to you many things.
/n   Prefix repeated (⟨t-⟩ for /kt-/); extra ⟨-r⟩ at end. Should start a new section.

/b   Kunj b lrkvekun watc wrmi a kwaton myae | rlrk.
/p   kə́nč yú le·khí·k·an wwa·hát·e, wé·mi=á· ko·wá·to·n maya·í·i é·le·k.
/t   Only if you know this book, would you know all that truly happened.
/n   ⟨a⟩ for /a·há/; yú 'this' inan. s.b. wá anim., but verb is TA.

/b   Bqc wlato nrl tu lrkvekun cnta mutuj nesksek
/p   yúkwe wəlá·to· né·l təle·khí·k·an[a] énta- máta=č ní·sksi·kw.
/t   Now he keeps his book where it will not be dirty.
/n   TI absol. s.b. TA objective; ⟨tu lrkvekun⟩ lacks /-a/ obv.; ⟨nesk-|[s?]ek⟩.

/b   aphi kata peleva ok a muta toxkuna.
/p   á·pči kɔ́t·a-pi·li·há·a, ɔ́·k=á· máta wto·xkəná·a.
/t   He always wants to clean it, and would not tear it.
/n   ⟨-a⟩ for /-á·a/ (for /-á·ɔ/) 2x; neg. suffix missing.

[*Filet*]
[*The Flour Mill and the Saw-Mill.*]

/b   Ta uh ki topcnrsi loqc? —
/p   tá=háč / [kí topenēsi](??) / lɔ́·k·əwe?
/t   What did you [do??] yesterday?

/b   kovokunif tclovatoup vusqem.
/p   kɔhɔ́·k·anink ntəluxɔhtó·həmp xáskwi·m.
/t   I took corn to the mill.
/n   ⟨to-|up⟩ for /-tó·həmp/.

/b   Kavuni wlrlumenaqu krkw kovukun.
/p   ká·xəne wəle·ləmi·ná·k·ɔ kéku kɔhɔ́·k·an.
/t   A mill is really a peculiar thing.
/n   /wəl-/ w. no IC.

/b   Tcxi amunfi krkwnul tupevulrul
/p   téxi amánki-ke·k·ó·nal təp·ihəlé·ɔl.
/t   Large things do nothing but turn around.

/b   okj alintc a| tufrtwul:
/p   ɔ́·k=č a·lɔ́nte ahtanké·t·əwal.
/t   And some will be small.

/b   ok neja amufi asinul kotcni ok tupevulc.
/p   ɔ́·k ní·š·a amánki-ahsənal kwət·énni(?) təp·íhəle·.
/t   Also, two large stones rotate as a unit(?).
/n   kwət·énni: only here and shape conjectured; singular verb; ⟨tupe-|vulc⟩

/b   Nuna na lino tolomi takovokvumun nelawsu
/p   nána ná lə́nu tɔ́ləmi-tahkɔhɔ·khɔ́mən(?), nihəlá·wsu(?).
/t   Then the man begins to grind it, working by himself(?).
/n   ⟨ne-|lawsu⟩: only here and shape conjectured.

/b   nuna ne my punamun pajakokun.
/p   nána nəmái-pənámən pa·xša·kó·k·an.
/t   Then I went to see a sawmill.
/n   ⟨ne my⟩ for /nəmái/.

/b   Pajakokun! — krkw vuh nuni? —
/p   pa·xša·kó·k·an!— kéku=háč nəni?
/t   A sawmill! — What is that?
/n   'saw-mill' and kinds of saws (LTD; Albert Anthony's ms. note to B&A 105).

/b   [U]kwnwk, cnta sekakw maneto.
/p   [??] énta- si·k·á·xkɔ -manní·tunk.
/t   [??] where boards are made.
/n   ⟨Ukwnwk⟩(??): ⟨U⟩(??) faint; ⟨cn-|ta⟩; ⟨maneto⟩ for ⟨manetof⟩ (for ⟨-twf⟩).

/b   Nro lino tcli ekalita cvumun taxun wekwavumif
/p   nné·ɔ lənu tə́li- íkali=tá [-ehəmən] tá·x·an wi·k·əwáhəmink
/t   I saw a man [??]-ing a piece of wood (log?) over there in a building
/n   =tá is not right, and ⟨cvu-|mun⟩ is incomplete, but perhaps 'taking up' (cf. p. 23, para. 51).

/b   tcli wleuxton kexki pajakokun srkaloxulinf.
/p   tə́li-wəlí·xto·n kí·xki pa·xša·kó·k·an se·kalo·x·əlink.
/t   to put it in place next to where the saw blade reached.
/n   /-x·əlink/ as if for II obv.; /-x·ənəli·k/ would be expected.

/b   Nuni tolumi tufjrlaton nuni pi ekalihii
/p   nána tɔ́ləmi-tunkšélahto·n nə́ni mpí ikalíči
/t   Then he began to open that water further away
/n   ⟨Nuni⟩ presumably for /nána/ 'Then ..'.

/b   cnta| ni krkw tupevulc. ‖
/p   énta- nə́ kéku -təp·íhəle·.
/t   where that thing rotated.
/n   -təp·íhəle·: s.b. -təp·íhəla·k.

(p. 16)

/b   Nuni alomi pajasw sekakw.
/p   nána áləmi-pa·xšá·s·u si·k·á·xkɔ.
/t   Then boards began to be sawed off.
/n   ⟨Nuni⟩: elsewhere /nána/ 'Then'.

/b   Kavuni apwat sekakw maneto nuni wunhi | kovokun.
/p   ká·xəne á·p·əwat si·k·á·xkɔ manní·to·[n] nə́ni wə́nči kɔhɔ́·k·an.
/t   It's really easy to make boards with that mill.
/n   ⟨maneto⟩ s.b. /-manní·to·n/.

/b   Nu kunj nrmun kovokun
/p   ná kə́nč nné·mən kɔhɔ́·k·an,
/t   Until I saw the mill,

/b   takw fuski ntitrva | nunict ta leuxun.
/p   takó· nkáski- nti·t·e·há·a, nə́ni=ét=tá lí·x·ən.
/t   I cannot have imagined that it was like that.
/n   ⟨ntitrva⟩ (w. repeated prefix) s.b. /li·t·e·há·i/.

/b   Ekalihi lrkvekseani; aloeh kwaton rleuxif.
/p   ikalíči le·khi·k·é·ane, aləwí·i=č ko·wá·to·n e·lí·x·ink.
/t   If you read further, you'll know more about how it is.
/n   lrkvekseani: for lrkvekreani (e.g.), but this is 'write', not 'read'..

/b   Kahi ta krkw nahe on
/p   káči=tá kéku na·čí·to·n.
/t   Don't handle anything.
/n   ⟨nahe on⟩ for ⟨naheton⟩ (as if na·čí·to·n), but s.b. /na·či·tó·han/ 2s proh.

/b   tamsi a krkw kpaleton.
/p   tá·mse=á· kéku kpalí·to·n,
/t   Maybe you would wreck something,
/n   /kpalí·to·n/: but neither objective or subordinative is correct.

/b   Ji ta krkw li kjenulwkwnc.
/p   ší=tá kéku li-kši·nalúk·ɔne.
/t   or if it hurts you in some way.
/n   ⟨Ii⟩ for ⟨li⟩; idiomatic ('or in case')?

[*Filet*]

[*Farming.*]

/b   Bke ave mekintufi b vaki, ave mekumoswuk |
/p   yó·ki, áhi-mi·kəntánke yú hák·i, áhi-mi·kəmɔ́·s·əwak,
/t   These, when they do (*lit.*, he does) a lot of work on this land, work a lot,

/b   sckanc, ok nepune, ok takokunc, ok lwunc.
/p   si·k·ɔní·i, ɔ́·k ni·p·əní·i, ɔ́·k tahkɔ·k·əní·i, ɔ́·k lo·waní·i.
/t   in spring, and in summer, and in fall, and in winter.
/n   Confusion with sí·k·ɔne 'last spring', etc., in the first three forms.

/b   Nuni vuf wuske sekane.
/p   nə́ni=hánkw wə́ski-si·k·ɔní·i.
/t   That's always in the early spring.

/b   Xetanexun mekowosiwakun,
/p   či·t·aní·x·ən mi·kəmɔ·s·əwá·k·an.
/t   The work is tough.
/n   ⟨Xetan-⟩ for /či·t·an-/ 'strong, hard'; ⟨meko-|wosiwakun⟩ for ⟨mekomosiwakun⟩.

/b   wlextasw mrnaxk nu kunj alumi | pumpevasw,
/p   wəli·xtá·s·u mé·naxk, ná kə́nč áləmi-pampi·hɔ́·s·u.
/t   A fence is set up, and then it is cleared.
/n   pampi·hɔ́·s·u: cf. pampi·(w)- 'bald, hairless'.

/b   na kunj tclcxukeasw mrhi tokanrkc.
/p   ná kə́nč talaxhakiá·s·u, mé·či tɔk·ané·k·e.
/t   And then it is plowed, after the weather is warm.

/b   Nu kunj wrmi xkunem vakexrn.
/p   ná kə́nč wé·mi xkáni·m hakí·he·n.
/t   And then all the seeds are planted.
/n   ⟨x⟩ for /h/.

/b   Nuna a | qejimekwmosi.
/p   nána=á· kwíši-mi·kəmɔ́·s·i.
/t   Then the work would be done.
/n   S.b.: kíši-mi·kəmɔ́·s·i·n 'the work is done'.

/b   Bqe ajiti skekol qetalrlintasw sakonw
/p   yúkwe a·šíte skí·kɔl khwíta-le·ləntá·s·u sá·k·ənu
/t   Now there is concern (*lit.*, "fear") instead that grass is growing up
/n   Loose syntax, and first verb s.b. plural.

/b   ekr | tali vakevakunif,
/p   íka táli haki·há·k·anink.
/t   in that field.
/n   ⟨ekr⟩ for ⟨eka⟩.

/b   ok vuke aphi lovrkrvasw
/p   ɔ́·k hák·i á·pči laxwe·kehá·s·u,
/t   And the ground is always harrowed,
/n   Cf, lelxwe·kehí·k·an 'harrow' (V ⟨le·l-⟩).

/b   wunhih kuski wekif xusqem.
/p   wə́nči-=č -káski-wəlí·k·ink xáskwi·m.
/t   so that corn will be able to grow well.
/n   ⟨wun-|hih⟩; ⟨wekif⟩ for ⟨wlekif⟩.

/b   Bki mrxvifwe vakevrhek vusqem ok vopunesuk
/p   yó·ki me·x·ínkwi-haki·hé·č·i·k xáskwi·m ɔ́·k hɔpəní·s·ak,
/t   These who plant big fields of corn and potatoes,
/n   ⟨vopune-|suk⟩; s.b. obv.

/b   aphi vuf tclaxakeruk wunhi apwrlintumitet | tokcvrnruk;
/p   á·pči=hánkw talaxhakié·ɔk wə́nči-a·p·əwe·ləntamíhti·t tɔ·ki·he·né·ɔ.
/t   they always plow because they think it's easy for them to plant.
/n   ⟨tokcvrnruk⟩ for ⟨tokcvrnru⟩ (same error in para, 44, below).

/b   ok vuf vwet keskjasw,
/p   ɔ́·k=hánkw hwí·t ki·skšá·s·u.
/t   And wheat is cut.

/b   bqc ajiti | alumi mekintasw yrsisuk mehetet.
/p   yúkwe a·šíte áləmi-mi·kəntá·s·u aesə́s·ak mi·č·íhti·t.
/t   Now in turn work begins on animal feed.
/n   ⟨yr[s]isuk⟩.

/b   Skckul | keskjaswul nrli uskusqrk.
/p   skí·kɔl ki·skšá·s·əwal né·li-askáskwe·k.
/t   Grass is cut while it's green.

/b   Nuna vuf kaxksasw
/p   nána=hánkw ka·xksá·s·u.
/t   Then it is dried.

/b   wekwavumif vataswa jita | kulamwtasw wnhe swkulufi muta palilrk.
/p   wi·k·əwáhəmink hatá·s·əwa, ší=tá kəlamo·t·á·s·u, wə́nči- so·k·əlánke máta palí·i-lé·k.
/t   It is put in a building or heaped up so that when it rains it isn't ruined.

/b   Nu puna nuni [t]xcxi mekintum ncpune.
/p   ná pəná nə́ni txí-mi·kə́ntam ni·p·əní·i.
/t   See, that is all the work done in the summer.
/n   ⟨[t]xcxi⟩: ⟨t⟩ is very uncertain, and /txí/ is a guess; mi·kə́ntam s.b. mi·kə́ntamən.

[*Fall.*]

/b   Bqe puna ajiti mrhe takok.
/p   yúkwe pəná a·šíte mé·či tahkɔ́·k·u.
/t   See, now in turn it has become fall.
/n   ⟨takok⟩ for ⟨takokw⟩.

/b   Wlufwncpako | alimi puqunasw nrli kaksasw nrli wlextaswa |
/p   wəlunkɔnípahkɔ(?) / áləmi-[pəkwən]á·s·u, / né·li / ka·xksá·s·u, né·li wəli·xtá·s·əwa.
/t   "wing-leaves" (unknown) / it begins to be [??] / those / it is dried / those are stored.
/n   ⟨pu[q]unasw⟩; all very uncertain.

/b   alemih lwuf nvakatasw nuna vwet, alrmi srnevem,
/p   áləmi-=č -lo·wánke, nhaka·t·á·s·u nə́ni hwí·t; áləmi-se·níhi·n.
/t   When it begins to be winter, that wheat will be used; it will begin to be sown.
/n   ⟨lwuf⟩ s.b. -lo·wánke; ⟨nuna⟩ for ⟨nuni⟩; ⟨srne-‖vem⟩ for ⟨srneven⟩.

(p. 17)

/b   ok vusqem my rvasw, ok opunesuk ktahouk,
/p   ɔ́·k xáskwi·m ma·ehá·s·u, ɔ́·k hɔpəní·s·ak ktahɔ́·ɔk.
/t   And corn is gathered in, and potatoes are dug.
/n   ⟨my rvasw⟩ s.b. ⟨myrvasw⟩; ⟨ktaho-|uk⟩.

/b   na wlexumanrw wnhi muta takohitet,
/p   ná wəli·x·əma·né·ɔ, wə́nči- máta -tahkɔč·íhti·t.
/t   Then they are stored away safely, so that they don't get cold.
/n   Perhaps 'so they don't get hard from the cold'.

/b   ok | krpihuk, ok wlrpunuk.
/p   ɔ́·k kepə́č·ak, ɔ́·k o·lé·pənak.
/t   and cabbages and onions.

/b   Mrhi wrmi nini vawin keje le mekintafi
/p   mé·či wé·mi nə́ni awé·n kíši-lí-mi·kəntánke,
/t   When someone has finished doing everything in that way,

/b   nu | wlwen bne takokune mekomoswakun.
/p   ná wəlɔ́·wi·n yɔ́·ni tahkɔ́·k·əní·i-mi·kəmɔ·s·əwá·k·an.
/t   then they are past this fall-time work.

/b   Nu kunj vawin wnrmun nc rlkeqexinf nuni | mekomoswakun.
/p   ná kə́nč awé·n wəné·mən nɔ́ e·lki·kwí·x·ink nə́ni mi·kəmɔ·s·əwá·k·an.
/t   Only then does someone see the extent of that work.

[*Winter.*]

/b Bqc mrhi ajiti alumi lwun.
/p yúkwe mé·či a·šíte áləmi-ló·wan.
/t Now, in turn, winter has begun.

/b Bni trvrk tolomi paletwnul bli skekul,
/p yó·ni té·he·k tóləmi-pali·tó·nal yó·li skí·kɔl.
/t This cold begins to destroy this grass.
/n 'Cold' (inan.) agrees in the verb as if animate (Gr. §3.7g).

/b ta puna kuski nrvunafis, ok wcjamwes krkw muxkumwul
/p tá=á· pəná káski- nehənaónke·s ó·k wehšə́mwi·s kéku -maxkamo·wí·ɔk,
/t The horse and the cow will not even be able to find anything,
/n ⟨pu-|na⟩; ⟨muxk-|umwul⟩ w. ⟨-mwul⟩ for ⟨-mweuk⟩.

/b krkw a ta methet.
/p kéku=á·=tá mí·č·i·t.
/t anything for it to eat.
/n ⟨me[t]he[t].⟩; shift to singular.)

/b Kunj a puna xamuntc vusqem, ok skekol.
/p kə́nč=á· pəná xamə́nte xáskwi·m ó·k skí·kɔl.
/t See, it would be only if they are given hay ("grass") to eat.

[*The Rewards of Work.*]

/b Na kunj alomi nrxkut, vawin mekomoswakun koti katin wunhi.
/p ná kə́nč áləmi-né·ykɔt, awé·n mwi·kəmɔ·s·əwá·k·an kwə́ti-kahtə́n wə́nči.
/t Only then does someone's work of one year begin to be evident.
/n ⟨mekomoswa-|kun⟩: ⟨me-⟩ for /mwi·-/.

/b Bki lilxpethek aphi weukuku kakw mehitet, |
/p yó·ki lelpí·č·i·k á·pči wiakháki kéku mi·č·íhti·t.
/t For these industrious ones there are always plenty of things to eat,
/n ⟨weukuku⟩: wiakháki 'abundant things' (??; cf. Mun ppl. wé·yăkahk).

/b ok wli metswuk.
/p ó·k wəli-mi·tsúwak.
/t and they eat well.

/b Bkek nwlvantkek; jc jifi mekomosethek
/p yó·ki·k no·lhántki·k, šehšínki-mi·kəmɔ·s·í·č·i·k.
/t These lazy ones are ones that hate to work.

/b   ta. | Vuji wnwhi mekwnro krkw methetet — bni | wunhi vuki.
/p   tá=á· háši wə́nči-mi·lko·wəné·ɔ kéku mi·č·íhti·t, yó·ni wə́nči hák·i,
/t   It therefore never gives them anything to eat — from this earth.
/n   ⟨ta.⟩: begins next sentence; ⟨wnwhi⟩ for ⟨wnhi⟩; ⟨mekwnro⟩ for ⟨melkwnro⟩; /hák·i/ s.b. /hák·ink/ loc. (or emend to /yó·ni hák·i/ as subject).

/b   Kata a wlamalseun qejikia mekintumin bni | vuki;
/p   káhta-=á· -wəlamalsían, kəwi·šíki-=á· -mi·kə́ntamən yó·ni hák·i.
/t   If you want to be well, you should vigorously work this earth.
/n   ⟨wlamalseun⟩ s.b. /-wəlamalsiáne/ (subjunctive).

/b   pcxo a muta knontrvula wnhi a, owlrmalseun.
/p   péxo=á· máta kənuntehəlá·a wə́nči-=á· -ɔwəlamalsían.
/t   Soon you won't lack the means by which you'll be well.
/n   ⟨owlrmal-|seun⟩ for ⟨owlamalseun⟩.

[*Feeding the Poor.*]

/b   "Vawin nwlvantuk je jifi mekomosetc
/p   "awé·n no·lhántək šihšínki-mi·kəmɔ·s·í·t·e,
/t   "If a lazy person habitually hates to work,

/b   mutuh | krkw lr muta vawin xumatc."
/p   máta=č kéku lé·e, máta awé·n xamá·t·e."
/t   there will be no consequence (*lit.*, nothing will happen) if no one feeds him."

/b   Lomwr koti lino, lrpot nuni tclwrnrp.
/p   ló·məwe kwə́t·i lə́nu lé·p·ɔ·t nə́ni tələwé·ne·p.
/t   Long ago a certain wise man said that.
/n   ⟨li-|no⟩.

/b   Alintr vawin nuni vuf tclsen tcxi jwk mwseli | tumekin,
/p   a·lə́nte awé·n nə́ni=hánkw tə́lsi·n, téxi šúkw mwə́si-lí-təmí·k·e·n.
/t   Some people are like that, and all they do is go into houses everywhere.
/n   ⟨tumekin⟩ for /-təmí·k·e·n/.

/b   takw nelahi kotc vatwn weket.
/p   takó· nihəláči kwə́t·iható·wən wí·k·i·t.
/t   He doesn't have a single house of his own.
/n   /ható·wən/ s.b. /ható·u/.

/b   Takw tclextakrwun tclea, ktumakrlima nini | vawin lisetr.
/p   takó· təli·xta·k·é·wən tə́li-=á· -ktəma·k·é·ləma nə́ni awé·n ləs·í·t·e.
/t   It is not laid down for one who is like that they should be be pitied.
/n   /tə́li-=á· -ktəma·k·é·ləma/ s.b. /lí-=á· -ktəma·k·é·ləma·n/ X–3s subd.

/b Jwk wlit, kwetyvrmani krtumakset;
/p šúkw wələ́t kəwi·t·a·hé·ma·n ke·t·əmá·ksi·t,
/t But it is good for you to aid one in a pitiful state,
/n /-ni/??

/b vawin | palset, muta nelahi kuski wetyvrmya nelahi | vokya.
/p awé·n pá·lsi·t, máta nihəláči kóski-wi·t·a·he·ma·í·ɔ nihəláči hókaya.
/t anyone who is sick, and they are not on their own able to help themselves.
/n ⟨-ya⟩ for /-a·í·ɔ/.

/b Musithi nrki tumakswuk. ‖
/p məsəč·é·i né·ki ktəma·súwak.
/t Universally those are pitiful.

(p. 18)

[*About the Delawares.*]

/b *Akunotasekc a Linapruk.*
/p ahkəno·t·a·s·í·k·i=á· ləna·p·é·ɔk.
/t Things that could be told, about the Delawares.
/n Animate adjunct; cf. same verb on p. 21, para. 35 (also without IC).

/b 1. Nrlkeqc vuf nrf jwk vawin, kavuni vuf, |
/p 1. ne·lkí·kwi-=hánkw -nénk šúkw awé·n, ká·xəne=hánkw,
/t 1. As much as anyone just saw, perhaps,

/b nwli totumawn vuf, tutu vawin eketet,
/p nó·li-nto·t·əmáɔ·n=hánkw tə́ta awé·n [pe·-w]i·k·íhti·t.
/t I would carefully ask them about what houses anyone (sg., pl.) lived in,
/n ⟨t-⟩ for /nt-/; ⟨tutu vawin eketet⟩, also in para. 2, presumably more correctly ⟨tutu prweketet⟩ (para. 4).

/b ok rli | lrlrxrtet lomwc nwhi.
/p ó·k é·li-lehəle·x·éhti·t ló·məwe núči,
/t and how they lived since long ago,

/b 2. Ok kutava vuf ta nanpawsetet
/p 2. ó·k / ?? / =hánkw=tá / naxpa·wsíhti·t,
/t 2. and / ?? / what they used to live with,
n/ ⟨nanp-⟩ for ⟨navp-⟩, but not idiomatic.

/b wnhi, lrlrxrtet, tutu prweketet.
/p wə́nči-lehəle·x·éhti·t, tə́ta pé·-wi·k·íhti·t.
/t by which they lived, (and) whatever houses they were living in.
/n ⟨lrlr-|xrtet⟩

/b   3. Bkek, lrkvckun wrlvalahck tclkwka,
/p   3. yó·ki·k le·khí·k·an[a] we·lhalá·č·i·k ntə́lko·k=á·,
/t   3. These who have a book would tell me,
/n   Obviative /-a/ omitted; ⟨t-⟩ for /nt-/.

/b   jr | punaw wn tclrkvekun:
/p   "šé·, pənáw wá ntəle·khí·k·an.
/t   "See, look at this book of mine.
/n   ⟨wn⟩ for ⟨wu⟩; ⟨t-⟩ for /nt-/.

/b   pexo knrmun rlawscun |
/p   péxu kəné·mən e·la·wsían.
/t   You'll see how you live,

/b   ok wunhi rli lrlrxrif.
/p   ó·k wənči é·li-lehəlé·x·enk."
/t   and about how one lives."
/n   ⟨-rif⟩ for /-enk/.

/b   4. Aphia bnik qwnhi waton tutu lrkveqc
/p   4. á·pči=á· yó·ni kúnči-wwá·to·n tə́ta ləkhíkwi
/t   4. Always you would know from this some day
/n   ⟨bnik⟩ for ⟨bni⟩.

/b   nu | ta krkw rlkeqi kejextasek.
/p   ná (??) =tá kéku e·lkí·kwi-ki·š·i·xtá·s·i·k,
/t   (??) / to what extent things are arranged,
/n   ⟨k[e]j-⟩.

/b   Tutu vawin eketet nrk ta amufi linouk.
/p   tə́ta awé·n wi·k·íhti·t, né·k=tá amánki-lə́nəwak.
/t   the houses anyone (whoever) lived in, those big men.
/n   ⟨eke|tet⟩ (see above); ⟨amu[f]i⟩.

/b   5. Ok tutu wnhexif wifi amufi linoivtet. |
/p   5. ó·k tə́ta wənčí·x·ink wínki-amánki-lənəwíhti·t.
/t   5. And wherever it comes from / (that) they like to be big men.
/n   ⟨wn[h]exif⟩; oblique ppl. without IC.

/b   6. Muta kuski liseun muta lrkvekuna wrlvala.
/p   6. máta káski-ləs·í·ɔn, máta le·khí·k·ana we·lhála·t.
/t   6. What you are not able to do, one who doesn't have a book.
/n   ⟨kuski⟩: no IC; ⟨wrlvala⟩ for ⟨wrlvalat⟩.

/b 7. Jwk a kuski ni lahemolvwkon qekywbma | rvrlitaot;
/p 7. šúkw=á· kóski- nə́ -la·č·i·mo·lxúk·o·n kwi·kayó·yəma ehələstáɔ·t.
/t 7. His parents could only tell him what he always hears them say.
/n ⟨rvrlitaot⟩ for ⟨rvrlistaot⟩.

/b ok vuf kuski tatxiti mujatuminrb
/p ó·k=hánkw kóski- ta·txíti -məša·t·aməné·ɔ.
/t And they are not able to remember much.

/b lwc | rlrksu, jwk kuski mujatuminab xifwc lwcokun. |
/p lúwe· e·lé·ksa, šúkw kóski-məša·t·aməné·ɔ xínkwi-luwe·ó·k·an.
/t He says what has happened, but they can only remember the major saying.
/n ⟨muja[t]uminab⟩ for ⟨mujatuminrb⟩.

/b 8. Jr kuta puna bqe muta kuski vrli krkw | tclahemwcnanuk.
/p 8. šé·=ktá pəná yúkwe máta kkáski- xé·li kéku ktəla·č·i·mo·lxuk·o·wi·wəná·nak.
/t 8. But here now they are not able to tell us about many things.
/n Two prefixes; ⟨tclahemwcnanuk⟩ for ⟨tclahemwlxwkwewcnanuk⟩.

/b 9. Bqe mrhi naxapuki ok nrcntxkc kaxtin |
/p 9. yúkwe mé·či naxá·pxki ó·k ne·í·nxke kahtə́n
/t 9. It has now been three hundred and forty years
/n ⟨puk⟩ for /pxk/.

/b teli toxkwrn uqc rb teli muna rif.
/p təli-tɔxko·né·ɔ yúkwe yú táli məná·tenk.
/t that the others came to them on this island.
/n ⟨teli⟩ for /təli/ and /táli/; ⟨toxkwrn uqc rb⟩ for e.g. ⟨toxkwnrb bqc b⟩; ⟨muna rif⟩ for ⟨munatrif⟩ (cf. B 1834b:42.13; see *Glossary*).

/b 10. Nrkek nrifi moxol titrvc
/p 10. né·ki·k, nénke múx·o·l, li·t·é·he·,
/t 10. As for those people, when he saw a boat, he thought,
/n ⟨ti[t]rvc⟩ for /li·t·é·he·/.

/b kunaxct manito | keekumwk.
/p "kɔná=x=ét manə́t·u nki·í·k·amukw."
/t "Maybe a manitou is coming to visit me."
/n ⟨k-⟩ for /nk-/.

/b 11. Cnta nrki nwtewxtetet jwk tutu tupetatwuk
/p 11. énta- néke -núči-ne·wtíhti·t, šúkw tət·ətpi·ta·ɔhtúwak,
/t 11. When they then [began seeing?] each other, they only made signs to each other,
/n ⟨nrki⟩: néke (not né·ki); ⟨nwte-⟩ for /núči-ne·/; ⟨tupetat-|wuk⟩: /tət·ətp-/ (cf. kək·əl-).

/b cnta krkw litetet rli muta kuski puntatetet. |
/p énta- kéku -lət·íhti·t, é·li- máta -káski-pənta·ɔhtíhti·t.
/t when they spoke to each other, because they could not understand each other.
/n ⟨lite[t]et⟩

/b 12. Kavunc mu ki tumakswp nrki lrkveqc. |
/p 12. ká·xəne=má ktəmá·kso·p néke ləkhíkwi.
/t 12. He was really poor at that time.

/b Takw ukjekun wlatwep ok muta tumivekun ok | piukekun.
/p takó· kší·k·an wəla·tó·wi·p, ó·k máta təmahí·k·an, ó·k payaxkhí·k·an.
/t He did not have a knife, and not an axe, or a gun.
/n ⟨ukj-⟩ for /kš-/.

/b Asine tumivekun jwk.
/p ahsəní·i-təmahí·k·an šúkw.
/t Only a stone axe.

/b Mavulrs | vu yrkin rli qela ukjekun.
/p máhələs=x aé·ke·n, é·li kwí·la kší·k·an.
/t In fact, flint was used, because there was no knife.
/n ⟨vu⟩ for /=x/; /kwí·la/ idiom.

/b Ok rli qela qepuliny jwk mwsc vwpekun yrkcn
/p ó·k é·li kwí·la kwi·p·əlánay, šúkw mo·s·í·i-hɔpí·k·ɔn aé·ke·n
/t And because there was no (metal) hoe, only an elk scapula was used.
/n ⟨qepu-|liny⟩.

/b takw krkw swkasinwek vutrep. Takw aqeun vatrep.
/p takó· kéku səkahsənó·wi·k hat·é·i·p. takó· ahkwí·an hat·é·i·p.
/t There were no things of iron. There was no blanket.
/n ⟨sw-‖kasinwek⟩ /səkahsənó·wi·k/; form and gloss in LTD (WS).

(p. 19)

/b Ok | takw vcmpus vatrep. Jwk vrsa akwp.
/p ó·k takó· hémpəs hat·é·i·p. šúkw xé·s·a ahkó·p.
/t And there was no cloth clothing (shirt or dress). He only wore skins.

/b Takw | vws apeep. Jwk vake a vwsuk;
/p takó· hó·s ahpí·i·p. šúkw hak·ií·i=á· hó·s·ak.
/t There was no (metal) cooking pot. Pots were only of clay.

/b   jwk vatapi | ninvakalak rlyifi.
/p   šúkw hatá·p·i ninhaka·lá·ɔk e·laínke.
/t   Only a bow, they were used when hunting.
/n   Singular noun with plural verb; ⟨nin-⟩: /nin-/ or /nən-/ (see below).

/b   13. Cnta nrk tuxat Linapruk melapani tumrvekun.
/p   13. énta- né·k / -tóx·a·t / ləna·p·é·ɔk, mwi·lá·p·ani təmahí·k·an.
/t   13. When those / he went to / Delawares, he gave him an axe.
/n   sg. for pl. (??), prox. for obv.; ⟨me-⟩ for /mwi·-/; ⟨tum-|rvekun⟩.

/b   Nuni lupi prat wcvrmwalu kavuni. |
/p   náni lápi pé·a·t, wwehe·məwa·lá·ɔ ká·xəne.
/t   When that one came again, he really made fun of him.
/n   ⟨-u⟩ (as if /-a/ 1s,2s–3s) for /-á·ɔ/ (or -a·n subd.).

/b   Rli mutawatwek krkw rli vakatuf.
/p   é·li- máta -wwa·tó·wi·kw kéku é·li-nhaká·t·ank.
/t   Because he didn't know how to use things.
/n   ⟨wa[t]wek⟩ /-wwa·tó·wi·kw/, s.b. /-wwá·to·kw/ 3s–0 neg.; ⟨vaka[t]uf⟩.

/b   Rli kiseni | wqrnen wawcjeton.
/p   é·li ksí·ni o·kwénni·n / [wāwešītōn].
/t   For he was blithely wearing it around his neck / as decoration (??).
/n   ⟨ki[s]eni⟩; ⟨wawcjeton⟩ appears to be Ojibwe wawezhitoon 'it is decorated' or owawezhitoon 'he decorated it', perhaps a word in early, full-vowel Odawa contributed by Jotham Meeker.

/b   Jwk muta qune nrkek | waton rli a vakatum ok nrl ukjekun. |
/p   šúkw máta kwəní·i né·ki·k o·wá·to·n é·li-=á· -nhaká·t·am, ɔ́·k né·l kší·k·an.
/t   But not long after they / he knew how he should use it, and those / knife.
/n   Number clashes; ⟨-tum⟩ s.b. ⟨-tuf⟩ /-tank/ (see above).

/b   14. Nuni Jwunukuk jayi tolomi mumvalonro | to vrswa
/p   14. nána šəwánahkɔk šá·e tóləmi-məmhalaɔ·né·ɔ tɔx·e·s·əwá·ɔ,
/t   14. Then the whitemen immediately began to buy their skins,
/n   ⟨Nuni⟩ for nána.

/b   ok tolomi mvalomakwnra omahrswal |
/p   ɔ́·k tóləmi-mhalama·k·o·né·ɔ mɔ·mahče·e·s·əwá·ɔl:
/t   and they began to sell their goods to them,
/n   ⟨om-⟩ for ⟨mom-⟩.

/b   aqeunul, vcmpsul, pyuxkekunul, tumivekunul, | qepulinyul, ukjekunul:
/p   ahkwí·anal, hémpsal, payaxkhí·k·anal, təmahí·k·anal, kwi·p·əlánayal, kší·k·anal,
/t   blankets, cloth clothing (shirts and dresses), guns, axes, hoes, knives,

/b   ok wrmi krkw qeaqc | cntxinaki mumvalomun bqc Jwunukuk.
/p   ó·k wé·mi kéku kwiá·kwi entxennáɔhki-məmhálamunt yó·ki šəwánahkɔk.
/t   and everything else of as many kinds of things as these whitemen sold.
/n   ⟨-un⟩ for /-unt/; ⟨bqc⟩ (as if 'now') for /yo·ki/ 'these (anim.)'.

/b   15. Muta qune Jwunukuk tolomi valuma tokelit
/p   15. máta kwəní·i šəwánahkɔk tóləmi-mhalamaɔ́·ɔ tɔ·kií·li·t.
/t   15. Not long after that the whitemen began buying his land.
/n   ⟨-a⟩ for /-aɔ́·ɔ/ (or /-áɔ·n/); ⟨to-|kelit⟩, with ⟨e⟩ for /ií·/.

/b   na nrki wnwhi kutvakrn rleqsekuk li.
/p   ná néke wənúči-katháke·n é·li-wsí·ka·k lí.
/t   Then from then on he moved to the west.
/n   ⟨qs⟩ for /ws/.

/b   16. Muta ta jyi ovolcmi li kutvakrep.
/p   16. máta=tá šá·e ɔ́həlɔmi lí-kathaké·i·p.
/t   16. He did not move far right away.

/b   Kumr tcxc wtrkaw.
/p   nkəmé·e téxi o·te·kaɔ́·ɔ.
/t   Always all he did was follow behind him.
/n   ⟨Ku-|mr⟩; /o·te·kaɔ́·ɔ/: or /wté·kaɔ·/ 'he was followed after' (if ⟨wt-⟩ for /wt-/).

/b   Muta ta puna qune na tclxkwn
/p   máta=tá pəná kwəní·i, ná tɔ́lko·n,
/t   It was not even a long time, and then he said to him,
/n   ⟨tclx-|kwn⟩.

/b   mrhi ta lupia kunakutvakrn.
/p   "mé·či=tá; lápi=á· kənəkatháke·n."
/t   "That's it; you must move again."
/n   mé·či=tá 'already' (typically); ⟨kunaku[t]vakrn⟩ (no trace of ⟨t⟩).

/b   17. Nrki lrvkeqc Linapi vrtw nuntyrtxwp wa wropset.
/p   17. néke ləkhíkwi ləná·p·e xé·ltu; núntai-txɔ́·p wá we·ɔ́·psi·t.
/t   17. At that time the Delaware was fairly numerous; the Whiteman was few.
/n   ⟨[L]inapi⟩; ⟨vrtw⟩ for /xé·ltu/ (3s dim.); ⟨nuntyrtxwp-|wa⟩ for ⟨nuntyrtxwp| wa⟩.

/b   Jwk bqc mrhi srki prxihi linrxtwk bl wropelihi
/p   šúkw yúkwe mé·či, sé·ki pe·x·ó·č·i lí-ne·wtúwak yó·l we·ɔ·psi·lí·č·i,
/t   But now, while they and this whiteman (obv.) have been seeing each other up close,
/n   ⟨prxi[h]i⟩ probably s.b. /pe·x·ó·č·i/ (cf. ⟨pechotschi⟩ 'very near' B&A 110);
     ⟨nrx-|twk⟩ for /-ne·wtúwak/ (s.b. conjunct); ⟨wropelihi⟩ for ⟨wropselihi⟩.

/b   na tolumi evekalisi nuntyrtxen
/p   ná tɔ́ləmi- ihikalísi -nuntai-txíˑn.
/t   then he gradually began to be fewer and fewer.
/n   ⟨nuntyrt-|xen⟩

/b   xuntki bqc wuska ave mrhi tatxetw.
/p   xántki yúkwe hwə́ska áhi méˑči taˑtxíˑtˑu.
/t   Finally now he has already become very few, indeed.
/n   ⟨wu[s]ka⟩; ⟨[t]a[t]xe[t]w⟩.

/b   18. Mrhi nuxapaki txi katin lrkveqi tcli wifi | mutvakrn wuni Linapr.
/p   18. méˑči naxáˑpxki txí-kahtən ləkhíkwi tɔ́li-wínki-matháke·n wáni lənáˑpˑe.
/t   18. It has now been three hundred years that the Delaware has liked to fight.
/n   /-matháke·n/ (prefixed form) s.b. /-mahtáˑkeˑn/.

/b   Jwk tatxiti kuski mujatasek
/p   šúkw taˑtxíti káski-məšaˑtˑáˑsˑiˑk,
/t   But not very much can be remembered,
/n   ⟨mu-|jatasek⟩; /-k/ conj. for indep.

/b   rli hihpi krkw lwrt cli nejvaki.
/p   éˑli- čə́čpi kéku -lúweˑt ellíˑi niˑšháke.
/t   as the two nations both tell things differently.
/n   ⟨cli⟩ for ⟨cle⟩ (/ellíˑi/).

/b   19. Cntxun mu vaki muta mcmxrli tali ufulwun Linapi
/p   19. éntxən matháke·, máta məmxéˑli tɔ́li-ankəlóˑwən lənáˑpˑe,
/t   19. Every time the Delaware fought, it was not in great numbers that he died.
/n   ⟨mu[t]vaki⟩: no ⟨t⟩ visible; s.b. /éntxən-mahtáˑkeˑt/; ⟨tali⟩ for /tɔ́li/;
     ⟨uful-|wun⟩; ⟨Linapi⟩: ⟨n⟩ like ⟨h⟩;

/b   nuni tcli nrxqut li muta nani wnheye
/p   nə́ni tɔ́li-néˑykɔt, líˑ- máta nə́ni -wənčiˑaíˑi,
/t   That's how it is seen that it was not from that,
/n   ⟨tcli⟩ s.b. /líˑ-/.

/b   wcnhi bqc tatxetek Linapi.
/p   wénči- yúkwe -taˑtxíˑtˑiˑk lənáˑpˑe.
/t   the reason why there are now not many Delawares.
/n   ⟨tatxetek⟩ s.b. /-taˑtxíˑtˑiˑt/ (as below); ⟨[L]inapi⟩.

/b   20. Nrki srki nwhi kutvakrt
/p   20. néke séˑki-núči-katháke·t,
/t   20. At that time, while he began moving,

/b muta huji tetrvr | nuj ta bni rlimoqunakuj nweken.
/p máta háši ti·t·é·he·, "ná=š=tá yó·ni e·ləmo·k·wənák·a=č nəwí·k·i·n.
/t he never thought, "Here will be where I'll live forever."
/n /ti·t·é·he·/ s.b. /li·t·é·he·/.

/b Nani wnhi ‖ muta kuski myalintumw
/p nə́ni wə́nči máta káski-maya·e·ləntamó·u,
/t Therefore, he was unable to be at ease in his mind,

(p. 20)

/b rli muta kuski wli krnakeranw palseelihi ok tumeminsuma;
/p é·li máta kóski-wə́li-ke·nahki·há·ɔ pa·lsi·lí·č·i ɔ́·k tɔmi·mə́nsəma.
/t for he was not able to take care of the sick and his children.
/n ⟨krnakeranw⟩ for ⟨krnakevaw⟩ (??); ⟨palseeli[h]i⟩, with ⟨ee⟩ for /i·/.

/b javakect bqc kotrnaxke wunheye wunhe ave tatxetet.
/p šaxahkí·i·ét yúkwe, kwət·ennáɔhki wənčí·ayu wə́nči-áhi-ta·txí·t·i·t.
/t It seems certain now that one sort of thing is the reason he is not at all numerous.
/n ⟨javake-|ct⟩; ⟨-ye⟩ for /-ayu/ (as if neg.; cf. para. 19, 31).

/b 21. Jwk jrpuna bqc b kotrnaxk alowc mrxifwrk
/p 21. šúkw šé· pəná yúkwe yú kwət·ennáɔhki aləwí·i me·x·ínkwe·k
/t 21. But see, now this one thing that is greater
/n ⟨kotrnaxk⟩ for ⟨kotrnaxke⟩; ⟨mrx-|ifwrk⟩.

/b krxatumakexkwk Linapi.
/p ke·t·əma·k·íhkuk ləná·p·e.
/t is what makes the Delaware poor.
/n ⟨krxatumakexkwk⟩: ⟨xa⟩ extra and unexplained; /-kuk/ is |-əkwək| 3´,0–3s..

/b 22. Kavuni xrlrnakc nuni wunheye krkw
/p 22. ká·xəne xe·lennáɔhki nə́ni wənčí·ayu kéku,
/t 22. Really a lot of kinds of things come from that,
/n ⟨-ye⟩ for /-ayu/ (as if neg.; cf. para. 19, 31).

/b rli | wetyvrmkwk Jwanukul nuni rlapcntuf.
/p é·li-wi·t·a·hé·mkuk šəwánahkɔl nə́ni e·la·p·éntank.
/t as the Whitemen helped him with what he benefited from
/n ⟨Jwanuku[l]⟩ (or [f])

/b 23. Jwk kotrnake nal nuni aloc tcntxonulwkon
/p 23. šúkw kwət·ennáɔhki, nál nə́ni aləwí·i təntxo·nalúk·o·n,
/t 23. But one thing is what made his numbers more,
/n ⟨tcntxonulw-|kon⟩.

/b   rli palswakun nwntyok b mutvakeokun nwnty tcntxonulwkwn.
/p   é·li pa·lsəwá·k·an nuntá·i ɔ́·k yú mahta·ke·ɔ́·k·an nuntá·i tǝntxo·nalúk·o·n.
/t   while disease and this fighting made his numbers less.
/n   Syntax: adverb repeated and head verb gapped.

/b   24. Nuni jwk krkw tclexkwn, muta waltuk | bqc tu tali xqetvakumeqc.
/p   24. nə́ni šúkw kéku təlíhko·n máta wé·ltək, yúkwe=tá táli xkwi·thakamí·k·we.
/t   24. But that did something to him that wasn't good, on this present earth.
/n   ⟨waltuk⟩ for ⟨wrltuk⟩.

/b   25. Tani vuf jeki lino nun nuni krkw palexkwn nenwhi:
/p   25. tá·ɔni=hánkw ší·ki-lə́nu: nán nə́ni kéku pɔlíhko·n ni·núči.
/t   25. Even a good man is destroyed by that thing, since long ago.
/n   ⟨palex-|kwn⟩

/b   mahilisi lino ckalisi bni palexkwn.
/p   méči-lə́s·i·[t] lə́nu ikalísi yó·ni pɔlíhko·n.
/t   A bad man is gradually destroyed by this.
/n   ⟨mahilisi⟩ for méči-lə́s·i·t (para. 31; B 1837, Mt 12.35); ⟨palex-|kwn⟩.

/b   26. Tani vuf lipwr lino nunul vuf ty bni kuphrvolkwn.
/p   26. tá·ɔni=hánkw ləpwé· lə́nu, nánal=hánkw=tá yó·ni kupče·hɔ́·lko·n.
/t   26. Even though a man is wise, this is what makes him crazy.
/n   ⟨Tani⟩: turned ⟨n⟩; syntax??; ⟨kup-|hrvolkwn⟩.

/b   Kahi wuni lino krphrat ckalisi | kwphrvolkwn.
/p   káč·i wáni lə́nu ké·pča·t ikalísi kupče·hɔ́·lko·n.
/t   But this man who is crazy it makes even more deranged.

/b   27. Tani vuf vawin nenwhi wlumalse pulswvalkwn vuf.
/p   27. tá·ɔni=hánkw awé·n ni·núči wəlamálsi·[t], pɔ·lso·há·lko·n=hánkw.
/t   27. Even a person who has been well since long ago, it makes them sick.
/n   ⟨wlumalse⟩ s.b. ppl. (no IC, no /-t/); ⟨pulsw-|valkwn⟩.

/b   Kahi vawin, nenwhi palset nelxkwn vuf,
/p   káč·i awé·n ni·núči pá·lsi·t, wənílko·n=hánkw,
/t   But someone who has been sick a long time, it kills them.
/n   ⟨nelx-|kwn⟩: /wə-/ missing (cf. para. 33).

/b   28. Nani wunheye wunhi vawrnek mutvakctet.
/p   28. nə́ni wənčí·yayu wə́nči- awé·ni·k -mathakéhti·t.
/t   28. From that comes the reason why people kill each other.
/n   ⟨-ye⟩ for /-ayu/ (as if neg.; cf. para. 19, 31); ⟨mutvak-|ctet⟩: s.b. /-mahta·kéhti·t/.

/b   Ok vuf, nani wunheye nelxtetet.
/p   ó·k=hánkw nə́ni wənčí·yayu [wə́nči]-nhiltíhti·t.
/t   And from that comes the reason why they kill each other.
/n   ⟨-ye⟩ for /-ayu/ (as if neg.; cf. para. 19, 31); ⟨nelxte[t]et⟩; preverb missing.

/b   29. Tani vuf avopr qutumakexkwn vuf
/p   29. tá·ɔni=hánkw ahó·p·e kwət·əma·k·íhko·n=hánkw.
/t   29. Even a rich man is made miserable by it.
/n   ⟨krt-|umakset⟩.

/b   krtumakset nenwhi nuni wlava ekulisi qutumakexkwn.
/p   ke·t·əmá·ksi·t ni·núči, nə́ni wəláha ikalísi kwət·əma·k·íhko·n.
/t   One who has been poor a long time, that rather makes him even more miserable.
/n   ⟨qutumak-|exkwn⟩.

/b   30. Nrluma ct vuji Wropset wnhi wlumalseun ok Linapi.
/p   30. né·ləma=ét háši we·ɔ́·psi·t wwə́nči-wəlamalsí·wən, ó·k ləná·p·e.
/t   30. Never yet, it seems, has a Whiteman been made well by it, or a Delaware.
/n   ⟨-eun⟩ for /-í·wən/; ⟨wnhi⟩

/b   31. Muta vuji mahilisct bni wunheye wunhi | wliliscun
/p   31. máta háši méči-ləs·i·t yó·ni wənči·ayí·i wə́nči-wə́li-ləs·í·wən,
/t   31. Never has there come from this the means for a bad person to be good,

/b   ok nuni wrliliset wunheye wunhi wliliseun. ‖
/p   ó·k nə́ni wé·li-ləs·i·t wənči·ayí·i wə́nči-wə́li-ləs·í·wən.
/t   or has there come from that the means for a good person to be good.
/n   ⟨wli-|liseun⟩.

(p. 21)

/b   32. Kavuni ct ketxapuki vawin mrhi onelxkwn cntxun katif.
/p   32. ká·xəne=ét khitá·pxki awé·n méči wənílko·n éntxən-kahtínk.
/t   32. Maybe as many as a thousand people are killed by it every year.
/n   ⟨onelx-|kwn⟩

/b   Nul bni xova hepi krkw | Vwijki.
/p   nál yó·ni xó·ha čípi-kéku: wə́ški.
/t   This is the only terrible (powerful) thing: whiskey.
/n   wə́ški (LTD LB), cf. Mun wə́škəy; ⟨V-⟩ /h-/ from English.

/b   33. Wrmi cntxinaki kcvuli vawin tumakexkwk
/p   33. wé·mi entxennáɔhki- kéhəla awé·n -ktəma·k·íhkuk
/t   33. In all the ways it makes someone truly (very much) miserable,
/n   ⟨tumakex-|kwk⟩.

/b nani tclkeqi tumakexkwk.
/p ná=ni təlkí·kwi-ktəma·k·íhkuk.
/t that is how much it makes them miserable.
/n /-ktəma·k·íhkuk/ s.b. /-ktəma·k·íhko·n/.

/b Naxpunc vuf | vawin wnintcvulan tcli avalafwmkwn ok tcli | wetesen.
/p náxpəne=hánkw awé·n wənuntéhəla·n tə́li-[aha]lankó·mko·n, ɔ́·k tə́li-wwi·t·í·s·in.
/t A person even lacks having others associate with him, or having friends.
/n ⟨nint⟩ for /nunt/; ⟨ava-⟩: reduplication(?) unclear.

/b Wrmi nuni nruxpi lrlruxi
/p wé·mi nə́ni né·xpi-lehəlé·x·e·t.
/t All that is what he lives with.
/n wé·mi nə́ni: idiomatic?; ⟨lrlruxi⟩ for /lehəlé·x·e·/ (s.b. /lehəlé·x·e·t/).

/b wrmi nuni | muta tavolkwni piji nenwhi nrkuma avotufuk. |
/p wé·mi nə́ni máta tɔhɔ·lkó·wən⟨-i⟩ píši ni·núči né·k·əma ahɔ́·t·ank⟨-uk⟩.
/t All that does not love him, although *he* has loved *it* for a long time.
/n wé·mi nə́ni: idiomatic?; verb endings unexplained.

/b Mulaji paletatakwn nuni lrlruxrokun —
/p málahši pɔli·tá·k·o·n nə́ni lehəle·x·e·ɔ́·k·an.
/t It's as if that destroys life for him.
/n ⟨pale[t]a[t]akwn⟩ for ⟨paletakwn⟩.

/b muta | ta jwk Linapi kutumakexkwn;
/p máta=tá šúkw ləná·p·e kwət·əma·k·íhko·n.
/t It's not ony the Delaware that it makes miserable.
/n ⟨-kwn⟩ for /-kó·wən/.

/b wrmi vawin cntxin nahetak wrmi li nr tclkeqi tumakexkwn.
/p wé·mi awé·n éntxi-na·čí·ta·kw wé·mi lí nə́ təlkí·kwi-ktəma·k·íhko·n.
/t Everyone who has to do with it, in every way, that's how miserable it makes them.
/n éntxi: ⟨cn-|txin⟩.

/b 34. Muta vuji mpepuntumw rlkeqc ta laprmqut.
/p 34. máta háši mpi·p·əntamó·u e·lkí·kwi=tá -la·p·é·mkɔt.
/t 34. I have never heard about how useful it is.
/n ⟨laprm-|qut⟩ /-la·p·é·mkɔt/ s.b. /-la·p·é·mkɔ/.

/b 35. Jwk vrlenaki mrtvik wunheye
/p 35. šúkw xe·lennáɔhki mé·thik wə́nčí·ayu.
/t 35. But many kinds of evil come from [it].
/n Complement missing.

/b kavuni a | xifwc lrkvekun kejeva
/p ká·xəne=á· xínkwi-le·khí·k·an ki·š·í·ha·
/t A really big book would (need to) be made

/b wrmi akunotaseki rlkeqc | muta wlelrk.
/p wé·mi ahkəno·t·a·s·í·k·i e·lkí·kwi- máta -wə́li-lé·k.
/t for all the things that are told about the extent to which things are not good.
/n /ahk-/: no IC.

/b 36. Tcxe bni jwk wunhi amufi krkw taufun | bni tali qetvakumeki
/p 36. téxi yó·ni šúkw wə́nči- amánki-kéku -taɔ́nkən yó·ni táli xkwi·thakamí·k·i,
/t 36. Nothing but this is the only reason why large things are lost on this earth,
/n /xkwi·thakamí·k·i/(?): elsewhere /xkwi·thakamí·k·we/.

/b kihe jwk pepalexkwk wrmi vawin.
/p khičí·i šúkw pehpalíhkuk wé·mi awé·n.
/t truly what only destroys everyone.
/n ⟨wr-|mi⟩; /pehpalíhkuk/: ⟨pepalexkwk⟩.

/b 37. Wuni mruxkroxkiset xaxrl ave wifosumwet
/p 37. wáni me·xke·ɔhkəs·i·t xáhe·l áhi-winkó·s·əmwi·t.
/t 37. There are many of these Indians that are very fond of drink.
/n ⟨wifosum-|wet⟩; representative singular, continuing in the following sentences.

/b nuni tali krkw wunhi ave tatxetet.
/p nə́ni táli kéku wə́nči-áhi-ta·txí·t·i·t.
/t In that thing is the reason why they are very few.

/b Nuj ni | aphi tcli lrlruxr srki bni wifenatak.
/p ná=š=ní á·pči tə́li-lehəlé·x·e· sé·ki- yó·ni -winkí·nahta·kw.
/t That will always be the way he lives as long as he is fond of making use of this.
/n ⟨tcli lrlruxr⟩: s.b. /tə́li-lehəlé·x·e·n/ subd.

/b 38. Mrhi krxi kavtin kaflisuk tcli nran li alrmi nran
/p 38. mé·či kéxi-kahtə́n kankələ́s·ak təli- ⟦né·ɔ·n lí⟧ -áləmi-né·ɔ·n
/t 38. A few years back it was Congress that began to see
/n ⟦né·ɔ·n lí⟧: apparently superfluous alternative wording; ⟨al-|rmi⟩; sg. for pl.

/b mrxkrxkusilethi kati wrqi mvalomaw | toke.
/p me·xke·ɔhkəs·i·lí·č·i, kahtí-wé·kwi-mhalamáɔ· tó·ki,
/t the Indian about to sell the last of his land,
/n Absolute verb; s.b. /-mhalamáɔ·n/.

/b Tcli a alrmi ktumaksen
/p tə́li-=á· -áləmi-ktəmá·ksi·n.
/t so that he would begin to be poor.

/b muta krkw li | wetyvrmawunc.
/p máta kéku lí-wi·t·a·e·má·wən⟨-c⟩.
/t he wasn't helped in any way.
/n /-ən/ as if subd.; ⟨-c⟩ (??).

/b 39. Wrlilisethek linouk tolomi kutumakrlcmawa mrxkroxkuselcthi
/p 39. wé·li-ləs·í·č·i·k lə́nəwak tə́ləmi-ktəma·k·e·ləmawwá·ɔ me·xke·ɔhkəs·i·lí·č·i.
/t 39. Good men began to take pity on the Indian.
/n ⟨kutumakr-|lcmawa⟩

/b punyrlintum ok vrlrnaoke krkw lwruk
/p pəna·elə́ntam, ɔ́·k xe·lennáɔhki kéku luwé·ɔk.
/t He thought, and they said many different things.
/n /pəna·elə́ntam/: s.b. /pəna·elə́ntamo·k/ 'they thought, meditated'; ⟨vrlr-|naoke⟩.

/b nunia linomufwc kuski a tumakrlumawa.
/p "nə́ni=á· lənəmánkwe, kɔ́ski-=á· -ktəma·k·e·ləmawwá·ɔ."
/t "If we do that, they would be able to help them."
/n ⟨tu-|makrlumawa⟩: 3p (or /-áwwa/ 2p), but s.b. 12.

/b 40. Jwk mrhi qeji punyclintuminro
/p 40. šúkw mé·či kwíši-pəna·eləntaməné·ɔ.
/t 40. But now they have thought it over.

/b ok mrhi ‖ qeji nukwntouk li aloe wlexun
/p ɔ́·k mé·či kíši-naxkúntəwak lí aləwí·i wəlí·x·ən,
/t And now they have agreed that it is better
/n ⟨qeji⟩ s.b. /kíši/.

(p. 22)

/b li a wrmi kotrnaoke valanro tutu vakif
/p lí-=á· wé·mi kwət·ennáɔhki -hala·né·ɔ tə́ta hák·ink,
/t for them all to be put in one place on some piece of land,
/n ⟨kotr-|naoke⟩.

/b cntu ta taqe a aphi | apetet
/p énta-=tá tahkwí·i=á· á·pči -ahpíhti·t,
/t where they would always be all together,

/b   ok rli a muta heh lanro kutvakr.
/p   ó·k ílli=á· máta čí·č la·né·ɔ, "katháke."
/t   and they would even not be told again to move.
/n   ⟨rli⟩ for /ílli/; /katháke/ imp. sg. for pl.

/b   41. Ny bqc nc qeji punyrlintaseki: nuna lwrn;
/p   41. ná yúkwe nɔ́ kíši-pəna·elənta·s·í·k·e, nána lúwe·n,
/t   41. Then after it had been studied, then it was said,
/n   ⟨qeji⟩ s.b. /kíši/; ⟨-ki⟩ for /-ke/; ⟨lw-|rn⟩.

/b   ta uh bqc nuni cnta lrlinsek rlrmoqunaku | wuni Linapi?
/p   "tá=háč yúkwe nə́ni entale·lə́nsi·t e·ləmo·k·wənák·a wáni əná·p·e?"
/t   "Where is the place where the Delaware wants to be forever?"
/n   ⟨ek⟩ for /-i·t/.

/b   42. Wuni wropfet ovolumi prhi wekw bni | cnta Tumpeprqu wunhi
/p   42. wáni we·ɔ́·psi·t ɔ́həlәmi péči-wí·k·u yó·ni énta-təmpihpé·k·a wə́nči.
/t   42. This Whiteman came from far away to live here towards the Missouri River.
/n   ⟨-qu⟩ for /-k·a/.

/b   qelata rlintasw tutu | ta rpet.
/p   kwí·la-=tá -le·ləntá·s·u, tə́ta=tá é·p·i·t.
/t   Wherever he is, is guesswork.   [*lit.*, puzzling, bewildering]
/n   ⟨rlintasw⟩ for /le·ləntá·s·u/.

/b   Qela ta rlintasw wunhi kihifwcvulak | wunta kamif.
/p   kwí·la-=tá -le·ləntá·s·u, wə́nči-kčinkwéhəla·k wəntahká·mink.
/t   On the eastern side of the river is a guess.
/n   ⟨rlintasw⟩ for /le·ləntá·s·u/.

/b   Nale kta wuntaqc vrlbsekak |
/p   nahəlí·i=ktá wəntahkwi éhəli-wsí·ka·k
/t   But as well as to the west /
/n   ⟨-c vrlb-⟩ for /-e ehəli-w-/.

/b   rlbekapet wropset wcnhia muta krkwli mahevat wemut
/p   [ēliəwīkapīt] we·ɔ́·psi·t / wə́nči-=á· máta kéku-lí-mahčí·ha·t wí·maht[al], /
/t   ?? / Whiteman / so that he would not mistreat his brother in any way,
/n   [ēliəwīkapīt]: perhaps a form of *|aləwīkāpawī-| AI 'stand further (away)';
     ⟨mahe-|vat⟩; ⟨wemut⟩ for /wi·mahta(l)/.

/b   cntuh nalyi lrlrxrt muta vawin kuski | krkwlwkuk.
/p   énta-=č nalái -lehəlé·x·e·t, máta awé·n -káski- kéku -lúk·uk.
/t   where he will live in peace and no one can tell him to do anything.

/b   43. Mrhi qune punyrlintascki okj akinotaseki.
/p   43. mé·či kwəní·i pəna·elənta·s·í·k·i, ó·k=č ahkəno·t·a·s·í·k·i.
/t   43. Things that are thought about now and will be told about for a long time.
/n   ⟨akinotas-|eki⟩; two participles without IC.

/b   Bqc bni vake rpeif nuna wrtunasw
/p   yúkwe yó·ni hák·i é·p·ienk, nə́n=á· we·t·əná·s·u.
/t   Now this land where we (exc.) are, that would be taken.

/b   lwrn | na ty uni alowe tunta wlomalseun.
/p   lúwe·n, ná=tá=yó·ni aləwí·i tə́nta-wəlamálsi·n.
/t   It is said, this is where he [would] live better.

/b   44. Nuna Iinouk lanruk mypunamuk
/p   44. nána lə́nəwak la·né·ɔ, "mái-pənámo·kw,
/t   44. Then some men were told, "Go look at it,
/n   ⟨lanruk⟩ for ⟨lanru⟩ /la·né·ɔ/.

/b   wunhia | kaflisuk wli watotet rlkeqi wlituk.
/p   wə́nči-=á· kankələ́s·ak -wə́li-wwa·túhti·t e·lkí·kwi-wələ́t·ək."
/t   so that Congress may know well how good it is."

/b   45. Alumi wetruk hihpe rlakrethek
/p   45. áləmi-wi·t·é·ɔk čə́čpi e·lhake·í·č·i·k,
/t   45. Different tribes went along,

/b   wunhi a | nrkama nr punametet rlcnako.
/p   wə́nči-=á· ne·k·əmá·ɔ né· -pənamíhti·t e·li·ná·k·ɔ.
/t   so that they, too, would see what it was like.
/n   /-pənamíhti·t/ for /-pənamhíti·t/?

/b   46. Nuni tclsenro rli vakalint.
/p   46. nə́ni təlsi·né·ɔ é·li-nhaká·lənt.
/t   46. They did what they were employed to do.

/b   Prateti kavuni wlukuno umru rlcnakvok.
/p   pe·ahtí·t·e, ká·xəne o·lahkəno·t·əməné·ɔ e·li·ná·khɔk.
/t   When they got back, they gave a really good report about what it was like.
/n   ⟨ka-|vuni⟩; ⟨wlukuno umru⟩ (with large space) for /o·lahkəno·t·əməné·ɔ/;
     e·li·ná·khɔk: for usual e·li·ná·kɔ.

/b   47. Lwrak eaphi kuta tyminro bni vake:
/p   47. luwé·ɔk, i·á·pči kɔ́t·a- tɔyəməné·ɔ yó·ni hák·i.
/t   47. They say they still want to buy this land.
/n   ⟨ku[t]a⟩; prefix |wə-| repeated (s.b. /kɔ́t·a-ayəməné·ɔ/).

/b pi-|ji ta muta lrkveqc wlitwi rlkeqi tetrvaf qula | lrkveqi wlituk,
/p píši=tá máta ləkhíkwi-wələt·ó·wi e·lkí·kwi-ti·t·é·hank, kwə́la ləkhíkwi-wələ́t·ək,
/t It is *not* as good as what is thought to be hopefully as good.
/n ⟨pi-|ji⟩; ⟨tetrvaf⟩ for /li·t·é·hank/; /ləkhíkwi-wələ́t·ək/ s.b. perhaps /nə́ ləkhíkwi-wələ́t/.

/b jwk wretrlintum li muta heh vatre
/p šúkw we·i·t·e·lə́ntam lí máta čí·č haté·i
/t But he thinks it probable that there is not anymore any
/n ⟨va-|tre⟩.

/b rlkeqc wlituk rpeta Linapi.
/p e·lkí·kwi-wələ́t·ək é·p·i·t=á· ləná·p·e.
/t as good as where the Delaware would be.

/b 48. Nuna kaflisuk tclwrno
/p 48. nána kankələ́s·ak tələwe·né·ɔ,
/t 48. Then the congressmen said,
/n ⟨tclwrno⟩ for ⟨tclwrnro⟩

/b muta heh nalyve | lyekc wuni wropset.
/p máta=á· čí·č nalahí·i laí·k·e· wáni we·ɔ́·psi·t.
/t "The Whiteman will not settle any further upstream.
/n ⟨lyekc⟩ /laí·k·e·/ for /lai·k·é·i/ (or /lai·k·é·e/) neg.; ⟨wrop[s]et⟩

/b Jwk nuni vake bqc rpet | Linapi tuntalm[]en rlumoqunaku.
/p šúkw nə́ni hák·i yúkwe é·p·i·t ləná·p·e təntalá·wsi·n e·ləmo·k·wənák·a.
/t But that land where the Delaware now is is where he lives forever."
/n ⟨tuntalm[s?]en⟩ for ⟨tuntalawsen⟩.

/b 49. Nuna linouk lanro kekvamok nuni vake
/p 49. nána lə́nəwak la·né·ɔ, "khikhámo·kw nə́ni hák·i."
/t 49. Then some men were told, "Mark the bounds of that land."

/b ok ajitc pelih linouk lanro my wrvomo wrmi ‖ omruxkroxkiset
/p ɔ́·k a·šíte pí·li lə́nəwak la·né·ɔ, "mái-we·hómo· wé·mi wá me·xke·ɔhkə́s·i·t,
/t And in turn other men were told, "Go notify all these Indians,
/n ⟨pelih⟩ s.b. /pí·li/; ⟨wrvom[o]⟩: [o] filled in; [o]m-: [o] filled in (⟨o⟩ for /wá/).

(p. 23)
/b tcli a prhi kutvakrn.
/p təli-=á· péči-katháke·n."
/t that they should move here."

/b   50. Nuni jai omruxkroxkiset nukotumin |
/p   50. nána šá·e wá me·xke·ɔhkə́s·i·t wənəkahtə́mən.
/t   50. Then right away the Indian left that behind.
/n   ⟨Nuni⟩ for /nána/; /wə-/ not written.

/b   nuna tolomi wcnhaken tcli alumskra
/p   nána tɔ́ləmi-wénčahki·n tə́li-alə́mska·n,
/t   Then he began to get ready to leave,
/n   ⟨alumskra⟩ for ⟨alumskan⟩.

/b   eka oxal | nenwhi cnta lrlrxrlet.
/p   íka ó·x·ɔl ni·núči énta-lehəle·x·é·li·t.
/t   over where his fathers lived for a long time.

/b   51. Alintc omruxkroxkiset takw cvumun nuni
/p   51. a·lə́nte wá me·xke·ɔhkə́s·i·t [takó· ehəmən??] nə́ni,
/t   51. Some of these Indians [did not agree to] that,
/n   ⟨cvumun⟩ (also p. 17 above), but takó· 'not' requires negative verb; ⟨nu-|ni⟩.

/b   rli wrvomakwk rlufomahi
/p   é·li-we·hɔmá·k·uk e·lanko·má·č·i,
/t   as their relatives let them know,
/n   (Representative singular.)

/b   aloe wefavpen nuni nenwhi cnta lrlrxrp
/p   aləwí·i wwínkahpi·n nə́ni ni·núči énta-lehəlé·x·e·p.
/t   that they would rather stay where they had lived for a long time.
/n   ⟨nu-|ni⟩; /-lehəlé·x·e·p/ s.b. /-lehəle·x·é·t·əp/.

/b   ok alintr Jwanukuk qetulawn.
/p   ó·k a·lə́nte šəwánahkɔk kwi·təlawwá·ɔ.
/t   And some Whitemen admonished them.
/n   ⟨qe-|tulawn⟩ for ⟨qetulawa⟩ (as above).

/b   52. Jwk bkek li kutvakrthek wlenumino
/p   52. šúkw yó·ki·k lí kathaké·č·i·k o·li·naməné·ɔ
/t   52. But these who moved admired
/n   /lí/ is superfluous; ⟨-no⟩ for ⟨-nro⟩.

/b   entuh rlimoqunakuh weketet.
/p   énta-=č e·ləmo·k·wənák·a=č -wi·k·íhti·t.
/t   the place where they were going to live forever.
/n   ⟨en-|tuh⟩ (⟨e⟩ for ⟨c⟩); /=č/ repeated.

/b 53. Jwk kaflisuk wliwatonro Ii aloe wlexun
/p 53. šúkw kankələ́s·ak ó·li-wwa·to·né·ɔ lí- aləwí·i -wəlí·x·ən
/t 53. But Congress understood that it was better
/n ⟨wa[t]onro⟩; lit., 'knew well'.

/b ekali kutvakrti nuni vakif.
/p íkali kathaké·t·e nə́ni hák·ink.
/t if he (= the Indian) moved to that land.

/b Nuni wunhi muta | pwnwtumwn
/p nə́ni wwə́nči- máta -po·no·t·əmó·wən,
/t That is why he didn't stop talking about it,

/b rli alintc jifi valumwnt nuni toke.
/p é·li- a·lə́nte -šínki-mhálamunt nə́ni tó·ki.
/t as some did not want to sell that land of theirs ("his").

/b 54. Jwk nuni clctonvrtup rli kumr krkw lat |
/p 54. šúkw nə́ni ehələt·o·nhé·t·əp, é·li- nkəmé·e kéku -lá·t.
/t 54. But that's how he used to talk when he always spoke to him.

/b kxutki wrmi omruxkroxkiset ekuli kutvakc;
/p kxántki wé·mi wá me·xke·ɔhkə́s·i·t íkali katháke·,
/t In the end all the Indians moved to there,

/b nuni toke rlbsekak rtrk.
/p nə́ni tó·ki é·li-wsí·ka·k é·te·k.
/t that land of theirs ("his") that was in the west.

/b 55. Qen wunhi ahemolsen wuni wropset ok | omruxkroxkiset.
/p 55. kwí·n wwə́nči-a·č·i·mó·lsi·n wáni we·ɔ́·psi·t ɔ́·k wá me·xke·ɔhkə́s·i·t.
/t 55. For a long time [it was] the reason the Whiteman and the Indian held councils.
/n (Unreduplicated verb sounds like 'held a council'.)

/b Alintc tcli wlrlintum ok alintc tcli muta wlrlintuma.
/p a·lə́nte tə́li wəle·lə́ntam, ɔ́·k a·lə́nte tə́li máta wəle·ləntamó·u.
/t Some were pleased to, and some were not pleased to.
/n /tə́li/ 2x with the indicative is unidiomatic (for lí-?); ⟨ok alin-|tc⟩; ⟨-ma⟩ for /-mó·u/.

/b 56. Nuni wunhiye wunhi xrlrnrxke lukunotasek.
/p 56. nə́ni wənčí·ayu wə́nči- xe·lennáɔhki -lak·əno·t·á·s·i·k.
/t 56. From that comes the reason for many kinds of things being told.
/n ⟨wunhiy e⟩ s.b. /wənčí·ayu/; ⟨xrlrnrxke⟩: /xe·lennáɔhki/; ⟨lukuno-|tasek⟩.

/b   57. Jwk bqe alintc muta rli wlrlintumuk punek;
/p   57. šúkw yúkwe a·lə́nte máta é·li-wəle·ləntamo·kpáni·k
/t   57. But now some who were not ones who were pleased to do it
/n   ⟨pu-|nek⟩.

/b   bqe mrhi tcli wlrlintuminro.
/p   yúkwe mé·či tə́li-wəle·ləntaməné·ɔ.
/t   have now come to be pleased to do it.

/b   58. Mrhi xrlvaki keji wlyekro bqc bni vakif:
/p   58. mé·či xe·lháke kiši-wəlai·k·é·ɔk yúkwe yó·ni hák·ink.
/t   58. Now many tribes of them have settled on this land in good shape.
/n   ⟨-ro⟩ s.b. /-é·ɔk/.

/b   alintc wlitulw weket, heh vakevakun manetaqc |
/p   a·lə́nte wələ́t·əlu wí·k·i·t, čí·č haki·há·k·an manni·tá·k·we.
/t   The houses of some are good, if they again make a field.
/n   Representative singular.

/b   nunuh qejinaksen tclih wlumalsen tomeminsuma.
/p   nána=č kwi·š·əná·kwsi·n, tə́li-=č -wəlamálsi·n tɔmi·mə́nsəma.
/t   then they will be prepared for themselves and their children to be well.
/n   ⟨tomemin-|suma⟩.

/b   59. Srki alumi muta bqc yrsekrk
/p   59. sé·ki-áləmi- máta yúkwe -aesəs·í·ke·k,
/t   59. While there continues to be now no abundance of animals,
/n   ⟨yrsekrk⟩ for /-aesəs·í·ke·k/.

/b   ta tawejasw tclih ktumaksen
/p   tá=á· wi·š·á·s·u tə́li-=č -ktəmá·ksi·n,
/t   he will not be fearful of being poor,
/n   ⟨ta taweja-|sw⟩: ⟨ta ta-⟩ for ⟨ta⟩ (for /tá=á·/); ⟨wejasw⟩ s.b. /wi·š·a·s·í·i/ neg.

/b   rli mahi ekapet cntuh wli | krkw kejekif methet.
/p   é·li- mé·či íka -ahpí·t énta-=č -wə́li- kéku -ki·š·í·k·ink mí·č·i·t.
/t   as he is now in a place where things for him to eat grow well.
/n   ⟨mahi⟩ for ⟨mrhi⟩.

/b   60. Bqc a puna kona amufi vakevakunuk ok ‖ a wlitw weketehi
/p   60. yúkwe=á· pəná kɔ́na amánki-haki·há·k·anak, ɔ́·k=á· wələ́t·u wi·k·ihtí·č·i,
/t   60. Now, see, there could be large fields, despite it all, and their houses could be good,
/n   'Fields' animate.

(p. 24)

/b   rlimoqunakua nunvatuminro.
/p   e·ləmo·k·wənák·a=á· wənənhaka·t·amənéꞏɔ.
/t   and they could rely on them forever.
/n   ⟨nunvatuminro⟩: /wə-/ missing; ⟨nunvat-⟩ for ⟨nunvakat-⟩.

/b   61. Xifwc xanr bqc peli li lrlruxi:
/p   61. xínkwi xánne· yúkwe pí·li lí-lehəlé·x·e·
/t   61. Now, though, he lives very much differently
/n   /xínkwi/ 'big' as intensifying adverb.

/b   ok lomwc | rli lrlrxrtup nrki nwhi ne nroti wropset.
/p   ɔ́·k lɔ́·məwe é·li-lehəle·x·é·t·əp néke núči-nihəne·ɔ́·t·e we·ɔ́·psi·t.
/t   than he used to live long ago at the time when he started seeing the Whiteman.
/n   Proximate object s.b. obviative.

/b   62. Kavuni nrki ave ktumakswp Linapi
/p   62. ká·xəne néke áhi-ktəmá·kso·p ləná·p·e,
/t   62. Back then the Delaware was really very poor.

/b   qela | ta wcntufi wunhia ta wlumalset.
/p   kwí·la=tá wentánki(?) wɔ́nči-=á·=tá -wəlamálsi·t.
/t   There were no places to get the means for them to be well.
/n   ⟨wcntufi⟩ (as if TI(1a)): expected would be (e.g.) wéntək 'where he got it from'.

/b   63. Jwk nrluma xanc avopre.
/p   63. šúkw né·ləma xánne· ahɔ·p·e·í·i.
/t   63. But he is not yet well off, however.

/b   Qeaqe ta | apwuk nrk krtumaksethck.
/p   kwiá·kwi=tá ahpúwak né·k ke·t·əma·ksí·č·i·k.
/t   There are still those who are poor.

/b   64. Jwk mrai volkrof vatr
/p   64. šúkw me·á·i-halké·ankw hát·e·,
/t   64. But there exists the right place for us to be put,
/n   ⟨o⟩ for /a/ 2x.

/b   wunha muta tumaksetet.
/p   wɔ́nči-=á· máta -ktəma·ksíhti·t.
/t   thanks to which they would not be poor.
/n   ⟨wunha⟩ for /wɔ́nči-=á·/; ⟨tum-|aksetet⟩ for /-ktəma·ksíhti·t/.

/b Wetcs a Krkyimvrlehi tclrlrmoku |
/p wi·tí·s·a=á· ke·kayəmhe·lí·č·i təle·ləmúk·u /
/t The rulers would allow his friend
/n ⟨Wetcs a⟩ (w. a large space) s.b. /wi·tí·s·a=á·/ (as if honorary proximate [Gr. §3.4]?).

/b wifia kwrmi tcxnaki krkwli wetyvrmulin
/p wínki=á· / kəwé·mi / [texnaki] (?) / kéku -lí-wi·t·a·hé·mələn,
/t to want for me to willingly help you all in every way,
/n Unidiomatic, as if wínki PV is a verb; prefix /kə-/ on wé·mi P 'all'.

/b cnta | lipown cntu wlilrlrxrun ok nulyi lrlrxrun
/p énta-=á· -ləpó·ɔn, énta-wə́li-lehəle·x·é·an ɔ́·k -nalái-lehəle·x·é·an,
/t where you would be wise, and where you [would] live well and live free,

/b wunhia xifwclrlrmoku nrk vaki.
/p wə́nči-=á· -xinkwe·ləmúk·ɔ nə́ hák·i.
/t and because of which that land would be considered superior.
/n ⟨wun-|hia⟩; ⟨xifwclrlrmoku⟩ for -xinkwe·ləmúk·ɔ; ⟨nrk⟩! for /nə́/.

/b 65. Nuni cka totaqun Rhunul a tetrxat nrku-|ma,
/p 65. nə́ni [[íka]] tɔ·tá·k·wən é·čənal =á· ti·t·é·ha·t né·k·əma.
/t 65. That's where an Agent who would think for himself was put for him.
/n Unidiomatic: /íka/ superfluous, /=á·/ wrongly placed, use of /né·k·əma/; ⟨tetrxat⟩ for /(e·)li·t·é·ha·t/; ⟨nrku-|ma⟩.

/b wuni ct [j]eki lino.
/p wáni=ét ší·ki-lə́nu.
/t He seems to be a good man.

/b Ok ajite peli linouk lauk
/p ɔ́·k a·šíte pí·li lə́nəwak lá·ɔk,
/t And in turn other men were told,
/n ⟨la-|uk⟩.

/b my wuntuma lrkvckun wcnhil vety rtvekirt |
/p "mái-wə́ntamaw le·khí·k·an, wénči-=č -hita·e·khí·k·e·t,
/t "Go teach him books, so that he will know how to write,
/n le·khí·k·an s.b. obv.; ⟨wcnhil⟩ for ⟨wcnhih⟩; ⟨rtvekirt⟩ for ⟨rkvekrt⟩.

/b wunhi kuski nelahi mckumoswakun krnaketauk. |
/p wə́nči-káski- nihəláči mi·kəmɔ·s·əwá·k·an -ke·nahkí·ta·kw."
/t so that he can take care of work himself."
/n ⟨wun[h]i⟩.

/b   Alintc mrhi tcpi lrkveqi wava lrkvekun
/p   a·lə́nte mé·či tépi ləkhíkwi o·wa·há·ɔ le·khí·k·an
/t   Some already know books enough
/n   ⟨Alin[t]c⟩; /le·khí·k·an/ s.b. obv.

/b   tcpi a | nelahi krnaketon mumvalomuntawakun.
/p   wtépi-=á· nihəláči -ke·nahkí·to·n məmhalamuntəwá·k·an.
/t   that they would be able to take care of commercial activity themselves.

/b   66. Alinte amufi mumvalomuntawakun nelahi xotrnywauk tali.
/p   66. a·lə́nte amánki-məmhalamuntəwá·k·an nihəláči xo·t·e·nayəwá·unk táli.
/t   66. Some (have) large commercial business(es) in their own town.
/n   Syntax?; ⟨nela-|hi⟩; ⟨xotrnywauk⟩ s.b. ⟨xotrnywauf⟩ (plus prefix).

/b   Ok alinte tepy nevulahi watula tomeminsuma.
/p   ó·k a·lə́nte wtépi- nihəláči -wwa·təlá·ɔ tɔmi·mə́nsəma.
/t   And some are able to teach their children themselves.
/n   ⟨tepy⟩ for /tépi/; representative singular; ⟨[t]om⟩.

/b   67. Wli nrxkut tclih wli lrlrxr
/p   67. wəli-né·ykɔt, tə́li-=č -wəli-lehəlé·x·e·,
/t   67. It is plain to see that they will live in good shape,
/n   ⟨lrlrxr⟩ s.b. /-lehəlé·x·e·n/.

/b   piji ta tamsi | telih tumakscn.
/p   píši=tá tá·mse tə́li-=č -ktəmá·ksi·n.
/t   and that *sometimes* they will be poor.
/n   ⟨telih⟩ s.b. ⟨tclih⟩.

/b   68. Tcxi xunc wli nruxkut
/p   68. téxi xánne· wəli-né·ykɔt,
/t   68. It is, however, entirely plain to see,
/n   ⟨xu[n]e⟩.

/b   muta ta pakctoqe bni minrokun tclih tumakscn.
/p   máta=tá pahki·t·ó·k·we yó·ni məne·ó·k·an, tə́li-=č -ktəmá·ksi·n.
/t   that if they do not get rid of ("throw away") this drinking, they will be poor.
/n   ⟨pakcto-|qe⟩; representative singular here and below.

/b   Kahih paketoqe nuni rli lrlruxi
/p   káč·i=č pahki·t·ó·k·we nə́ni é·li-lehəlé·x·e·t,
/t   But if they get rid of that way of life of theirs,
/n   ⟨pake-|toqe⟩ (neg., from preceding sentence (s.b. pahki·t·á·k·we);
     ⟨lrlruxi⟩ s.b. /-lehəlé·x·e·t/.

/b   wlih nrxkw tcli a krkw lrlimoksen.
/p   wə́li-=č -né·ykɔt, tə́li-=á· kéku -le·ləmúkwsi·n.
/t   it will be plain to see that they would be recognized as achieving something.
/n   ⟨nrxkw⟩ s.b. /-né·ykɔt/; ⟨lrli-|moksen⟩.

/b   Ta kuski aphi nuni rli lrlrxi
/p   tá=á· kɔ́ski- á·pči nə́ni -li-lehəlé·x·e·n.
/t   It would not be possible for them to always live that way.
/n   ⟨rli lrlrxi⟩ s.b. /-lí-lehəlé·x·e·n/ (for /é·li-/, see above).

/b   maheqcn lrlrxi muta wlilrlrxrqc.
/p   mahčí·kwi=á· lehəlé·x·e·, máta wə́li-lehəle·x·é·k·we.
/t   He would lead a bad life, if they do not live the right way.
/n   ⟨mahe-|qcn⟩ for ⟨maheqca⟩ (not idiomatic).

/b   MRHI TA. ‖
/p   mé·či=tá.
/t   That's all.

Linapie Lrkvekun, Ave Apwatuk

(The second Delaware primer of 1834.)

By Ira D. Blanchard

(Edited and Translated by Ives Goddard and Miles Beckwith.)

LINAPIE
LRKVEKUN,
AVE
APWATUK.
WUNHI
NRTYRKVEKRS — Maneto.
[*Filet*]
JRPUNA BNI LIPWROKUN.
[*Filet*]
Shawannoe Mission,
J. Meeker, printer.
1834.

(p. 1)

               [*Title Page.*]

1.1   /b   Linapie / lrkvekun, / ave / apwatuk.
       /p   ləna·p·e·í·i-le·khí·k·an, áhi-a·p·əwát·ək.
       /t   Delaware book, which is very easy.

1.2   /b   wunhi / nrtyrkvekrs — Maneto.
       /p   wə́nči ne·ta·e·khí·k·e·s. manní·to·.
       /t   By Good-Writer. He made [it].

1.3   /b   jrpuna bni lipwrokun.
       /p   šé· pənáh yó·ni ləpwe·ó·k·an.
       /t   Behold this wisdom.

(p. 2)

            KEY
To the Delaware Alphabet.
        VOWELS.

r	as	a	in	f*a*te,
a	"	a	"	f*a*r,
e	"	e	"	m*e*,
c	"	c!	"	m*e*t,
y	"	i	"	p*i*ne,
i	"	i	"	p*i*n,
o	"	o	"	n*o*te,
w	"	o	"	m*o*ve,
b	"	u	"	t*u*be,
u	"	u	"	t*u*b.

        CONSONANTS.

h	as	ch	in	*ch*e,
j	"	sh	"	*sh*e,
k	"	k	"	*k*e,
l	"	l	"	*l*e,
m	"	m	"	*m*e,
n	"	n	"	*n*e,
p	"	p	"	*p*e,
q	"	q	"	*qu*e[,]
s	"	s	"	*s*e,
t	"	t	"	*t*e,
f	"	ng	"	li*ng*e[r]
v	"	h	"	*h*e,
x	"	*		

*This character denotes an aspirate guttural sound.

      [*Filet*]
   R A E C Y I O W B U
   H J K L M N P Q S T F V X
      [*Filet*]
   r a e c y i o w b u—h j k l m n p q s t f v x

(p. 3)

                [*Talks to Delaware Boys.*]

3.1   /b   *Cntxaptonalin Linapre Skenwuk.*
      /p   entxa·pto·ná·lənt ləna·p·e·í·i-skinnúwak.
      /t   Talks addressed to Delaware boys.
      /n   ⟨-in⟩ for /-ənt/.

3.2   /b   Ka vu ni n tr vif kwn hi ka fo mu lo vo mw skenovtwk cntxi a vo lrk.
      /p   ká·xəne nté·hink kúnči- kənko·məlúhəmɔ, skinnúwto·kw, éntxi-ahólle·kw.
      /t   I really greet you from my heart, boys, all of you that I love.
      /n   ⟨ka fo mu lo vo-| mw⟩; prefix /k-/ 2 repeated.

      /b   Ka vu ni nw lr lin tum
      /p   ká·xəne no·le·ləntam
      /t   I am really glad

      /b   r li Ke jr lr mw qwf ktc li lr lr lu mw kw nrn r li lr lr xr un bqi pchi,
      /p   é·li ki·š·e·ləmúk·ɔnkw któli-le·ləmuk·ó·ne·n é·li-lehəle·x·é·ankw yúkwe péči,
      /t   because our creator is the one that permits us how we live until now,
      /n   ⟨k-|tc li⟩; ⟨lr lr lu mw kw nrn⟩ for ⟨lr lu mw kw nrn⟩;
          ⟨r li lr lr xr un⟩ for /é·li-lehəle·x·é·ankw/ (idiomatic?); ⟨b-|qi⟩.

      /b   ok k tc li m jc ka kw nrn nu ni | w la mal si wa kun.
      /p   ó·k któli-məši·ka·k·ó·ne·n nóni wəlamalsəwá·k·an.
      /t   and that we benefit from that good health.

3.3   /b   Ok lu pi k tcli mel kw nrn tcpi entxi met he uf, ok r qe uf.
      /p   ó·k lápi któli-mi·lkó·ne·n tépi éntxi-mí·č·iankw, ó·k é·k·wiankw.
      /t   And again that he gives us enough for us to eat, and what we wear.
      /n   ⟨ent-|xi⟩ for ⟨cntxi⟩.

      /b   Ka vu ni Ke jr lr mw qwf ku tu ma kr lu mw kw nu
      /p   ká·xəne ki·š·e·ləmúk·ɔnkw kkət·əma·k·e·ləmuk·ó·na,
      /t   Our creator really takes pity on us,
      /n   ⟨Ke-|jr lr mw qwf⟩.

/b   r li | mel kwf   wr mi   kr kw   cnt xi   ka ta tum uf.
/p   é·li-mí·lkɔnkw wé·mi kéku éntxi-kahtá·t·amankw.
/t   as he gives us everything we want.

3.4 /b   Ku ta   kr xap twn   kr kw   lil vu mɔ;
     /p   kkát·a- ke·x·á·pto·n kéku -ləlhúmɔ.
     /t   I want to tell you a few things.

     /b   klis ty eq   lu pu   kr kw   n tcl w rn;
     /p   kələstái·kw lahápa kéku ntə́ləwe·n.
     /t   Listen to me say something for a while.
     /n   ⟨klis-| ty eq⟩; ⟨lu pu⟩ for ⟨lu vu pu⟩ (cf. ⟨luvupu⟩ [B 1842:18.6, etc.]).

     /b   ok vuf, | pcxo keji   kr kw   lw r a nc,   ka hi   wu ne vrq   cnt xi   lwra.
     /p   ɔ́·k=hánkw péxu kíši- kéku -luwe·á·ne, káči waní·he·kw éntxi-luwé·a.
     /t   And soon after I have spoken, don't forget everything I said.
     /n   ⟨wu ne-| vrq⟩.

3.5 /b   Wr mi   kws kse ve nu   mu la jc   kunh   wr na   k ta lu mi   lr lr xc vu nu.
     /p   wé·mi ko·sksíhəna, málahši kə́nč wé·na ktáləmi-lehəle·x·éhəna.
     /t   We are all young; it's as if we're still only just beginning our lives.

3.6 /b   Ta kw   kw a tw un rn   sr kih   lr lr xr e ufq.
     /p   takó· ko·wa·tó·wəne·n sé·ki-=č -lehəle·x·é·ankw.
     /t   We don't know how long we will live.

3.7 /b   Jwk   ke tu   ktc li   wa tw nrn   li a   mu ta | a me ku.
     /p   šúkw=ktá ktə́li-wwa·tó·ne·n lí=á· máta amí·ka.
     /t   But what we do know is that it will not be for a long time.
     /n   ⟨ke tu⟩ for /=ktá/ 'rather'.

3.8 /b   R li   kr xo qu na ku   ji ta   kr xa   ke jox if   ji ta   r li   kr xi   kav tif
     /p   é·li-ke·x·o·k·wənák·a, ší=tá ké·x·a ki·s·ó·x·ink, ší=tá é·li-kéxi-kahtínk
     /t   Because there is a few days, or a few months, or a few years
     /n   ⟨ke jox-| if⟩.

     /b   k tc lih   e ku | pr ta w se nrn,   ktc lih   a la   lr lr xr nrn.
     /p   ktə́li-=č íka -pe·t·a·wsí·ne·n, ktə́li-=č -ála-lehəle·x·é·ne·n.
     /t   for us to live to, for us to cease living.

3.9 /b   Tu ta   r li   lr lr xr uf,
     /p   tə́ta é·li-lehəle·x·é·ankw,
     /t   Whatever way we live our lives,

/b   ku mr e ka ent xin o puf k tc la ma le kc vu nu wun ta qi | uf lo a kun if.
/p   nkəméˑe íka éntxən-ɔ́ˑpˑank ktəlaˑmaliˑkéhəna wə́ntahkwi ankələwáˑkˑanink.
/t   every day we take a step towards death.
/n   ⟨ent-| xin⟩.

/b   Pi ji b qi, kw ske nw e vo mo, | jwk ta ky r to pc xo ke e ky e vo mo. ‖
/p   píši yúkwe koˑskinnəwíhəmɔ, šúkw †thakaéˑtˑu péxu kkiˑkaíhəmɔ.
/t   *Today* you are young men, but in a short time you'll be old.
/n   ⟨ta ky r to⟩: ⟨Tvakartw⟩ (B 1842); cf. thakíti 'in a very little while'.

(p. 4)
4.1 /b   A ji tr b qi bk ke kw e no uk we kaw sw ukh.
     /p   aˑšíte yúkwe yóˑk khikəwinnúwak wiˑkɔˑwsúwak=č.
     /t   These older people, for their part, will come to the end of their lives.
     /n   ⟨we kaw-| sw ukh⟩; sentences divided differently in B (1842:19.2).

     /b   Nr li ske nw e rq
     /p   néˑli-skinnúwieˑkw
     /t   While you are young men,

     /b   nu ni lrk ve qi | tc li a mje ka kw nr u k tc vwa if lip wr o kun:
     /p   nə́ni ləkhíkwi ktə́li-=áˑ-məšiˑkaˑkˑoˑnéˑɔ ktehəwáˑink ləpweˑɔ́ˑkˑan,
     /t   that is the time for wisdom to infuse your hearts,
     /n   ⟨tc li⟩ for /ktə́li/; ⟨lip wr-| o kun⟩.

     /b   wun hih kus ki ke je nak se rq ktc li a la pa pe nr u ko xwa nuk,
     /p   wə́nči-=č -káski-kiˑšˑənaˑkwsíeˑkw, ktə́li-=áˑ-lapahpiˑnéˑɔ koˑxˑəwáˑɔk
     /t   so that you can be ready to take the place of your fathers
     /n   wə́nči- (⟨wun hi⟩) for wénči-, as often; ⟨ktc-| li a⟩; ⟨ko xwa nuk⟩ for /koˑxˑəwáˑɔk/ (cf. /koˑxˑəná·nak/ 'our (inc.) fathers').

     /b   mr hi we kaw se te tc.
     /p   méˑči wiˑkɔˑwsihtíˑtˑe.
     /t   after their lives end.
     /n   ⟨we-| kaw se te tc⟩.

4.2 /b   Ske no wi fi o jr i kr kw pu ny r lin tuf | nr li ske nw et,
     /p   skínnu wínki-ɔˑohšéˑi kékuˑ-pənaˑeləntánke, néˑli-skinnúwiˑt,
     /t   If a young man likes to study bits and pieces(?) of things, while he's young,
     /n   See B (1842:19.4) (with ⟨oojri⟩ [cf. 'woodchips'] and ⟨punarluntafc⟩).

     /b   ap hih mu ta kr kw pu ny r lin tum w i
     /p   áˑpči=č máta kéku pənaˑeləntamóˑwi,
     /t   he will always not study anything,
     /n   ⟨pu-| ny r lin tum w i⟩.

/b jwkh o jr e kr kw, pe pu ny r lin tum mr hi ke ky e ti.
/p šúkw=č ɔ·ɔhšé·i kéku pihpəna·eló̜ntam mé·či khikaí·t·e.
/t except that he will always be studying bits and pieces(?) of things after he is old.
/n ⟨pe pu-| ny r lin tum⟩.

4.3 /b Mu ta tc xi kot ki wa to un r lex if lip wc o kun, rlv ke qi wl it uk.
/p máta=á· téxi kwə́tki-wwa·tó·wən e·lí·x·ink ləpwe·ó·k·an, e·lkí·kwi-wələ́t·ək.
/t He would not at all come back knowing what wisdom is like, how good it is.
/n ⟨Mu ta⟩: ⟨Mutu a⟩ (B 1842:19.5); ⟨lip-| wc o kun⟩;
    ⟨rlv ke qi⟩: ⟨rlkeqi⟩ (B 1842:19.5).

4.4 /b Mu la ji nwh qc lr lr xi mu ta kr kw | la prm qw se.
/p málahši nó·čkwe lehəlé·x·e·; máta=á· kéku la·p·e·mkwəs·í·i.
/t It's as if he lives for nothing; he wouldn't be fit to do anything.
/n Cf. B (1842:19.5).

4.5 /b Jwk a wrn q hi wa ta qi ni ni wcl vik | ok li po tc o kun nr li wosk set:
/p šúkw awé·n kwčí-wwa·tá·k·we nə́ni wé·lhik, ɔ́·k ləpó·t·e né·li-wə́sksi·t,
/t But if someone tries to know that good, and if he is wise while he is young,
/n ⟨li po tc o kun⟩: ləpó·t·e 'if he is wise' (crossed with ləpwe·ó·k·an 'wisdom').

/b kus kih | lis en
/p kə́ski-=č -lə́s·i·n.
/t he will be able to do it.

/b pwn tam anh xif wi kr kw
/p pwə́ntamən=č xínkwi-kéku.
/t He will understand the important thing.

/b mr hi ke ky e tc: kuskih a wr ni la wl nu ni kr pi | lu ni.
/p mé·či khikaí·t·e, kə́ski-=č awé·ni -lá·ɔl, "nə́ni ké·pe lə́ni."
/t After he is grown up, he will be able to say to someone, "You do that, too."
/n ⟨ke-| ky e tc⟩; objective for absolute (changed in B 1842:19.6).

4.6 /b Tu ta kr kw r li wa ta on nr li wos ku Li na pr e un
/p tə́ta kéku é·li-wwá·taɔn né·li-wəskələna·p·é·ian,
/t Anything you know how to do when you are a young person,
/n Second verb fixed in B 1842:19.7; ⟨wos-| ku Li na pr e un⟩.

/b k ta pwr lin tu mih k tc li nu ni li lr lr xrn mr hi k ve ky e a ni.
/p kta·p·əwe·lə́ntamən=č ktə́li-=č nə́ni -lí-lehəlé·x·e·n mé·či khikaiáne.
/t you'll think it easy to live that way after you're grown up.
/n ⟨k ta pwr lin tu mih⟩: ⟨ktapwrlun-‖tamunh⟩ (B 1842:9.7); ⟨k tc-| li⟩.

4.7 /b Nr li wos ki Li na pr e un wi fw sum we u nc
/p né·li-wəskələna·p·é·ian winko·s·əmwiáne,
/t If you're a drunkard when you are a young person,
/n ⟨wos ki Li na pr e un⟩: see 4.6 and note there; ⟨wi fw sum we u-| nc⟩.

/b a pw at k tc lih a lu mi wi fo sum wet | tu ta sr ki lr lr xr eun.
/p á·p·əwat ktə́li-=č -áləmi-winkó·s·əmwi·n tə́ta sé·ki-lehəle·x·é·ian.
/t it is easy for you to go on being fond of drinking for as long as you may live.
/n ⟨wi fo sum wet⟩: ⟨wifwsumwen⟩ in B 1842:20.2.

4.8 /b Wi fw su mw e a nc mu la ji k pu ke ton | k lr lr xr o kun;
/p winko·s·əmwiáne, málahši kpak·í·t·o·n kəlehəle·x·e·ó·k·an,
/t If you're a drunkard it's as if you throw away your life,

/b okh mu ta kr kw tc la prm qw se uk.
/p ó·k=č máta kéku ktəla·p·e·mkwəs·í·i.
/t And you won't be fit to do anything.
/n ⟨tc la-| prm qw se uk⟩ (as if with 3p ending): ⟨ktulaprmkwsei⟩ (B 1842:20.2).

4.9 /b Jwk mu ta na he tw un c nu ni, mu nr o kun nr li wosk se un
/p šúkw máta na·či·tó·wane nə́ni məne·ó·k·an né·li-wəsksían,
/t But if you don't mess with that drink while you are young,
/n ⟨mu nr-| o kun⟩.

/b kta pwr lin tumh-‖ pu nu, ktc le nu mun mr hi ke kli na pr e a nu.
/p kta·p·əwe·lə́ntam=č kóna ktəlí·namən mé·či khikələna·p·e·iáne.
/t you'll find it easy to leave it alone after you are grown up.
/n ⟨kta pwr lin tumh-‖ pu nu,⟩ for /kta·p·əwe·lə́ntam=č kóna/;
⟨ke kli na pr e-| a nu⟩: as if with kí· 'you (sg.)', and ⟨a nu⟩ for /-áne/ (⟨u nc⟩ above).

(p. 5)
5.1 /b Ko tcn lip wr e no lw r w, "wa to ni a | rl sev tet sken wuk;
/p kwə́t·ən ləpwe·ínnu lúwe·w, "wwa·taó·ne-=á· e·lsíhti·t skinnúwak,
/t A wise man once said, "If I know what young men do,

/b fus ki a lw c tc li a, | nr kek a wr nek, wcn hi a a lo e w li lis ev tet;
/p nkáski-=á· -lúwe / tə́li-=á· né·ki·k awé·ni·k [..] / wénči-=á· aləwí·i -wə́li-ləs·íhti·t,
/t I would be able to say, / for those people to [..] / why they would do better,
/n Main verb missing from complement clause; ⟨w li lis-| ev tet⟩.

/b ji ta wcn hi a mu ta w li lis ev tet | mr hi kek lin a pr e tc."
/p ší=tá wénči-=á· máta -wə́li-ləs·íhti·t, mé·či khikələna·p·e·ihtí·t·e.
/t or why they would not do well, after they are grown up.
/n ⟨- e tc⟩ for ⟨- e te tc⟩ (as in 8.7, etc.).

5.2 /b   Krkw vuh wun hi, a lin tc lin o uk li pov tet?
    /p   kéku=háč wənči- a·lənte lənəwak -ləpóhti·t?
    /t   Why are some men wise?
    /n   ⟨li-| pov tet⟩.

    /b   Ok kr kw vuh wun hi a lin tc li no uk k pit hav tet.
    /p   ó·k kéku=háč wənči- a·lənte lənəwak -kpəč·áhti·t?
    /t   And why are some men foolish?
    /n   ⟨li-| no uk⟩.

    /b   B qi k tcl un.
    /p   yúkwe ktə́llən.
    /t   Now let me tell you.

5.3 /b   A lin tc sken wuk ku qr hi vuf wa to nr u | ni ni wcl vik.
    /p   a·lə́nte skinnúwak kɔk·wé·č·i-=hánkw -wwa·to·né·ɔ nəni wé·lhik.
    /t   Some boys try repeatedly to know the good.

    /b   Ta kw vuf tof ve to nr u | pu ny r lin tum w a kun, krp hr vo kif li.
    /p   takó·=hánkw tɔnkhito·né·ɔ pəna·eləntaməwá·k·an, kpəč·e·ɔ·k·anink lí.
    /t   They do not lose understanding to foolishness.
    /n   ⟨krp hr vo kif li⟩: perhaps kpəč·e·ɔ·k·anink (cf. 5.8) influenced by kpəč·e·hɔ·s·i·-.

5.4 /b   We ji ki vuf, ka ta wa vr uk li pw r o kun cntxun op uf,
    /p   wi·šíki=hánkw káhta-wwa·hé·ɔk ləpwe·ó·k·an éntxən-ó·p·ank,
    /t   They try really hard to know some wisdom every day.
    /n   /káhta-wwa·hé·ɔk/ (TA) should be /káhta-wwa·tó·wak/ (TI); ⟨li pw r o-| kun⟩.

    /b   q hi vuf ka ta mux kum ok qe a qe li pw r o kun.
    /p   kwčí·=hánkw -káhta-máxkamo·k kwiá·kwi ləpwe·ó·k·an.
    /t   They try to find still more wisdom.
    /n   ⟨mux-| kum ok⟩.

    /b   Ap hi cnt xin o puf kr xi ti e ka li hi lrk ve qi mux kum ok li pw r o kun.
    /p   á·pči éntxən-ó·p·ank ke·xíti ikalíči ləkhíkwi máxkamo·k ləpwe·ó·k·an.
    /t   Every day they always find a little more wisdom.
    /n   ⟨cnt-| xin o puf⟩; ⟨mux-| kum ok⟩.

5.5 /b   Nu ni rl set hek sken wuk mr hi ke ko i li no e te tc, lip wr e no uk vuf.
    /p   nəni e·lsí·č·i·k skinnúwak mé·či khikəwi·lənəwihtí·t·e, ləpwe·innúwak=hánkw.
    /t   Young men who do this, after they become old men, are wise men.
    /n   ⟨ke ko-| i li no e te tc⟩ /khikəwi·lənəwihtí·t·e/: the Northern Unami equivalent of khikəwinnəwihtí·t·e.

5.6 /b Wr mi vuf a wr ni ta vol kw a.
    /p wé·mi=hánkw awé·ni tɔhɔ·lkəwá·a,
    /t They are loved by everyone,

    /b Wcn hi lip wr e no ev tet,
    /p wénči-ləpwe·innəwíhti·t.
    /t because they are wise men.
    /n (Printed as the beginning of 5.7, but goes at the end of 5.6.)

5.7 /b kumr pu ny rl in tu mi nr u wun hi a lip ov tet.
    /p nkəmé·e pwəna·eləntaməné·ɔ wə́nči-=á· -ləpóhti·t.
    /t They always think about how they could be wise.
    /n ⟨pu ny-| rl in tu mi nr u⟩.

5.8 /b B qi pu na k tcl un wcnhi a lin tc li no uk krp hav tet.
    /p yúkwe pənáh, ktə́llən wénči- a·lə́nte lə́nəwak -kpəč·áhti·t.
    /t And now let me tell you why some men are foolish.
    /n /-kpəč·áhti·t/: emending ⟨krp hav tet⟩ (as if /ke·pčáhti·t/; cf. 5.3); ⟨li-| no uk⟩.

5.9 /b Wun hi r li taf ve tov tet pu ny r lin tum wa kun wu nr li ske no ev tet.
    /p wə́nči é·li-ankhitúhti·t pwəna·eləntamawa·k·anúwa né·li-skinnəwíhti·t.
    /t It's because of how they lost their understanding while they were young men.
    /n ankhit-: ⟨taf ve t-⟩ for ⟨af ve t-⟩ (also in 10.15); compare the prefixed form in 5.3; ⟨pu ny r lin tum-| wa kun wu⟩.

5.10 /b Mu ta vuf kr kw kuv ta pu ny r lin tu mo e uk wun hi a li pov tet:
     /p máta=hánkw kéku káhta-pəna·eləntamo·wí·ɔk wə́nči-=á· -ləpóhti·t.
     /t They did not want to think about anything by which they would be wise.
     /n ⟨pu ny r lin tu-| mo e uk⟩.

     /b tc xi jwk ku ta tu mi nr u krp hr vwk. ||
     /p téxi šúkw kɔt·a·t·aməné·ɔ ke·pče·hɔ́·lkuk.
     /t they wanted nothing but what made him (*lit.*) foolish.
     /n ⟨ku-| ta tu mi nr u⟩; ⟨krp hr vwk⟩ for /ke·pče·hɔ́·lkuk/ (or †ke·pčéhkuk/[?]).

(p. 6)
6.1 /b Kr kw vuf wcl vik pun ta me tev tc | ta ky r tw wu ne nr u.
    /p kéku=hánkw wé·lhik pəntamihtí·t·e, †thakaé·t·u wwani·né·ɔ.
    /t If they hear something good, in a short time they forget it.
    /n ⟨- me tev tc⟩ for ⟨- mev te tc⟩.

    /b Tcxi ku mr e ve ka li si mux ku mwk wcn hi k pit hav tet. |
    /p téxi nkəmé·e ikalísi máxkamo·k wénči-kpəč·áhti·t.
    /t All they do is always find more and more reasons to be foolish.
    /n ⟨e ve-| ka li si⟩.

6.2	/b	Mr hi kek li li na pr te tc ka vu ni vuf	kup hr uk.
	/p	mé·či khikələna·p·e·ihtí·t·e, ká·xəne=hánkw kpəč·é·ɔk.
	/t	even after they are old, they are still really foolish.
	/n	⟨kek li li na pr te tc⟩: for khikələna·pe·ihtí·t·e (cf. 5.1); ⟨kup hr uk⟩ for /kpəč·é·ɔk/.

6.3	/b	Ni ni wun hi a lin tc li no uk a ve k pit ha nr uk.
	/p	nə́ni wə́nči a·lə́nte lə́nəwak áhi-kpəč·a·né·ɔk.
	/t	Because of that some men are very stupid.
	/n	⟨k-| pit ha nr uk⟩.

	/b	B qi kr kw vuh k tcl wc vu mo?
	/p	yúkwe kéku=háč ktələwéhəmɔ?
	/t	Now what do you say?
	/n	⟨k tcl wc vu-| mo⟩.

6.4	/b	Qi fi vuh k pi ha vu mo ji vuh a li po r e no e vu mo.
	/p	kəwínki·=háč -kpəč·áhəmɔ, ší=háč=á· -ləpwe·innəwíhəmɔ?
	/t	Do you like being foolish, or would you be wise men?
	/n	⟨li-| po r e no e vu mo⟩.

6.5	/b	Qe tu lil pw ne twl nu ni krp hr vwk,	
	/p	khwítələl. "po·ní·to·l nə́ni ke·pče·hó·lkɔn!
	/t	I admonish you. "Leave alone what makes [you] foolish!
	/n	ke·pče·hó·lkɔn (em.): ⟨krp hr vwk⟩ copies the form in 5.10.

	/b	lip wr o kun wr tu ni,
	/p	ləpwe·ó·k·an wé·t·əni.
	/t	Receive wisdom!

	/b	he ta ni ni e ku pc hi k xut hih ku li po o.
	/p	čí·t·anə́ni, íka péči, kxántki=č, kələ́p·ɔ=á·."
	/t	Hold on to it firmly until, finally, you would be wise.
	/n	⟨pc-| hi⟩.

6.6	/b	Ke ke tes, NRTYRKVEKRS.
	/p	kí· kí·t·i·s, ne·ta·e·khí·k·e·s.
	/t	Your friend, Good-Writer.

(p. 7)

[Drunkenness (1).]

7.1	/b	WIFOSUMOAKUN.
	/p	winko·s·əməwá·k·an.
	/t	Drunkenness.

7.2 /b RVAKEMAT LRKVEKUN —
    /p ehahkí·mat le·khí·k·an.
    /t Dear reader —
    /n Lit., 'you (sg.) who read the book.'

7.3 /b Krxapton tuta krkw lilv.
    /p ke·x·á·pto·n tətá kéku ⟨ké·t·a-⟩lə́la.
    /t A few words of whatever I want to say to you.
    /n Presumably ⟨krtu⟩ (with the missing IC) was skipped after ⟨krkw⟩.

7.4 /b Kwifih vwiski munc?
    /p kəwínki-=č wə́ški -məné?
    /t Do you like to drink whiskey?
    /n Apparently /=č/ for /=háč/; /wə́ški/ (LTD LB).

7.5 /b Ntetc qwlu kpwneton bqi jai.
    /p ntíte, kwə́la kpo·ní·to·n yúkwe šá·e.
    /t I wish you would leave it alone now immediately.
    /n Cf. B 1842:20.3.

7.6 /b Ok ktclin wcnhi muni lilun
    /p ó·k ktə́llən wénči- nə́ni -lə́lən.
    /t And let me tell you why I tell you that.
    /n ⟨muni⟩ for ⟨nuni⟩ (B 1842:20.3).

    /b vetami puna rli muta krkw wuntwun rlapcntumina.
    /p hítami pənáh é·li- máta=á· kéku -wəntó·wan e·la·p·éntaman.
    /t Well first, because you won't get anything you can make good use of from it.
    /n B 1842:20.3 (with tá=á· for máta=á·); ⟨mu-|ta⟩.

    /b Wlava jwk | kmuthivkwn.
    /p wə́lah=á· šúkw kəmač·íhko·n.
    /t Rather, it would only defile you.

    /b Muta ct vuji aloe kwnhi owlumalswun jita kwnh hetanisewun.
    /p máta=ét háši aləwí·i kúnči-o·wəlamalsí·wən, ší=tá kúnči-či·t·anəs·í·wən.
    /t I don't think you'll ever be healthier or stronger from it.
    /n ⟨owlum-|alswun⟩ for ⟨owlumalsewun⟩.

7.7 /b Kmomsnanifu, krxaxpuxki txi kaxtinri muta | wnen umrnu.
    /p kəmux·o·msəna·nínka ke·x·á·pxki txí-kahtəné·i máta mwi·məne·wəné·ɔ.
    /t Our grandfathers a few hundred years ago never drank it.
    /n ⟨Kmom-⟩ for ⟨Kmoxwm-⟩; ⟨wnen umrnu⟩ for (e.g.) ⟨mwemunrwnru⟩; cf. (B 1842:20.4).

7.8 /b Aloe owlomalswpanek ok aloe qune lrlrxrpanek,
/p aləwí·i ɔ·wəlamalsó·p·ani·k, ó·k aləwí·i kwə́ni-lehəle·x·é·p·ani·k,
/t They were healthier, and they lived longer,
/n ⟨lrlrxr-|panek⟩.

/b ok aloe avhetaniswpanek kelwnu rlvkeqi hetaniseuf.
/p ó·k aləwí·i ahči·t·anəs·ó·p·ani·k ki·ló·na e·lkí·kwi-či·t·anəs·iankw.
/t and they were stronger than we are.
/n ⟨rlvke-|qi⟩.

/b Muta ct vuji awrn ekalisi wunhi | avoprewun.
/p máta=ét háši awé·n ikalísi wə́nči- ahɔ·p·e·í·wən.
/t I don't think anyone ever gets richer from it.
/n Cf. B 1842:20.5 ff.

/b Wlava xrli awrn wunhi ave ktumaksen.
/p wəláha xé·li awé·n wwə́nči-áhi-ktəmá·ksi·n.
/t Rather, many people are very poor because of it.
/n ⟨ktu-|maksen⟩.

7.9 /b Muta vuji awrn wunhi wlatrnamewun.
/p máta háši awé·n wwə́nči-wəla·te·namí·wən.
/t No one is happy because of it.

/b Wrmi wlatrnamwakun nuni wunhyek takyrtw muta vatrr.
/p we·mi wəla·te·naməwá·k·an nə́ni wənčí·ai·k †thakaé·t·u máta hat·é·e.
/t Every happiness which comes from this is soon gone.
/n ⟨vatrr⟩ /hat·é·e/ for (older) /hat·é·i/.

/b Jwk wunhi matamalswakun, — |
/p šúkw wə́nči mahtamalsəwá·k·an.
/t But from it (comes) ill health.

/b Muta vuji wunhi awrn aloe owlrmalswun:
/p máta háši wwə́nči- awé·n aləwí·i -ɔ·wəlamalsí·wən,
/t No one is ever healthier because of it,
/n ⟨owlrmalswun⟩ for ⟨owlumalsewun⟩.

/b ok | muta vuji awrn wunhi alu mjekakwn palswakun.
/p ó·k máta háši awé·n wwə́nči-ála-məši·ká·k·o·n pa·lsəwá·k·an.
/t and no one ever stops getting infected by sickness because of it.

7.10 /b Takw mpeswnif laprmqwtw.
/p takó· mpi·s·ó·nink la·p·e·mkɔt·ó·u.
/t It is not useful as medicine.

7.12 /b Bqi heh kotrnaxki aloe xifwro.
/p yúkwe čí·č kwət·ennáɔhki aləwí·i xínkwe·w.
/t Now there is still one sort of thing that is more important.

/b Kejrlrmwqwf lwrw kavuni jifalauk wifosumwethek,
/p ki·š·e·ləmúk·ɔnkw lúwe·w, "ká·xəne nšinka·lá·ɔk winko·s·əmwí·č·i·k.
/t Our creator said, "I really hate drunkards.
/n ⟨Kejrlrmw-|qwf⟩.

/b muta | vuji awrn wuntaxpre rpea. / (7.11) Bkek wvifi munrthek
/p máta=á· háši awé·n wəntax pé·i é·p·ia yó·ki·k wehínki-məné·č·i·k."
/t None of those who like to drink will ever come here where I am."
/n ⟨wuntaxpre⟩ for ⟨wuntax pre⟩; máta awé·n 'no one (of them)'.

[7.11] /b muta wlexunwi eka awrn pumenrn.
/p máta=á· wəli·x·ənó·wi íka awé·n pwəmínni·n.
/t It would not be right for any of them to stay there.
/n ⟨a-|wrn⟩; ⟨pumenrn⟩ for ⟨pumenen⟩.

7.13 /b Ta vuh wunheyb wunhi awrn wifwsumwet? — | Bpi ktclun. ‖
/p tá=háč wənčí·ayu wénči- awé·n -winkó·s·əmwi·t? — yúkwe ktə́llən.
/t What's the origin of why someone is a drunk? Now let me tell you.
/n ⟨Bpi⟩ misprinted for ⟨Bqi⟩ (7.12), for later ⟨bqc⟩; cf. B 1842:21.3.

(p. 8)
8.1 /b Vetami vuf, awrn krxiti munrw
/p hítami=hánkw awé·n ke·xíti məné·w.
/t At first someone drinks a little.

/b evekalihi lupi | txi minrw.
/p ihikalíči lápi txí-məné·w.
/t He drinks a little more each time.

8.2 /b Wuntamael ksi wifosumwet.
/p wəntamái·l=ksí "winkó·s·əmwi·t."
/t So, explain to me "a drunkard."

8.3 /b Jrnuni lino, kotin munrp, jwk krxiti.
/p šé· náni lə́nu, kwət·ən məné·p, šúkw ke·xíti.
/t He's the man who took one drink, only a little bit.

8.4 /b Awrn alumi wifosumwet malaji alumi punusew.
/p awé·n é·ləmi-winkó·s·əmwi·t málahši áləmi-pənás·i·w.
/t Someone who starts to be a drunkard is as if starting off downhill.
/n First áləmi- for é·ləmi- (IC added in B 1842:21.4); ⟨punu-|sew⟩.

	/b	Eka wuntaqc lamalekrtc apwat lupi tulumalekrn.
	/p	íka wə́ntahkwi la·mali·ké·t·e, á·p·əwat lápi təla·malí·ke·n.
	/t	If he takes a step in that direction, it's easy for him to take another step.
	/n	⟨tu-|lumalekrn⟩ for ⟨tulamalekrn⟩.

8.5 /b Bqi nunaleny ktclun wcnhih muta awrn avpet | wifosumwet.
/p yúkwe kə́na lí·nai ktə́llən wénči-=č máta awé·n -ahpí·t winkó·s·əmwi·t.
/t Now let me tell you how there would not be anyone who is a drunkard.
/n ⟨nuna-⟩ for /kə́na/.

8.6 /b Bkek muta memunrthek wlexun muta vuji | nahetownru.
/p yó·ki·k máta mi·məné·č·i·k wəlí·x·ən máta háši nɔ·či·to·wəné·ɔ.
/t It is a good thing that those who never drink don't ever mess with it.

8.7 /b Nuna puna ta kuski peli kejekeeuk woski wifosumwethek.
/p nəná(?), pənáh, tá=á· káski-pí·li-ki·š·i·k·i·í·ɔk wə́ski-winko·s·əmwí·č·ik.
/t Know, now, that young drunkards are not able to grow up pure.
/n ⟨Nuna⟩ nəná (or nə́na) 'know it (imp.)'(?) (not /nána/ 'then' or 'that (anim.)'); ⟨wi-\|fosumwethek⟩.

8.8 /b Bqi cntxi avotufek mutuh qune wnelkwnru. |
/p yúkwe éntxi-ahɔ·t·ánki·k, máta=č kwəní·i wənilko·né·ɔ.
/t As for all those that love it now, it will not be long before it kills them.

8.9 /b Muta vuh bqi nhwv, kuski lwri,
/p máta=háč yúkwe, nču, kkáski-luwé·i,
/t Are you not now able to say, my friend,
/n Cf. B 1842:21.6.

/b muta heh nwrtinimwun nuni hepi krkw?
/p "máta=á· čí·č nəwe·t·ənəmó·wən nə́ni čípi-kéku"?
/t "I will no longer accept that dreadful thing"?
/n ⟨nw-\|rtinimwun⟩.

8.10 /b Lipwreno nekane vuf prhifwcvulc
/p ləpwe·ínnu ni·k·a·ní·i=hánkw pe·č·inkwéhəle·.
/t A wise man first takes a look.

/b wnrmun | vuf rlvkeqi avatuk;
/p wəné·mən=hánkw e·lkí·kwi-áhɔhtək.
/t He sees how dangerous it is.

/b jai vuf my kuntahpw.
/p šá·e=hánkw mái-kántahpu.
/t And he immediately goes and hides.

8.11 /b Jwk krphathek, nuni elovrtetup xuntki vuf | palexkwnru. ‖
     /p šúkw ke·pčá·č·i·k, nə́ni illo·x·wehtí·t·əp xántki=hánkw pɔlihko·né·ɔ.
     /t But the foolish ones, the way they have been going in the end destroys them.

[*Filet*]

[*Warning to Boys.*]

8.12 /b Ne Matitwk —
     /p ni·mahtə́t·o·kw.
     /t My brothers!
     /n One word; written as if containing ní· 'I'.

8.13 /b Awrna nhipi yrsis nroki wvtcli nvelan rlafomaleani
     /p awé·n=á· čípi-aésəs ne·ɔ́k·e wtə́li-nhíla·n e·lanko·ma·liáni,
     /t If I see some dreadful animal kill your relative,
     /n ⟨nhipi⟩ for ⟨hipi⟩; ⟨rlafom-|aleani⟩.

     /b cntxin opuf ne nroki ktcli nwtuntumwku[n]‖
     /p éntxən-ɔ́·p·ank ní· ne·ɔ́k·e ktə́li-no·t·əntamá·k·o·n,
     /t if *I* see it every day watching for you,
     /n ⟨nwtuntumwku[n]|⟩ for ⟨nwtuntumakw[n]|⟩ (last letter unclear on photocopy).

     /b tu ta tali kumitumakunif alumi mitumreun ktcli| katwnalwkwn.
     /p tə́ta táli kəmət·əmá·k·anink é·ləmi-mətəmé·an, ktə́li-kahto·nalúk·o·n,
     /t somewhere on your path where you go, to attack you,

8.14 /b Muta vuh a khaneme: muta vuji lilwuni jr ty | bv ktclexkrn? ‖
     /p máta=háč=á· kčani·mí·i, máta háši ləlɔ́·wane, "šé·=tá yúh ktəlíhke·n"?
     /t wouldn't you criticize me, if I never told you that this was being done to you?
     /n kčani·mí·i ⟨khaneme⟩: ⟨khanemei⟩ (B 1842:22.1). *Lit.* (direct discourse), "This is what is being done to you." Note: ⟨bv⟩ for /yúh/ 'this (inan.)' throughout.

(p. 9)
9.1 /b Javakea kihanemi!
    /p šáxahki=á· kčaní·mi!
    /t Certainly you would criticize me.

9.2 /b Wavakia lino ktcli kata kamwtumwkwn ktclahrswakun
    /p wwa·hák·e=á· lə́nu ktə́li-káhta-kəmo·t·əmúk·o·n ktəlahče·s·əwá·k·an,
    /t If I knew that a man wanted to steal your property
    /n Cf. B 1842: 22.2; ⟨ktc-|lahrswakun⟩.

/b ok ktcli katwnalwkwn ji ta, rlafomaleuni;
/p ɔ́·k ktə́li-kahto·nalúk·o·n, ší=tá e·lanko·ma·liáni,
/t and to kill you, or your relatives,
/n ⟨rlafo-|maleuni⟩.

/b muta vuh a ktclrlumei
/p máta=háč=á· ktəle·ləmí·i,
/t wouldn't you think of me

/b hanect lisw rli | muta lclwun.
/p "čáni-=ét -ləs·u," é·li- máta -ləló·wan.
/t that I probably did something wrong, because I didn't tell you.
/n *Lit.* (direct discourse), "He probably did something wrong." Cf. šúkw máta ləló·wane 'but if I don't tell you' (B 1842:22.1).

9.3
/b Javakea ktetc hanelise!
/p šáxahki=á· ktíte nčáni-ləs·i!
/t You would think I certainly did wrong!
/n ⟨h-⟩ for ⟨nh-⟩; also in 9.6, 9.8.

9.4
/b Wavakia awrnek linouk ktcli kata nwhqi lwkwn netes ta kvaky,
/p wwa·hák·e=á· awé·ni·k lə́nəwak ktə́li-káhta- nó·čkwe -lúko·n, "ní·t·i·s=tá khák·ay,"
/t If I know that some men are intending to tell you unseriously, "You're my friend,"
/n Cf. B 1842:22.3; ⟨lw-|kwn⟩.

/b nekcx nu kutu kealwk
/p ní·=ké=x nkát·a-kí·ɔlukw,
/t and, in fact, he wants to cheat *me*,
/n =ké=x 'well, in fact'; ⟨nu k-⟩ for /nk-/. Apparently 'me' translates intended 'you'.

/b jwk | tetrvr qwla wrmi krkw, paletaq cntxi wlatwun. |
/p šúkw nti·t·é·he, "kwə́la wé·mi kéku kpalí·ta·kw éntxi-wəla·tó·wan,
/t but I think, "Let him destroy everything you have,"
/n ⟨t-⟩ for /nt-/; ⟨p-⟩ for /kp-/; kwə́la(h) should have subordinative.

9.5
/b Muta vuh a kwnhi pemrlumewun muta vuje lil | lwunc?
/p máta=háč=á· kúnči-pi·me·ləmí·wən, máta háši ləló·wane?
/t wouldn't you think me deceitful because of it, if I never told you?

9.6
/b Javakea ktetc hanelise.
/p šáxahki=á· ktíte nčáni-ləs·i.
/t You would think I certainly did wrong.
/n ⟨h-⟩ for ⟨nh-⟩; also in 9.3, 9.8.

9.7 /b Nrwlania ktcli krkw neski methen nelvkwna |
/p ne·wəláne=á· ktə́li- kéku -ní·ski-mí·č·i·n, nélkɔn=á·,
/t If I see that you're eating something nasty that would kill you,

/b muta vuh a kwnhi hanrlinawun jwk hetkwseanc |
/p máta=háč=á· kúnči-čane·ləmí·wən, šúkw či·tkwəs·iá·ne,
/t wouldn't you be disappointed with me because of it, if all I did was keep quiet,
/n ⟨hanrlinawun⟩ for ⟨hanrlimewun⟩.

/b konw ktcli nwlin kunevlan kvoky.
/p kɔ́na ktəli·nó·lən kəníhəla·n khák·ay.
/t and I let you kill yourself?
/n ⟨konw⟩ for ⟨konu⟩; cf. ⟨konu lenwlunc⟩ kɔ́na li·nó·lane 'if I let you' (B 1842:22.4).

9.8 /b Javake a ktetec hanlise.
/p šáxahki=á· ktíte nčáni-lə́s·i.
/t You would think I certainly did wrong.
/n For ⟨ktetc hanelise⟩ (⟨e⟩ was added in the wrong place); ⟨h-⟩ for ⟨nh-⟩; cf. 9.3, 9.6.

9.10 /b Bvta bqi ktahemolvulcn rlenumu ok rli watau
/p yúh=tá, yúkwe kta·č·i·mo·lxə́lən e·lí·nama ɔ́·k é·li-wwá·taɔ.
/t Listen, I'm now telling you about what I've experienced and what I know to be.
/n Same with improved transcription in B 1842:22.5; ⟨wa-|tau⟩.

/b klistye lupu krkw ktclun.
/p kələstái lahápa; kéku ktə́llən.
/t Listen to me for a while; let me tell you.
/n ⟨lupu⟩ for ⟨luvupu⟩.

9.11 /b Krkw ta nrm aloe yrsisif rlvkeqi qetasekr. —
/p kéku=tá nné·m aləwí·i aesə́s·ink e·lkí·kwi-khwitá·s·i·k.
/t I saw something more frightful than an animal.
/n ⟨qetasekr⟩: ⟨r⟩ is superfluous (also 9.13); cf. B 1842:22.6.

/b Kumr tcxi nelvkwn; ok wunhi jeomalseun. —
/p nkəmé·i téxi kənilko·n, ɔ́·k wə́nči-ši·ɔmalsían.
/t It always utterly kills you, and it's why you feel grief and pain.
/n ⟨n-⟩ for ⟨kn-⟩, but indefinite 'you' is unidiomatic. ši·ɔmalsi·-: ⟨Schiwamallsin⟩ "to feel grief and pain" (B&A 130).

/b Kumr polexkwn punyrlintumawakun:
/p nkəmé·i pɔlíhko·n pəna·eləntaməwá·k·an.
/t (Intended for:) It always destroys understanding.
/n Means 'understanding destroys it'; correct would be pɔlí·to·n 'he or it destroys it'.

/b eku kumr ktcloxulwkwn cnta ktumakseun ok mutawswakun.
/p íka nkəmé·i ktəlo·x·ɔlúk·o·n énta-ktəma·ksían ɔ́·k mahta·wsəwá·k·an.
/t It always takes you to where you are miserable, and sin.
/n ⟨ku-|mr⟩; ⟨mutaws-|wakun⟩; mahta·wsəwá·k·an should be locative (not in B 1842:22.6).

9.12 /b Kuta vuh wato krkwn?
/p kkát·a-=háč -wwá·tu ké·k·o·n?
/t Do you want to know what thing?
/n ⟨krkwn⟩ (presumably ké·k·o·n 'what thing?'); omitted in B 1842:22.6.

/b Ktclil kita vwiski wunhi.
/p ktɔ́ləl=ktá: wɔ́ški wɔ́nči.
/t Alright then, I'll tell you: it's because of whiskey.

9.13 /b Krkw ta nrm aloe qvetasekr
/p kéku=tá nném aləwí·i [e·lkí·kwi-]khwitá·s·i·k,
/t I saw something more frightful,
/n ⟨qvetasekr⟩: ⟨r⟩ is superfluous, and preverb is missing (cf. 9.11, 10.1).

/b nuni a lino kata | kumwtumwkwnc krkw ktclahrswakun
/p nɔ́ni=á·, lɔ́nu káhta-kəmo·t·əmúk·ɔne kéku ktəlahče·s·əwá·k·an,
/t than it would be (?) if a man wants to steal some of your property,
/n ⟨nuni a⟩ appears to be nɔ́ni=á· 'that would be'; not idiomatic.

/b ok kata | wrtinimakonc klrlrxrokuninc.
/p ɔ́·k káhta-we·t·ənəmá·k·ɔne kəlehəle·x·e·ɔ́·k·an.
/t and if he wants to take your life from you.
/n ⟨-inc⟩: as if /-ɔ́ne/, but unidentified.

9.14 /b Kuta vuh wato krkw wunhi?
/p kkát·a-=háč -wwá·tu kéku wɔ́nči?
/t Do you want to know by what?
/n Cf. 9.12. Syntax?

9.15 /b Ktclil kita vwiski wunhi. ‖
/p ktɔ́ləl=ktá: wɔ́ški wɔ́nči.
/t Alright then, I'll tell you: it's because of whiskey.
/n Also 9.12.

10.1 /b Krkw ta nrm qeaqi qetasekr
/p kéku=tá nném kwiá·kwi [e·lkí·kwi-]khwitá·s·i·k,
/t I saw something more frightful

	/b	ktclia lino	kealwkwn wrmi krkw cntxi wlataon.
	/p	ktə́li-=á· lə́nu -ki·ɔlúk·wən wé·mi kéku éntxi-wəlá·taɔn.
	/t	than that a man would cheat you of everything you have.
	/n	Cf. 9.11, 9.13.

10.2
- /b Kuta vuh wato krkw wunhi?
- /p kkát·a-=háč -wwá·tu kéku wə́nči?
- /t Do you want to know by what?

10.3
- /b Vwiski kwnhi!
- /p wə́ški kúnči.
- /t You would because of whiskey. (?)
- /n Idiomatic? Or emend (cf. 9.15).

10.4
- /b Krkw ta nrm palexkwn qeaqi aloe neski krkw meheunc.
- /p kéku=tá nné·m pe·líhkɔn, kwiá·kwi aləwí·i ní·ski kéku mi·č·iáne.
- /t I see something that destroys you, an even nastier thing when you eat it.
- /n ⟨palexkwn⟩ for pe·líhkɔn; ⟨nes-|ki⟩.

10.5
- /b Kuta vuh waton krkw?
- /p kkát·a-=háč -wwá·to·n kéku?
- /t Do you want to know what?

10.6
- /b Ktclil vwiski wunhi!
- /p ktə́ləl, wə́ški wə́nči!
- /t I tell you, because of whiskey!

10.7
- /b Bqi vuh ktclwc quh vuh?
- /p yúkwe=háč ktə́ləwe, "kwáč=háč?"
- /t Do you now say, "Why?"

10.8
- /b Klistyi lapu ktclun.
- /p kələstái lahápa; ktə́llən.
- /t Listen to me for a while; let me tell you.
- /n ⟨lapu⟩ for /lahápa/.

10.9
- /b Ta vuh nu lino ave wifosumwet?
- /p Tá=háč ná lə́nu áhi-winkó·s·əmwi·t?
- /t Which man is a great drunkard?

10.10
- /b Avoprb vuh? Wli vuh lisw? Xifwrlrmwksw vuh? Ok vuh lip wro?
- /p ahɔ·p·é·yu=háč? wə́li-=háč -lə́s·u? xinkwe·ləmúkwsu? ɔ́·k=háč ləpwé·?
- /t Is he rich? Is he good? Is he respected? Or is he smart?
- /n ⟨Xifwr-|lrmwksw⟩.

10.11 /b Ktclwc takw!
       /p ktə́ləwe, "takó·!"
       /t You say, "No!"

10.12 /b Bqi ktclil krkw wunhi?
       /p yúkwe ktə́ləl kéku wə́nči.
       /t I'll now tell you how come.
       /n No question particle.

10.13 /b Vetami ktclun wcnhi muta avopret.
       /p hítami ktə́llən wénči- máta -ahɔ·p·é·i·t.
       /t Let me tell you first how come he's not rich.
       /n Cf. 1842:23.2.

10.14 /b Nevelahi a ktcpi nrmun.
       /p nihəláči=á· ktépi-né·mən.
       /t You would have been able to see it for yourself.

10.15 /b Tuta vuf wtxki muni jyi vuf wunhi vwiski valamun.
       /p tətá=hánkw éntxink(?) móni, šá·e=hánkw wwə́nči- wə́ški -mhalamən.
       /t Whatever money there is, he immediately buys whiskey with it.
       /n ⟨wtxki⟩ cannot be right; perhaps for ⟨cntxif⟩ /éntxink/; ⟨vwis-|ki⟩; ⟨v-⟩ for /mh-/.

       /b Nuni vuf ktcli paketon ok | ktcli tafveton mwekumoswakun
       /p nə́ni=hánkw wtə́li-pahkí·t·o·n, ó·k wtə́li-ankhíto·n mwi·kəmɔ·s·əwá·k·an,
       /t That's how he throws it away and loses his work,
       /n ⟨ktcli⟩ for ⟨wtcli⟩ 2x (B 1837:10-12 3x; also 1834b:12.3, 15.2, 19.9, 34.1); ⟨tafveton⟩ for ⟨afveton⟩ (cf. 5.9).

       /b rli muta | kuski krkw mekintamoq srki kewset.
       /p é·li- máta -káski- kéku -mi·kə́ntamo·kw sé·ki-kí·wsi·t.
       /t as he is not able to work at anything while he is drunk.

10.16 /b Mrhi vuf lipolati ajiti vuf palsw.
       /p mé·či=hánkw †ləpɔhəlá·t·e, a·šíte=hánkw pá·lsu.
       /t If he was already becoming smart(?), instead he is sick.
       /n ⟨lipolati⟩: †ləpɔhəlá·t·e (otherwise unknown) is a guess.

10.17 /b Nu vuf pakunhi wlamalset; nu kahi krxoquni tafun.
       /p ná=hánkw pahkánči-wəlamálsi·t; ná káč·i ke·x·ó·k·wəni taónkəl.
       /t Then he is completely well, but then in a few days he is lost.
       /n ⟨kr-|xoquni⟩; ⟨tafun⟩: taónkən II for taónkəl AI.

10.18 /b   Nuni wunheyb wuni ktumakset.
/p   nəni wənčí·ayu wáni ktəmá·ksi·t.
/t   That's where this pitiful one comes from.
/n   ktəmá·ksi·t with no IC only here.

10.19 /b   Ke ktclwc muta wlilisee. Quh vuh muta. ‖
/p   kí· ktələwe, "máta wəli-ləs·í·i; kwáč=háč máta?"
/t   You say, "He does not do right. Why not?"

(p. 11)

11.1 /b   Bqi ktclun, wunhi muta wliliset nuni lino. |
/p   yúkwe ktəllən wənči- máta -wəli-ləs·i·t náni lənu.
/t   Now let me tell you the reason why that man does not do right.

11.2 /b   Tofveton wlrlrxrokun kewswakunif li. |
/p   tɔnkhíto·n wəlehəle·x·e·ɔ́·k·an ki·wsəwá·k·anink lí.
/t   He lost his life to drunkenness.

11.3 /b   Nuni wunhi, muta kuski wclvik krkw | punyrlintumoq.
/p   nəni wənči- máta -káski- wé·lhik kéku pəna·elə́ntamo·kw
/t   That's why he's not able to think about good things.

/b   Bqi puna muta kuski | mjatufi nuni welvik.
/p   yúkwe pənáh, máta káski-məša·t·ánke nəni wé·lhik,
/t   Now, if he cannot remember that which is good,
/n   ⟨welvik⟩ for ⟨wclvik⟩.

/b   Muta kuski krkw a | wclvika lisee.
/p   máta=á· káski- kéku=á· wé·lhik=á· -ləs·í·i.
/t   he will not be able to do anything good.
/n   ⟨a .. -a⟩: =á· repeated unidiomatically; kéku .. wé·lhik used for wəli- 'well'.

/b   Nuni wunheyb wunhi muta | wliliset nuni lino;
/p   nəni wənčí·ayu wənči- máta -wəli-ləs·i·t náni lənu,
/t   That's the origin of why that man does not do good,
/n   ⟨muta⟩: /máta/ 'not': or /máta=á·/ 'would not'.

/b   rli eaphi mrtvik punyrlintuf.
/p   é·li- i·á·pči mé·thik -pəna·elə́ntank.
/t   as he still thinks about evil.
/n   ⟨punyr-|lintuf⟩.

11.4 /b Bqi lupi. / Ktclwc muta xifwi lino e.
/p yúkwe lápi, ktə́ləwe, "máta xínkwi-lənəwí·i."
/t Now again, you (sg.) say he is not a great man.
/n The text starts the new paragraph with the third word.

/b Krkw vuh | wunhi lwreun muta xifwi linoee?.
/p kéku=háč wə́nči-ləwé·an, "máta xínkwi-lənəwí·i"?
/t What's the reason you say, "He's not a great man?"

11.5 /b Rli muta watak xifwi krkw.
/p é·li- máta -wwá·ta·kw xínkwi-kéku.
/t Because he does not know great things.
/n -wwá·ta·kw: for negative form -wwá·to·kw.

11.6 /b Xifwi krkw puntufi li akunotasw takyrtw vuf wunen.
/p xínkwi-kéku pəntánke lí ahkəno·t·á·s·u, †thakaé·t·u=hánkw wwání·n.
/t If he hears a great thing told about, in a short time he forgets it.
/n ⟨takyr-|tw⟩.

11.7 /b Wrmi krkw puntufc vwiski vuf tujaskumin
/p wé·mi kéku, pəntánke, wə́ški=hánkw †tɔš·á·skamən,
/t Everything, when he hears about it, whiskey always drives it away,
/n ⟨tujasku-|min⟩ †tɔš·á·skamən: cf. Mun |aša·n-| 'drive away, cast away'.

/b wcnhi vuf muta mjekakwk!
/p wénči-=hánkw máta -məši·ká·k·o·kw!
/t which is why it does not come to him!

11.8 /b Nuni wunhi muta kuski xifwi linowewun.
/p nə́ni wə́nči- máta -káski-xínkwi-lənəwí·wən.
/t That is why he cannot be a great man.
/n ⟨linowe-|wun⟩.

/b Ok ktelwc muta lipwre.
/p ɔ́·k ktə́ləwe, "máta ləpwé·i."
/t And you say he is not wise.
/n ⟨ktelwc⟩ for ⟨ktclwc⟩.

/b Krkw vuh wunhi, lwreun muta lipwrc?
/p kéku=háč wə́nči-ləwé·an. "máta ləpwé·i?"
/t What is the reason you say he is not wise?

11.9　/b　Rli ct kakpethri li lrlrxrt.
　　　/p　é·li-=ét -ka·kpəč·e·í·i-lí-lehəlé·x·e·t.
　　　/t　Because he seems to live in a foolish way.
　　　/n　⟨kakpethri⟩: ka·kpəč·e·í·i PV(?). Syntax with lí PV(?).

11.10　/b　Lipwrenoevtc vufawrn muta kuta nveliu | vokyu.
　　　 /p　ləpwe·innəwí·t·e=hánkw awé·n, máta=á· kɔ́t·a-nhila·í·ɔ hɔ́kaya.
　　　 /t　If someone is a wise man, he would not want to kill himself.
　　　 /n　⟨-evtc⟩ for ⟨-etc⟩; ⟨nveliu⟩ perhaps for ⟨nvelyiu⟩.

11.11　/b　Kutwnalau vuh vokyu!
　　　 /p　kɔt·o·nalá·ɔ=háč hɔ́kaya?
　　　 /t　Does he want to kill himself?

11.12　/b　Kovun, kuta neskamav vokyu vwiskiif li.
　　　 /p　kɔhán, kɔ́t·a-ni·skamá·ɔ hɔ́kaya wə́škiink lí.
　　　 /t　Yes, he wants to defile himself in whiskey.
　　　 /n　⟨neskamav⟩ for ⟨neskamau⟩.

11.13　/b　Kunatotumwkrn vuh rli wretit bni | vwiski,
　　　 /p　kənat·o·t·əmá·k·e·n=háč [[é·li-]] we·í·t·ət yó·ni wə́ški,
　　　 /t　Are you asked, [[how]] I suppose, about this whiskey,
　　　 /n　é·li: apparently a false start on e·lkí·kwi (below); we·í·t·ət: idiomatic?

　　　 /b　b tali xqetvakumeqi rlvkeqi muta | wlitwk? ‖
　　　 /p　yú táli xkwi·thakamí·k·we e·lkí·kwi- máta -wələ́t·o·kw?
　　　 /t　the extent to which it is not good here on this earth?

(p. 12)
12.1　/b　Ktclil kta muta rletrvaun, nuni tvonasw.
　　　/p　ktə́ləl=ktá: máta=á· e·li·t·e·há·ɔn, nə́ni thwəná·s·u.
　　　/t　Alright, I'll tell you: in a way you wouldn't think, that is taken. (??)

　　　/b　Muta rletrvaun nuni ct lukveqi mrhi ktumakewrbw
　　　/p　máta=á· e·li·t·e·há·ɔn, nə́ni=ét ləkhíkwi mé·či ktəma·k·əwe·yó·u.
　　　/t　In a way you wouldn't think, at that time it now seems to cry out pitifully. (??)
　　　/n　⟨mr-|hi⟩; ⟨ktumakewrbw⟩ for /†ktəma·k·əwe·yó·u/.

　　　/b　nani lukveqi lrwv.
　　　/p　nə́ni ləkhíkwi lé·w
　　　/t　That's when it happens.

12.2 /b Kunatovtwn vuh li muta vuji rlaprmko | wunheyei?
/p kənat·ó·xto·n=háč, lí- máta háši e·la·p·é·mkɔ -wənči·aí·i?
/t Do you ask whether nothing useful ever comes from it?
/n Cf. 1842:23.4.

/b Ktclil takw; takw ta vuji! — |
/p ktə́ləl, "takó·; takó·=tá háši!"
/t I tell you, "No! Never!"

/b ktclwc vuh krkw wunhi wifi awrn munrt | vwiski?
/p ktə́ləwe=háč, "kéku wə́nči-wínki- awé·n -məné·t wə́ški?"
/t Do you say, "Why does anyone like to drink whiskey?"
/n There should also be a =háč inside the quote.

12.3 /b Ktclil rli kpithatet wunhi!
/p ktə́ləl, "é·li-kpə̌č·áhti·t wə́nči!"
/t I tell you, "Because they are foolish!"

/b Ok kta jwk | krpthahek ktcli wifosumwenro;
/p ó·k=ktá šúkw ke·pčá·č·i·k wtə́li-winko·s·əmwi·né·ɔ.
/t And, in fact, it's only fools that are drunkards.
/n ⟨ktcli⟩ for wtə́li- (see note to 10.15).

/b ok vuh | ktclwc alintc wropset wifosumo?
/p ó·k=háč ktə́ləwe, "a·lə́nte we·ɔ́·psi·t winkó·s·əmu"?
/t And do you say that some whitemen are a drunkards?

12.4 /b Kunaxkwmul, rlix ok nrk kphatc.
/p kənaxkó·məl, "é·li-=x ó·k né·k -kpə̌č·áhti·t."
/t I answer you, "It's because they, also, are indeed foolish."
/n ⟨kphatc⟩ for ⟨kpuhavtet⟩ (1842:23.6).

12.5 /b Ktclawr vuh muta a wropset vuji manetaqc muta awrn meminrwun?
/p ktə́ləwe=háč, "máta=á· we·ɔ́·psi·t háši manni·tá·k·we, máta=á· awé·n mi·məné·wən?"
/t Do you say that, if the whiteman never made it, no one would ever drink it?
/n Cf. 1842:23.6; ⟨ma-|netaqc⟩.

12.6 /b Kunaxkwmul, ukjekunul, ok mevmanetwk wropset.
/p kənaxkó·məl, "kší·k·anal ó·k mihəmanní·to· we·ɔ́·psi·t."
/t I answer you, "The whiteman also makes knives."
/n ⟨ukjekunul⟩ for kší·k·anal (cf. ⟨kjekunu⟩ 1842:23.7); ⟨mevmane-|twk⟩ for ⟨mevmanetw⟩ (1842:23.7).

12.7 /b Nini vuh a wunheyb wcnhia keskjimrk | qwntakunwaul
     /p nə́ni=háč=á· wənčí·ayu wénči-=á· -ki·skšə́me·kw kkwənta·k·anəwá·ɔl,
     /t Would that be a reason for why you (pl.) would cut your throats,
     /n Recast in 1842:23.7.

     /b rli mevmanetaqc ukjekunul wuni wropset.
     /p é·li-mihəmanní·ta·k·w kší·k·anal wáni we·ɔ́·psi·t?
     /t because this whiteman makes knives?
     /n ⟨mevmanetaqc⟩ for ⟨mevmanetaq⟩ (1842:23.7); ⟨ukjekun-|ul⟩ for kší·k·anal (as in 12.6).

12.8 /b Muta a awrn memunrqi muta awrn wifi | manetowun.
     /p máta=á· awé·n mi·məné·k·we, máta=á· awé·n wwínki-manni·tó·wən.
     /t If no one ever drank it, no one would be willing to make it.

12.9 /b Ktclwc lux wropset nwcvifi lwvk valamai?
     /p ktə́ləwe=láh, "we·ɔ́·psi·t nəwihínki-lúkw, 'mhalamái'"?
     /t Do you say, "The whiteman always likes to say to me, 'Buy it from me.'"?
     /n ⟨lwvk⟩ for ⟨lwq⟩ (1842:24.1); ⟨va-|lamai⟩ for ⟨Mvalumai⟩ (1842:24.1).

     /b Qelu vuh lisi wcnhi wvifi mvalamun
     /p kkwí·la-=háč -lə́s·i wénči-wihínki-mhálaman,
     /t Is there just nothing you can do about why you always like to buy it,
     /n ⟨mvala-|mun⟩.

     /b rli Jwanuvkuk lukwn mvalamai?
     /p é·li- šəwánahkɔk -lúk·ɔn, "mhalamái"?
     /t because whitemen tell you to buy it from them?
     /n Cf. 1842:24.1.

12.10 /b Takw fuski letrvai qwifc ta krkw mvalum nelkona
      /p takó· nkáski-li·t·e·há·i, kəwínki-=á· kéku -mhálam nélkɔn=á·,
      /t I can't believe that you would like to buy something that would kill you,
      /n ⟨ta⟩ should be =á·; ⟨mva-|lum⟩.

      /b rli jwk Jwanuk lwkwn valumai. ‖
      /p é·li- šúkw šəwánakw -lúk·ɔn, "mhalamái"
      /t just because a whiteman told you to buy it from him.
      /n ⟨val-|umai⟩ for ⟨mvalumai⟩ (1842:24.1).

(p. 13)

[*The Cost of Whiskey.*]

13.1 /b   *Rlatek Vwiski.*
     /p   e·lá·ɔhti·k wə́ški.
     /t   The cost of whiskey.
     /n   ⟨Vwiski⟩ for /wə́ški/; see 7.4.

13.2 /b   Koti kaxtinri tclintxapuki kcluntinf vwiski vuf mvalum Linapi bni tali.
     /p   kwə́ti-kahtəné·i téləɴ-txá·pxki kelántink wə́ški=hánkw mhálam ləná·p·e yó·ni táli.
     /t   In one year the Delawares buy a thousand gallons of whiskey in this place.
     /n   ⟨vwis-|ki⟩; =hánkw: follows two sentence-initial phrases.

13.3 /b   Nuni punu txi kcluntif tclintxapuki lauxtw.
     /p   nə́ni pənáh txí-kelántink; téləɴ-txá·pxki lá·ɔhtu.
     /t   *That*, now, is how many gallons; it amounted to a thousand.
     /n   ⟨la-|uxtw⟩.

13.4 /b   Jrpunu nuni muni cntxi paketasek
     /p   šé· pənáh, nə́ni mə́ni éntxi-pahki·t·á·s·i·k.
     /t   See, that is how much money was wasted.

     /b   tcpi | a vakevakun kotapuki rkulif wunhi manetasw;
     /p   tépi=á· haki·há·k·an kwət·á·pxki é·kəlink wə́nči-manni·tá·s·u,
     /t   It would be enough to make a field from 100 acres,
     /n   ⟨mane-|tasw⟩.

     /b   ji ta kotapuki ok kotajtxentxki ok | kotaj valopufuk lwkut e wunhi valwnti. — |
     /p   ší=tá kwət·á·pxki ɔ́·k kwət·a·š txí·nxke ɔ́·k kwət·a·š halpánkəlak ló·kat, ní wə́nči-mhalúnte—
     /t   or one hundred and sixty-six barrels of flour, if they had been bought with that—
     /n   ⟨valopufuk⟩ for *⟨valopufuluk⟩ /halpánkəlak/ 'barrels' (but see *Glossary*); ⟨e⟩ for /ní/ (~ nə́).

     /b   Koti valopufulif aloe cntxi palrnux txitet | awrnek Linapr cntxet.
     /p   kwə́ti-halpánkəlink aləwí·i éntxi- palé·naxk -txíhti·t awé·ni·k, ləná·p·e éntxi·t
     /t   more than one barrelful for every five people of all the Delawares.

     /b   Ji ta nejvapuki | pwjilif vwet aloe txi wunhi valasetpanc.
     /p   ší=tá ni·š·á·pxki †púšəlink hwí·t, aləwí·i txí, wə́nči-mhala·s·i·kpáne.
     /t   Or more than two hundred bushels of wheat, if it had been bought with it.
     /n   ⟨valasetpanc⟩ for /mhala·s·i·kpáne/.

13.5 /b Muta vuh kanjelyvkwun?
/p máta=háč kkanši·laehkó·wən?
/t Doesn't this astonish you (sg.)?

13.6 /b *Krxaptwnalauk bkek kuta ala meminrthek Vwiski.*
/p nke·x·a·pto·na·lá·ɔk yó·ki·k káhta-ála-mihəməné·č·i·k wə́ški.
/t I say a few words to these who want to stop drinking whiskey.
/n /káhta/ (with no IC) for /ké·t·a/ (with IC); ⟨meminrt-|hek⟩.

13.7 /b Kuta vuh ala memunc vwiski?
/p kkát·a-=háč -ála-míhəməne wə́ški?
/t Do you want to stop drinking whiskey?

/b Tamsi a ktclwc kovun.
/p tá·mse=á· ktə́ləwe, "kɔhán."
/t Maybe you would say, "Yes."

/b Quh vuh muta nuni liseun?
/p kwáč=háč máta nə́ni ləs·í·ɔn
/t Why aren't you able to do that?

/b Tamsi ktclwc fwela ta lisi!
/p tá·mse ktə́ləwe, "nkwí·la-=tá -lə́s·i!"
/t Maybe you say, "I can't do it!"

/b Takw ta kuski qelalise!
/p takó·=tá kkáski-kwí·la-ləs·í·i.
/t You can't be unable to.

/b Kuski a ta kpwneton.
/p kkáski-=á·=tá -po·ní·to·n.
/t You would be able to leave it alone.
/n ⟨kpwne-|ton⟩; prefix /k-/ 2 wrongly repeated.

/b Takw ta awrn avpee kuski muta ala pwnetaq.
/p takó·=tá awé·n ahpí·i / káski / máta=á· / ála / po·ní·ta·kw.
/t There is no one / able to / would not / stop / leave it alone.
/n Crossing of /máta=á· ké·ski-ála-míhəməne·t/ (or /-kw/) 'who would not be able to stop drinking' and /máta=á· ké·ski-po·ní·ta·kw/ (or /-o·kw/) 'who would not be able to leave it alone'.

13.8 /b Klistyel lupu ktclcn rlseun a.
/p kələstái·l lahápa. ktə́llən e·lsían=á·.
/t Listen to me for a while. Let me tell what you should do.

/b Vetami | kata kejetrva ktcli a muta heh nahetowun. |
/p hítami, kkát·a-ki·š·i·t·é·ha ktə́li-=á·- máta čí·č -na·či·tó·wən.
/t First, try to make up your mind that you will no longer mess with it.

/b Nwhqi ktitc ta heh kukewse krkrxiti munruni. ‖
/p nó·čkwe ktíte tá=á· čí·č kkak·i·wsí·i ke·ke·xíti məné·ane.
/t There's no use thinking you'd no longer get drunk if you drink a little each time.
/n ⟨mun-|runi⟩.

(p. 14)

14.1 /b Kahi eku avan cnta munavtif
     /p káči íka á·han énta-mənáhtink.
     /t Don't go to a place where lots of people are drinking.

     /b pcxo a e[|ka ktclyrmkwk krxiti ktcli munrm luvlup[| qeaqi.
     /p péxu=á· íka ktəli·laé·mko·k ke·xíti ktə́li-méne·m, lahəlápi kwiá·kwi.
     /t They would soon persuade you to go there to drink a little, again and again still more.
     /n Letters lost in gutter. ⟨e[-]|ka⟩ for ⟨eku⟩; ⟨ktclyrm°⟩ for ⟨ktclelyrm°⟩;
         ⟨munrm⟩ for ⟨munrn⟩; ⟨luvlup[|⟩ for ⟨luvlupi⟩.

14.2 /b Kata peli li lrlrxruni pale a kpenwvrn | kvoky.
     /p káhta- pí·li -lí-lehəle·x·é·ane, palí·i=á· kpəminno·he·n khák·ay.
     /t If you want to live a pure life, you should make yourself stay away.
     /n ⟨kpenwvrn|⟩ (with ⟨n⟩ partly visible) for /†kpəminno·he·n/ (which would be a
         regularly formed causative of /pəminni·- AI 'stay').

     /b Kahi mexanisean awrn watwn| ktcli mrhi kpwneton.
     /p káči mi·x·anəsí·han, awé·n o·wá·to·n ktəli- mé·či -po·ní·to·n.
     /t Don't be ashamed that someone knows that you now leave it alone.
     /n ⟨mexanisean⟩ for ⟨mexanisevan⟩; ⟨watwn[|⟩, with ⟨n⟩ partly visible; ⟨kpwneton⟩:
         prefix /k-/ 2 wrongly repeated.

14.3 /b Takw wlexunwi kmexutumcn kpwneton| mrtvik.
     /p takó· wəli·x·ənó·wi, kəmi·x·aná·t·amən kpo·ní·to·n mé·thik.
     /t It is not right for you to be ashamed of leaving what is evil alone.
     /n ⟨kmexutumcn⟩ for kəmi·x·aná·t·amən.

14.4 /b Bqi heh kotrnaoxki krkw.
     /p yúkwe čí·č kwət·ennáɔhki kéku.
     /t Now there is one more thing.

14.5 /b Kahi letrvavun, pcxo ta eli kwnh ntala[| nuni lisen.
     /p káči li·t·e·há·han, "péxu=tá ílli kə́nč ntála- nəni -lə́s·i·n."
     /t Don't think, "Even just pretty soon I'll stop doing that."
     /n ⟨kwnh⟩ for ⟨kunh⟩; same without this in 14.8.

14.6 /b Ta nuni wlexunwi.
/p Tá=á· nə́ni wəli·x·ənó·wi.
/t That would not be right.

14.7 /b Bqi kta lukveqi.
/p yúkwe=ktá ləkhíkwi
/t Rather, do it now.

/b Quni wifosumweani| ekalisi avat ktcli alu wifosumwen.
/p kwə́ni-winko·s·əmwíane, ikalísi áhɔt ktə́li-ála-winkó·s·əmwi·n.
/t If you're a drunkard for a long time, it becomes harder for you to stop being one.

14.8 /b Kavuni vuf njrlintum awrn puntaoki tcli lwrn.
/p ká·xəne=hánkw nši·e·lə́ntam awé·n pəntaók·e tə́li-lúwe·n,
/t I really feel sorry when I hear someone say,
/n ⟨tc-|li⟩.

/b Pcxo tyeli ntalu lisen.
/p péxu=tá ílli ntála-lə́s·i·n.
/t "Even pretty soon I'll stop doing it."

14.9 /b Aphi vuf ntclrlrluma nuni lino,
/p á·pči=hánkw ntəlé·ləma náni lə́nu,
/t I always think about that man,
/n ⟨ntclrlrluma⟩ for ⟨ntclrluma⟩.

/b pcxo nakyrki wifosumweth waluntif vala.
/p "péxu na·k·a·é·k·e winkó·s·əmwi·t=č wɔ·lhántink hála·."
/t "Before long the drunk will be put in his grave."
/n ⟨na-|kyrki⟩; ⟨waluntif⟩ probably with possessive /w-/ 3 although without /-əm/.

[*Drunkenness (2).*]

14.10 /b WIFOSUMOAKUN.
/p winko·s·əməwá·k·an.
/t Drunkenness.

14.11 /b Kuta vuh waton rnaseka
/p kkát·a-=háč -wwá·to·n enná·s·i·k=á·
/t Do you want to know what would be done

/b wunhi a ala | wrmi vawin mevmunrt vwiski?
/p wə́nči-=á· -ála- wé·mi awé·n -mihəməne·t wə́ški?
/t because someone ("everyone") stops drinking whiskey?
/n ⟨vawin⟩ for /awé·n/.

14.12 /b Bqi ktclun.
/p yúkwe ktə́llən.
/t Now let me tell you.

14.13 /b Nrkek awrnek muta wifosumwethek, |
/p né·ki·k awé·ni·k máta winko·s·əmwí·č·i·k,
/t Those people who are not drunkards,

/b kahi vuji nahetoxteveh vwiski.
/p káči háši na·či·tuhtí·hi·č wə́ški.
/t let them never mess with whiskey.

/b mutah vuji | wifosumweeuk.
/p máta=č háši winko·s·əmwi·í·ɔk.
/t They will never be drunks.

/b Ajiti nrkek muta wifi pwnetaqek,
/p a·šíte né·ki·k máta wínki-po·ni·tá·k·wi·k,
/t On the other hand, those who do not like to leave it alone,
/n ⟨pw-‖netaqek⟩.

(p. 15)
15.1 /b takyrtwh eku prtunaqswuk cnta | weqe lrlrxrtet;
/p †thakaé·t·u=č íka pe·t·əna·kwsúwak énta-wí·kwi-lehəle·x·éhti·t,
/t they will perform their tasks for a short time up until their lives end,

/b ok ta heh nrxqwseeuk bni | tali xqetvakumeqi.
/p ó·k tá=á· čí·č ne·ykwəs·i·í·ɔk yó·ni táli xkwi·thakamí·k·we.
/t and they will be seen no more on this earth.

15.2 /b Kejrlrmwqwf lwrw ktclrkvekunif tali;
/p ki·š·e·ləmúk·ɔnkw lúwe·w wtəle·khí·k·anink táli,
/t Our creator said in his book,
/n ⟨kt-⟩ for /wt-/ (see note to 10.15).

/b ta wifosumwet bni pown rpea.
/p "tá=á· winkó·s·əmwi·t yó·ni pó·wən é·p·ia.
/t "A drunkard will not come to this place where I am."

15.3 /b Ta vuh wunheyb wcnhi awrn wifosumwet?
/p tá=háč wənčí·ayu wénči- awé·n winkó·s·əmwi·t?
/t What's the origin of why someone is a drunk?
/n Also 1842:21.3; ⟨wifosum-|wet⟩.

/b rlik ecntxiti vetami awrn minrt.
/p é·li-=k i·yəntxíti hítami awé·n -mə́ne·t.
/t Well, because someone first has already drunk a little bit.

[*Filet*]
[*The Creation.*]

15.4 /b *Kejrlrmwqwf Toptonakun.*
    /p ki·š·e·ləmúk·ɔnkw tɔ·pto·ná·k·an.
    /t Our Creator's Word.
    /n (Compare 1842:6-8.)

15.5 /b Kejrlrmwqwf vetami wrmi krkw qejrlrlintuminrp.
    /p ki·š·e·ləmúk·ɔnkw hítami wé·mi kéku kwi·š·e·ləntamə́ne·p.
    /t Our creator first created everything.
    /n ⟨qejrlrlintuminrp⟩ for ⟨qejrlintuminrp⟩.

15.6 /b Kotajt txi kejqc mekumoswp
    /p kwə́t·a·š txí-kí·škwe mi·kəmɔ́·s·o·p.
    /t He worked for six days.
    /n ⟨Kotajt txi⟩ for ⟨Kotaj txi⟩. Cf. ⟨Kw taj txi⟩ (1842:6.2).

/b ninukuh | wrmi krkw kejrlintum, bni tali xqetvakumeqi, ok vwqruf.
/p ni·núči(?) wé·mi kéku ki·š·e·lə́ntam yó·ni táli xkwi·thakamí·k·we, ɔ́·k hukwé·yunk.
/t In the beginning he created everything on this earth and in heaven.
/n ni·núči 'in the beginning' seems required (⟨ninukuh⟩ is presumably a garbled repair); ⟨xqetvaku-|meqi⟩.

15.7 /b Nrtami kejqek manetwp bni vaki, ok mpi.
    /p né·tami-kí·škwi·k manní·to·p yó·ni hák·i ɔ́·k mpí.
    /t On the first day he made this land and water.
    /n Absolute verb with definite object (because of yó·ni 'this'); objective in 1842:6.3.

15.8 /b Lupi opufi maneton nuni voq.
    /p lápi ɔ·p·ánke mɔnní·to·n nə́ni hɔ́kw.
    /t The next day he made the sky.

15.9 /b Mrhi nuxi kejqekc qejrlrmaul vetvkwv, | ok skekol.
    /p mé·či náxi-ki·škwí·k·e kwi·š·e·ləmá·ɔl hítkɔ ɔ́·k skí·kɔl.
    /t After three days he made the trees and plants.
    /n /skí·kɔ(l)/ refers to grass, weeds, and herbs.

15.10 /b   Nrwun kejqekc qejrlrmaul kejoxul, ok nrk alufulx.
     /p   né·wən ki·škwí·k·e ki·š·e·ləmá·ɔl ki·š·ó·x·ɔl, ɔ́·k né·l alánkɔl.
     /t   On the fourth day he made the sun and the moon, and also the stars.
     /n   ki·š·ó·x·ɔl is the obviative of ki·š·ó·x·ɔk 'the sun and moon' (Lk 21.25, Mt 24.29); ⟨nrk⟩ for né·l (obv.).

15.11 /b   Palrnaxk cntxi kejqekc kejrlrmrp yrsisuk ok hwlinsuk, ok namrsuk.
     /p   palé·naxk éntxi-ki·škwí·k·e ki·š·é·ləme·p aesə́s·ak, ɔ́·k čo·lə́nsak, ɔ́·k namé·s·ak
     /t   On the fifth day, he made the animals, and birds, and fish.
     /n   ⟨yrsis-|uk⟩.

15.12 /b   Kotaj cntxun kejqekc linou kejrlrmrp, ‖ ok xqru,
     /p   kwə́t·a·š éntxən-ki·škwí·k·e lə́nəwa ki·š·é·ləme·p, ɔ́·k xkwé·ɔ.
     /t   On the sixth day he created a man and a woman.

(p. 16)
16.1 /b   vakif wunhi manevaa linou;
     /p   hák·ink wwə́nči-manni·há·ɔ lə́nəwa,
     /t   He made the man from earth,

     /b   kahi nrk xqru koti xrleuxun eku wunhi wrtunimawul nrli linoul.
     /p   káč·i né·l xkwé·ɔ, kwə́t·i xke·lí·x·ən íka wwə́nči-we·t·ənəmaɔ́·ɔl né·li lə́nəwal.
     /t   but for the woman he took one rib from that man.
     /n   ⟨ka-|hi⟩; ⟨nrk⟩ (which cannot be né·k 'those (anim.)') for né·l (obv.).

16.2 /b   Kejrlrmwqwf melawl wrlselethi trhaul.
     /p   ki·š·e·ləmúk·ɔnkw mwi·lá·ɔl we·lsi·lí·č·i wté·hal.
     /t   Our creator gave them good hearts.
     /n   ⟨trhaul⟩ for wté·hal; cf. ⟨wvtr⟩ 'a heart' (41.3), ⟨wvtrval⟩ 'a heart (obv.)' (48.7).

     /b   Kejrlintum vakevakun, nuni tovola.
     /p   ki·š·e·lə́ntam haki·hák·an, ná=ni tɔ́həla·n.
     /t   He created a garden (lit., cultivated field), and that is where he placed them.
     /n   ⟨tovola⟩ for ⟨tovolan⟩ /tɔ́həla·n/; cf. ⟨tov lan⟩ 1842:7.4.

16.3 /b   Qejrlimaul vetqul, krkw eku wunhi kejekun krski methif.
     /p   kwi·š·e·ləmá·ɔl hítkɔl, kéku íka wə́nči-ki·š·í·k·ən ké·ski-mí·č·ink
     /t   He made trees from which one could eat anything that grows.
     /n   ⟨ke-|jekun⟩.

16.4 /b   Wvtclapanel kona a navkoc kwnhi wrtunimvwmo meherq,
     /p   wtəlá·p·ani·l, "kɔ́na=á· nahkɔ́·i kúnči-we·t·ənəmhúmɔ mí·č·ie·kw,
     /t   He said to them, "It would be alright for you to take from any what you eat,
     /n   ⟨wrtunim-|vwmo⟩.

/b bni wunheyek vetkwf:
/p yó·ni wənčí·ai·k hítkunk.
/t of this which comes from trees.

/b jwk nu | nuni lrlyi nepyet vetkwf, wcnheyek
/p šúkw nə́ náni le·lá·i ní·p·ai·t hítkunk wenčí·ai·k,
/t But what comes from that tree which stands in the middle,

/b kahi metherk, ok kahi naheverkrk.
/p káči mi·č·í·he·kw, ó·k káči na·či·hié·k·e·kw."
/t don't eat it, and don't disturb it (the tree)."
/n ⟨methe-|rk⟩ for /mi·č·í·he·kw/. Cf. 1842:7.6.

16.5 /b Wvtclapani metherqc nuni wunhi ktufuwlvmuh.
/p wtəlá·p·ani, "mi·č·ié·k·we náni wə́nči, ktankəlúhəmɔ=č."
/t He said to them, "If you eat it from that, you'll die."
/n (Smaller font begins here.) ⟨ktufuwlv-|muh⟩ for ⟨ktufulwvmuh⟩.

16.6 /b Nejaj cntxi kejqek alaxemwp Kejrlrmwqwf |
/p ní·š·a·š éntxi-kí·škwi·k ala·x·í·mo·p ki·š·e·ləmúk·ɔnkw.
/t On the seventh day, our creator rested.

/b lwrp bqi, b kejqek, aphih nen kejqeum;
/p lúwe·p, "yúkwe yú kí·škwi·k á·pči=č ní· nki·škó·yəm.
/t He said, "This day now shall always be my day.
/n ⟨nen kejqeum⟩ for ⟨ne nkejqeum⟩; cf. ⟨fejkweum⟩ (Jn 8.56), ⟨fej kw eum⟩ (1842:7.2).

/b wrmih | awrn mwjatumin bni kejqek nrkumah nc alaximwuk.
/p wé·mi=č awé·n mwəš·á·t·amən yó·ni kí·škwi·k; né·k·əma=č né· ala·x·í·məwak.
/t that everyone shall remember this day; they, too, will rest."
/n ⟨alax-|imwuk⟩.

16.7 /b Bqi puna; wrmi cntxi krkw lilan knrmun
/p yúkwe pənáh, wé·mi éntxi- kéku -lə́lan kəné·mən.
/t Now, you see all the things I told you.

/b Kejrlrmwqwf kotaj txi kejqi, manetaswp kejrlintufi, |
/p ki·š·e·ləmúk·ɔnkw kwə́t·a·š txí-kí·škwe manni·tá·s·o·p ki·š·e·ləntánki,
/t The things our creator created were made in six days,
/n ⟨Ke-|jrlrmwqwf⟩; ⟨kejqi⟩ for /kí·škwe/; singular verb with plural subject.

/b wrmi bni rlvkekvakumeki.
/p wé·mi yó·ni e·lki·khɔkamí·k·e·k.
/t all over this earth.
/n ⟨rlvkekvakumeki⟩ for /e·lki·khɔkamí·k·e·k/ (B 1837 3x [one with ⟨v⟩ for ⟨kv⟩]).

/b   Nunu lupi opuf, tolaxemwi.
/p   nána lápi ɔ·p·ánke tɔla·x·í·mwi·n.
/t   And then the next day he rested.
/n   ⟨to-|laxemwi⟩ for /tɔla·x·í·mwi·n/.

16.8 /b   Nuni puna wcnhi, wlilisethek awrnek muta | mekumosetet
     /p   nə́ni pənáh wə́nči, wə́li-ləs·í·č·i·k awé·ni·k máta mi·kəmɔ·s·íhti·t
     /t   Well, because of that, good people do not work

     /b   kuntawre kejqekc.
     /p   kəntəwe·í·i-ki·škwí·k·e.
     /t   on Sunday.

16.9 /b   Kejrlrmwqwf takw mekumosee nuni kejqek, |
     /p   ki·š·e·ləmúk·ɔnkw takó· mi·kəmɔ·s·í·i nə́ni kí·škwi·k,
     /t   Our creator did not work that day,

     /b   wcnhi lwrt nutuh awrn mekumosee nuni lrkveqi. ‖
     /p   wénči-lúwe·t, "máta=č awé·n mi·kəmɔ·s·í·i nə́ni ləkhíkwi."
     /t   which is why he said, "No one will work then."
     /n   ⟨nutuh⟩ for ⟨mutuh⟩; ⟨lrkve-|qi⟩.

(p. 17)

[*The First Man and Woman.*]

17.1 /b   *Nrtumi Kejrlumitpanek.* / ¶ Lino ok xqr
     /p   né·tami-ki·š·e·ləməntpáni·k lə́nu ó·k xkwé·.
     /t   The man and woman who were first created.
     /n   ⟨it⟩ for ⟨int⟩; lə́nu ó·k xkwé· (wrongly printed as the beginning of the text).

17.2 /b   nuni pumenenru Kejrlrmwqwf | rvrlatup
     /p   nə́ni pwəminni·né·ɔ ki·š·e·ləmúk·ɔnkw ehəlá·t·əp.
     /t   They stayed where our creator put them.

     /b   owlamalswpaneq takiti muta krkw jomuntumoeuk ok muta palseeuk.
     /p   ɔ·wəlamalsó·p·ani·k, thakíti máta kéku šhɔmantamo·wí·ok, ó·k máta pa·lsi·í·ok.
     /t   they were healthy, they did not feel any brief weakness, and they were not sick.
     /n   ⟨jo-|muntumoeuk⟩. Lit. 'feel that anything was weak for a little while'.

17.3 /b   Jwk muta qwne nuna matuntwul wtvwkwnru |
     /p   šúkw máta kwəní·i nána mahtant·ó·wal o·txuk·o·né·ɔ,
     /t   But not long after, then the devil came to them,
     /n   Cf. 1842:7.6.

/b   xkwkif lycvosw.
/p   xkó·k·ink laehɔ́·s·u.
/t   adopting the form of a snake.

/b   Nuni eku wvtclelyrman,
/p   nána íka wtəli·laé·ma·n,
/t   Then he persuaded them to go there,
/n   ⟨Nuni⟩ for ⟨Nunu⟩; subordinative points to nána 'then' (contrast 1842:7.6).

/b   tcli | a methenru; nuni qrtalwkvwtet Kejrlumwkvwethek.
/p   tə́li-=á· -mi·č·i·né·ɔ nə́ni kwe·təlukhwíti·t ki·š·e·ləmukhwití·č·i.
/t   to eat what the one who created them forbade to them.
/n   ⟨qrtalwkvwtet⟩ should be ⟨qrtulwqvetet⟩ /kwe·təlukhwíti·t/ 'what he (obv.) had forbidden to them' (1842:7.6). ⟨Kejrlumwkvw-|ethek⟩ has a nonexistent ending /-ukhwí·č·i·k/; it should have /-ukhwití·č·i/.

17.4 /b   Kejrlrmwqwf manwfsetawopani
      /p   ki·š·e·ləmúk·ɔnkw mɔnunksi·taɔ́·p·ani.
      /t   Our creator was angry at them.

/b   nunu pali tclskan nuni wunhi vakevakunif;
/p   nána palí·i təlskáɔ·n nə́ni wə́nči haki·ha·k·anink.
/t   Then he drove them away from the garden.
/n   ⟨tcl-|skan⟩.

/b   oq tclawl ta heh | kuski bni pwnru.
/p   ɔ́·k wtəlá·ɔl, "tá=á· čí·č kkáski- yó·ni -ahpi·wəné·ɔ.
/t   And he said to them, "You (pl.) will never again be able to stay here.
/n   ⟨pwnru⟩ for ⟨avpewunro⟩ (1842:7.6).

17.5 /b   Kcnh mamequmoserqi kawlamalsremo.
      /p   "kə́nč=č ma·mi·kəmɔ·s·ié·k·we, kɔ·wəlamalsíhəmɔ."
      /t   "Only if you (pl.) spend your time working will you keep well."
      /n   ⟨Kcnh⟩ presumably for /kə́nč=č/ (B 1837 ⟨kcnjh⟩ 2x, misprinted ⟨kenjh⟩ 1x).

17.6 /b   Nu wvtrvumol tolumi muta wliselewun.
      /p   ná wtehəwá·ɔl tɔ́ləmi- máta -wələs·i·lí·wən.
      /t   Then their hearts began to not be good.
      /n   ⟨wvtrvumol⟩ for /wtehəwá·ɔl/ (⟨wtrvwaul⟩ Lk 4.18).

/b   Mrhi krtswntc kvakevakunif wunhi, nu tolumi wnehanenru;
/p   mé·ci ke·tskúnte haki·há·k·anink wə́nči, ná tɔ́ləmi-wəni·č·a·ni·né·ɔ,
/t   After they had been driven out of the garden, then they began to have children,
/n   ⟨Mr-|hi⟩; ⟨krtswntc⟩ for ⟨krtskwntc⟩; ⟨kvakevakunif⟩ for ⟨vakevakunif⟩; ⟨wne-|hanenru⟩.

/b tomeminsumowaul wvtrvelet muta wliseeul
/p tɔmi·mənsəməwá·ɔl wte·hí·li·t máta wələs·i·í·ɔl,
/t and their children's hearts were not good,

/b mulaji nrkumaul rlenakselet.
/p málahši ne·k·əmá·ɔ e·li·na·kwsí·li·t.
/t the same way theirs were.
/n ⟨nrkumaul⟩ (as if */ne·k·əmá·ɔl/) for ⟨nrkumau⟩ (Jn 4.45; later ⟨nrkumao⟩).

17.7 /b Krkyelehi qesuwaul wnevulaul vwesmusul. —
/p ke·kai·lí·č·i kkwi·s·əwá·ɔl wənihəlá·ɔl xwi·s·əmə́s·al.
/t Their older son killed his younger brother.

/b Jrpuna kunrowuna rlvkwqi maheliset nuni skeno.
/p šé· pənáh, kəne·ɔ́·wəna e·lkí·kwi-máhči-lə́s·i·t náni skínnu.
/t So, we see how evil that young man was.
/n ⟨ske-|no⟩.

17.8 /b Alomi kji xaxrlopanek;
/p áləmi-kší-xahe·ló·p·ani·k,
/t They rapidly began to be numerous,

/b ok qc lrlrxrpanek ok | xrlameminsruk.
/p ɔ́·k kwə́ni-lehəle·x·é·p·ani·k, ɔ́·k xe·lami·mənsé·ɔk.
/t and they lived long, and they had many children.
/n ⟨qc⟩ for *⟨qnc⟩.

17.9 /b Nrtami lino apetc lwcnsw Atum.
/p né·tami- lə́nu -ahpí·t·e, luwénsu †á·təm
/t When there first existed a man, his name was Adam.

17.10 /b Srki lrlrxrt taqe prjkwft xapuki ok xentxki | txc kavtinamo
/p sé·ki-lehəlé·x·e·t, tahkwí·i pé·škunk txá·pxki ɔ́·k xí·nxke txí-kahtənámu.
/t As long as he lived, altogether he was nine hundred and thirty years old.
/n ⟨prjkwft xapuki⟩ for ⟨prjkwf txapuki⟩.

/b na taufalin;
/p ná taɔ́nkələn.
/t Then he died.

/b ok koti oxwesul
/p ɔ́·k kwə́t·i o·x·wí·s·al
/t And one of his descendants

/b   prjkwf txapuki ok kotajt xentki ok prjkwf txi kavtinri lrlrxi.
/p   pé·škunk txá·pxki ɔ́·k kwə́t·a·š txí·nxke pé·škunk kahtəné·i lehəlé·x·e·.
/t   lived nine hundred and sixty-nine years.
/n   ⟨prj-|kwf⟩; ⟨kotajt xentki⟩ for ⟨kotaj txentki⟩; ⟨kav-|tinri⟩.

[*The Flood.*]

17.11 /b   *Prsintprki vaki.*
    /p   pe·s·əntpé·k·e hák·i.
    /t   When the land was flooded.

17.12 /b   Mrhi kexki nejun tclintxapuki cntxi kavtifi |
    /p   mé·ci kí·xki ní·š·ən télən-txá·pxki éntxi-kahtínke
    /t   After nearly two thousand years

    /b   wunhi nrki kejrlintaseki b vake
    /p   wə́nči néke ki·š·e·lənta·s·í·k·e yú hák·i
    /t   from the time when this earth was created

    /b   Kejrlrmwqwf ‖ punamin bni prmvakumekrk
    /p   ki·š·e·ləmúk·ɔnkw pwə́namən yó·ni pe·mhakamí·k·e·k,
    /t   our creator looked at this world,

(p. 18)
18.1 /b   wnrol wrmi awrni | mahilrlrxi.
    /p   wəne·ɔ́·ɔl wé·mi awé·ni máhči-lehəlé·x·e·.
    /t   and he saw that everyone lived bad lives.
    /n   ⟨lrlrxi⟩ for ⟨lrlrxr⟩, but an obviative in a subordinative complement is expected.

    /b   Koti awrn jwk wlilrlrxi: lwenswp | Nou.
    /p   kwə́t·i awé·n šúkw wə́li-lehəlé·x·e·: luwénso·p †nó·wa.
    /t   There was only one person who lived a good life: his name was Noah.
    /n   ⟨lrlrxi⟩ for ⟨lrlrxr⟩.

18.2 /b   Mrhi Kejrlrmwqwf nroti wrmi awrni rlvkeqi | mutawselet,
    /p   mé·či ki·š·e·ləmúk·ɔnkw ne·ɔ́·t·e wé·mi awé·ni e·lkí·kwi-mahta·wsí·li·t,
    /t   After our creator saw what bad lives everyone lived (or, how sinful they were),

    /b   jerlintum rli kejrlrmatsa awrnek.
    /p   ši·e·ləntam é·li-ki·š·e·ləmá·tsa awé·ni.
    /t   he was sorry that he had created people.
    /n   ⟨awrnek⟩ s.b. ⟨awrni⟩ (obv.).

18.3 /b Nou jwk tcli mawsenrsu wrli lrlrxrt awrn b | tali xqetxakumeqi.
/p †nó·wa šúkw tə́li-ma·wsi·né·s·a wé·li-lehəlé·x·e·t awé·n yú táli xkwi·thakamí·k·we.
/t Noah has been the only person on the face of the earth who has lived a good life.
/n Present changed to preterite in 1842 primer (8.5).

18.4 /b Nunu Kejrlrmwqwf wvtetrvan
/p nána ki·š·e·ləmúk·ɔnkw wti·t·é·ha·n,
/t Then our creator thought,

/b bv ta psuntprkch bni vaki wcnhih wrmi awrn aptwprt
/p "yúh=tá, psəntpé·k·eč yó·ni hák·i, wénči-=č wé·mi awé·n -a·ptə́p·e·t,
/t "Alright, let this earth be flooded, so that everyone shall drown,
/n ⟨psuntpr-|kch⟩.

/b jwkh | Nou muta.
/p šúkw=č †nó·wa máta."
/t except for Noah."

18.5 /b Kejrlrmwqwf tclal bli Nou xifoltyh kmaneto |
/p ki·š·e·ləmúk·ɔnkw təlá·ɔl yó·li †nó·wa, "xinkó·ltay=č kəmanní·to·.
/t Our creator said to Noah, "You shall make a large boat.
/n Note: yó·li 'this (obv.)' is apparently used with an uninflected name.

/b ktupenreuh wrmi ktumeminsumuk.
/p ktap·i·né·ɔ=č wé·mi ktami·mə́nsəmak."
/t You and all your children will be on it."
/n ⟨-nreu⟩ for usual ⟨-nru⟩ /-né·ɔ/; 'be on it': lit., 'be there, stay there'.

18.6 /b Kejrlrmwqwf tclexton
/p ki·š·e·ləmúk·ɔnkw təlí·xto·n,
/t Our creator made the rule,

/b wcnhih wrmi cntxenaoki yrsis lenaqset eka apen.
/p wénči-=č wé·mi entxennáɔhki aésəs li·ná·kwsi·t íka -ahpí·t.
/t by which every kind of animal would be there.
/n ⟨cntxena-|oki⟩; ⟨apen⟩ for ⟨apet⟩ /-ahpí·t/; cf. wénči-.. -pənčíhti·t (1842:9.2).

/b Nejajh txi kotrnaoki rlenaoksethek bk pelsethek yrsisuk,
/p "ní·š·a·š=č txí kwət·ennáɔhki e·li·na·kwsí·č·i·k yó·k pi·lsí·č·i·k aesə́s·ak,
/t "It will be seven of the animals of each kind that are clean,
/n ⟨kotrna-|oki⟩.

/b ok nenejuh katrnaxki rlenaxsethek bke muta pelsethek.
/p ó·k nihəní·š·a=č kwət·ennáɔhki e·li·na·kwsí·č·i·k yó·ki máta pi·lsí·č·i·k
/t and it will be two each of each kind of those that are not clean.
/n ⟨ne-|nejuh⟩; ⟨pelset-|hek⟩.

18.7 /b Nu mrhi wrmi punhetetc nunu Kejrlrmwqwf | kupvamun nu moxol.
     /p ná mé·či wé·mi pənčihtí·t·e, nána ki·š·e·ləmúk·ɔnkw kuphámən nə́ múx·o·l.
     /t Then after they all had entered, then our creator shut the boat up.
     /n ná mé·či .. nána ..: mé·či .. ná .. (1842:9.2).

18.8 /b Nunu alumi swkulan nrenxkct voqi ave xifwi | xaqexun.
     /p nána áləmi-só·k·əla·n ne·í·nxke txó·k·wəni; áhi-xínkwi-xa·kwí·x·ən.
     /t Then it started to rain for forty days; and there was a very great flood.
     /n ⟨nrenxkct voqi⟩ for ⟨nrenxkc tvoq[n]i⟩ (⟨q⟩ for ⟨q(u)n⟩ also in 17.8; cf. 1842:9.4).

     /b Wrmi vetkwk ok cnta amufatif wrmi | psintuprw.
     /p wé·mi hítko·k ɔ́·k énta-amánkahtink wé·mi psə́ntpe·w.
     /t All the trees and the large hills were all flooded.
     /n Note: singular verb because the nearest conjoined subject is grammatically singular.

18.9 /b Wrmi awrn aptupro nxkeni yrsisuk.
     /p wé·mi awé·n a·ptə́p·e·w, [??] aesə́s·ak.
     /t Everyone drowned, [and all] the animals,
     /n ⟨nxkeni⟩: miswritten and unidentified, for expected /ɔ́·k wé·mi/.

18.10 /b Nou nuxelwpani qesul.
     /p †nó·wa naxi·ló·p·ani kkwí·s·al.
     /t Noah had three sons.

     /b Nou ok wehaohi ok | qesenul ok wehrotch movolif li penheuk
     /p †nó·wa ɔ́·k wi·č·e·ɔ́·č·i, ɔ́·k kkwi·s·í·na ɔ́·k wi·č·e·ɔhtí·č·i, mux·ó·link lí pənčí·ɔk.
     /t Noah and his wife, and his sons and their wives, entered into the boat.
     /n ⟨qesenul⟩ is presumably an analogical error for kkwi·s·í·na.

     /b nuni wekenru.
     /p ná=ni wwi·k·i·né·ɔ.
     /t That is where they lived.

18.11 /b Kati kavtinri xaqexun ok tclint xoquni.
     /p kwə́ti-kahtəné·i xa·kwí·x·ən, ɔ́·k télən txó·k·wəni.
     /t For a year there was a flood, and ten days.
     /n ⟨Kati⟩ for ⟨Koti⟩; ⟨tclint xoquni⟩ for ⟨tclin txoquni⟩ (cf. 17.10).

18.12 /b Mrhi nunu quthenru movolif wun hi ok nrk | yrsisuk.
     /p mé·či nána kwəč·i·né·ɔ mux·ó·link wə́nči, ɔ́·k né·k aesə́s·ak,
     /t After they had come out of the boat, and also the animals,
     /n mé·či nána: only here. Should be mé·či with changed subjunctive (or nána alone).

18.13 /b Nunu kejrlrmwqwf, tclwrn
      /p nána ki·š·e·ləmúk·ɔnkw tə́ləwe·n,
      /t then our creator said,
      /n Comma misplaced.

      /b muta heh pusintputwun bni prmvakamekrk.
      /p "máta=á· čí·č mpəs·əntpat·ó·wən yó·ni pe·mhakamí·k·e·k."
      /t "I will never again flood this earth."
      /n ⟨pusint-‖putwun⟩: ⟨mpusuntputwun⟩ (1842: 9.7).

(p. 19)
19.1 /b Nunu manukon vokwf taton
      /p nána manák·ɔ·n hɔ́kunk tɔ́·to·n,
      /t Then he put a rainbow in the sky,

      /b wcnhih wrmi awrn wataq lih muta heh nuni lre.
      /p wénči-=č wé·mi awé·n -wwá·ta·kw, lí-=č máta čí·č nə́ni -lé·i.
      /t so that everyone will know that that will never happen again.
      /n ⟨a-|wrn⟩.

[*The Tower of Babel.*]

19.2 /b Takyrtw lupi xaxrl ok lupi mutawswuk.
      /p †thakaé·t·u lápi xahé·lo·k, ɔ́·k lápi mahta·wsúwak.
      /t In a short time there were again many, and again they were living bad lives.
      /n ⟨xaxrl ok⟩ for ⟨xavrlwk ok⟩; cf. 1842.9.8.

19.3 /b Nu tolumi ta kothemolsenru wrmi tcli wlrlintuminru;
      /p ná tɔ́ləmi-tahkɔ·č·i·mo·lsi·né·ɔ, wé·mi tə́li-wəle·ləntaməné·ɔ,
      /t Then they began to deliberate together, and so all agreed
      /n ⟨ta kothemolsenru⟩; cf. a·č·i·mo·lsúwak (1842:9.8).
      /n ⟨wlrlin-|tuminru⟩; as if ná wé·mi tə́li-.

      /b tcli a vokof lekvrnru muxkasina yrkruk.
      /p tə́li-=á· hɔ́kunk -li·khe·né·ɔ, maxkahsə́na ae·ké·ɔk.
      /t that they would build a house to heaven, using bricks.
      /n ⟨yrkr-|uk⟩.

19.4 /b Nu tolumi mekomosenru:
      /p ná tɔ́ləmi-mi·kəmɔ·s·i·né·ɔ.
      /t Then they began to work.

      /b nunu tovevanru | Kejrlrmoqwfwi
      /p nána tɔhi·ha·né·ɔ ki·š·e·ləmuk·ɔ́nkwi.
      /t Then they made our creator angry.

/b   nu paletaqunru rlexsetet.
/p   ná pɔli·ta·k·o·né·ɔ e·li·xsíhti·t.
/t   Then he destroyed the language they spoke.

/b   Pevpeli lexsetaotenu.
/p   pi·pí·li li·xsi·ta·ɔhtí·na.
/t   And different languages were spoken to each other.
/n   ⟨Pev-|peli⟩ (only here and in 19.6) for ⟨pepeli⟩ (1842.10.1; /pi·pí·li/ OA).

19.5 /b   Nuni wunhi muta kuski heh mekumosewunru | taqee
/p   nə́ni wwə́nči- máta -káski- čí·č -mi·kəmɔ·s·i·né·ɔ tahkwí·i,
/t   Because of that they were no longer able to work together,

/b   rli muta puntaotetet.
/p   é·li- máta -pənta·ɔhtíhti·t.
/t   because they could not understand each other.

19.6 /b   Nu tolumi srxrn wrmi b toli rlumakumekrk;
/p   ná áləmi-sé·x·we·n wé·mi yú táli e·ləma·kamí·k·ek.
/t   Then people began to disperse all over this world.
/n   ⟨tolumi⟩ for /áləmi/; ⟨srxrn⟩ for /sé·x·we·n/ (cf. ⟨srxwr⟩ 43.1; ⟨avsrxwr-⟩ 1842:9.9), and similarly ⟨-ovr-⟩ for /-o·x·we-/ (8.11).

/b   nuni wunhi pevpeli lakren.
/p   nə́ni wə́nči- pi·pí·li -la·ké·i·n.
/t   Because of that there are different tribes.
/n   ⟨pevpeli⟩: as in 19.4.

19.7 /b   Nu wunhi mutakalten
/p   nə́ wə́nči-mahta·ká·lti·n.
/t   Because of that people fought each other.
/n   ⟨Nu⟩ would better be ⟨Nuni⟩ (19.6). The equivalent in 1842:10 is integrated into the preceding sentence.

/b   nankoti awrn mjalw | Kejrlrmwqwfwi.
/p   nənk·wə́ti awé·n mwəš·a·lá·ɔ ki·š·e·ləmuk·ɔ́nkwi.
/t   One person here and there remembered God.
/n   Transcriptions improved in 1842:10.1.

19.8 /b   Xrlvaki nelave manetwn chuli krnamwet. —
/p   xe·lháke nihəláči mɔnní·to·n éhəli-ke·ná·mwi·t.
/t   Many tribes made their own ways of giving thanks.
/n   ⟨nelave⟩ for ⟨nelahe⟩, later ⟨nevlahi⟩ (1842:10.2).

/b   Alintc manevru awrnel krnamahi.
/p   a·lə́nte mannı́·he·w awé·ni·l ke·na·má·či.
/t   Some made some creature that they gave thanks to.
/n   Later with object kéku pa·tamɔ́·tank 'things they prayed to' (1842:10.2).

19.9 /b   Tatxiti jwk awrnek qwlrlintuminru vrlvkuf | Kejrlrmoqwf
/p   ta·txíti šúkw awé·ni·k kwəle·ləntaməné·ɔ é·lkɔnkw ki·š·e·ləmúk·ɔnkw,
/t   Only a few people held to what we were told by our creator to do,
/n   ⟨vrlvkuf⟩: cf. ⟨rlkofq⟩ (1842:10.3).

/b   ktclih patumun.
/p   wtə́li-=č -pá·tamən.
/t   for him to pray.
/n   ⟨ktclih⟩ for /wtə́li-=č/ (see note to 10.15);
     ⟨patumun⟩: or possibly for /-pá·tama·n/, or /-pa·tamáɔ·n/ '.. pray to him'.

[*Jacob and the Law.*]

19.10 /b   Koti lino lwcnswp Hrkup.
/p   kwə́t·i lə́nu luwénso·p čé·kəp
/t   There was one man named Jacob
/n   Cf. 1842:10.4-14.4.

/b   Wuni jwk muta | wanewun kejrlrmwqwf rlwrt.
/p   wáni šúkw máta wwaní·wən ki·š·e·ləmúk·ɔnkw é·ləwe·t.
/t   This man alone did not forget what our creator said.

19.11 /b   Tclin ok neju txelwpani qesul nunu wekawsen.
/p   télən ɔ́·k nı́·š·a txi·ló·p·ani kkwı́·s·al, nána wwi·kɔ́·wsi·n.
/t   He had twelve sons, and then he came to the end of his life.
/n   ⟨wekaw-|sen⟩.

19.12 /b   Alumi srkelwpai wnehanul;
/p   áləmi-se·k·i·ló·p·ani wəni·č·á·nal.
/t   His children began to multiply.
/n   ⟨srkelwpai⟩ for ⟨srkelwpani⟩ (1842:10.6).

/b   muta krxapuki | txi kaxtinwi tove xavrlin nani kotvaki.
/p   máta ke·x·á·pxki txı́-kahtənó·wi tɔ́hi-xahé·lən náni kwətháke.
/t   It was not a few hundred years for there to be a great many of that one tribe.
/n   Improved in 1842:10.6.

/b   Nunu Kejrlrmwqwf mwelan qetulitowakun.
/p   nána ki·š·e·ləmúk·ɔnkw mwı́·la·n kkwi·tələt·əwá·k·an.
/t   The our creator gave them his law.

19.13 /b Neju pukhrrki asinul nuni tunta lrkvamun, Kejrlrmwqwf;
/p ní·š·a pakče·é·k·i ahsə́nal, nə́ni tə́nta-le·khámən ki·š·e·ləmúk·ɔnkw,
/t Two flat stones, that is where our creator wrote it,

/b wcnhi a muta kuski vuji wunivtet. ‖
/p wénči-=á· máta -káski- háši -waníhti·t.
/t so that they would never be able to forget it.
/n ⟨wuniv-|tet⟩.

(p. 20)
20.1 /b Tclawl cntxih kuntwre kejqec ktukunwtuminru
/p təlá·ɔl, "éntxi-=č -kəntəwe·í·i-kí·škwí·k·e ktak·əno·t·əməné·ɔ
/t He said to them, "Every Sunday you must tell about it
/n ⟨kejqec⟩ for ⟨kejqekc⟩; ⟨ktukunwtumi-|nru⟩.

/b cntu wrmi awrn puntuf
/p énta- wé·mi awé·n -pə́ntank,
/t where everyone will hear it,
/n /=č/ FUT is missing.

/b wcnhin muta wewunerk.
/p wénči-=č máta -wi·waní·e·kw."
/t so that you'll never forget it."
/n ⟨wcnhin⟩ for ⟨wcnhih⟩; /-wi·waní·e·kw/: /i·/ if negative inflection was distinguished.

20.2 /b Jwk bqi bv Qetulitwakun melatup Kejrlrmwqwf.
/p šúkw yúkwe yúh khwitələt·əwá·k·an mi·lá·t·əp ki·š·e·ləmúk·ɔnkw.
/t Only this law (or, this law of his) is what our creator gave them.
/n ⟨bv Qetulitwakun⟩: or /yú kkwi·tələt·əwá·k·an/ 'this law of his'; ⟨Kejrlrmw-|qwf⟩.

[*The Ten Commandments.*]

20.3 /b *Qetulitowakun.*
/p khwitələt·əwá·k·an.
/t The law.
/n The ten commandments (20.3-21.11) are reprinted in *Hymns in the Delware Language* (Blanchard 1875:49-51); except for a few typos the text is identical.

20.4 /b 1. Kahi letrvaun pelict awrn Kejrlrmwq
/p 1. káči li·t·e·há·han, "pí·li=ét awé·n nki·š·é·ləmukw."
/t 1. Don't (you sg.) think that someone else must have created you.
/k [1] Thou shalt have no other gods before me.
/n ⟨-vaun⟩ for /-há·han/; ⟨K-⟩ for /nk-/; direct discourse.

/b ne | Kejrlrmul.
/p ní·kki·š·é·ləməl.
/t *I* created you.

20.5 /b Kahi manetwvrk krkw rlenaxset awrn b | tali xqetvakumeqi;
/p káči manni·tó·he·kw kéku e·li·ná·kwsi·t awé·n yú táli xkwi·thakamí·k·we,
/t Don't (you pl.) make anything in the likeness of any creature here on earth,
/k [2] Thou shalt not make unto thee any graven image,
/n ⟨xs⟩: /kws/; ⟨-qi⟩: /-k·we/.

/b ji ta rlenaxset awrn vwqruf | ji ta homvakameqi ji ta mpif;
/p ší=tá e·li·ná·kwsi·t awé·n hukwé·yunk, ší=tá čɔ·mhakamí·k·we, ší=tá mpínk.
/t or the likeness of any creature in the sky, or underground, or in the water.
/k or any likeness of any thing that is in heaven above, or that is in the earth beneath, or that is in the water under the earth.
/n ⟨xs⟩: /kws/; ⟨-qi⟩: /-k·we/.

20.6 /b Kahi krnamerkrk krkw li.
/p káči ke·na·mié·k·e·kw kéku lí.
/t Do not give thanks to them in any way.
/k Thou shalt not bow down thyself to them, nor serve them:

20.7 /b Kavni nkekufwi.
/p ká·xəne, nkihkánkwi.
/t I get really jealous.
/k for I the Lord thy God am a jealous God,

20.8 /b Nmijatumin vuf awrn krkw rli muta awseti.
/p nəməš·á·t·amən=hánkw awé·n kéku é·li-mahta·wsí·t·e.
/t I remember when anyone was bad in any way.
/k visiting the iniquity
/n ⟨muta awseti⟩ for ⟨mutawseti⟩.

20.9 /b Mjekakwn vuf qetulitoakun:
/p mwəšiká·k·o·n=hánkw nkwi·tələt·əwá·k·an
/t My law comes down on
/n ⟨Mjekakwn⟩ for /mwəšiká·k·o·n/ (cf. 40.4); ⟨q-⟩ for /nkw-/.

20.10 /b Kveky linapi ok tomeminsua ok ovwesuwal |
/p khikəlaná·p·e, ɔ́·k tɔmi·mənsəwá·ɔ, ɔ́·k o·x·wi·s·əwá·ɔl,
/t an older person, and the children, and the grandchildren,
/k ... of the fathers upon the children
/n ⟨Kveky linapi⟩ (crossed with /khík·ay/): B 1842:11 ⟨kvekulunapc⟩.

/b anvwqi lupi ovwesuwal cntxi jifalethek.
/p a·nhúkwi lápi o·xw·í·s·əwá·ɔl éntxi-šinka·lí·č·i·k.
/t and again the great-grandchildren of as many as hate me.
/k unto the third and fourth generation of them that hate me;

20.11 /b Ok kutumakrlrmuk vuf cntxi avolethek
/p ɔ́·k nkət·əma·k·e·ləmá·ɔk=hánkw éntxi-ahɔ·lí·č·i·k
/t And I take pity on as many as love me
/k And shewing mercy unto thousands of them that love me,
/n ⟨kutumakrlrmuk⟩: cf. ⟨fu-|tumakrlumaok⟩ (1842:11.1).

/b ok cntxi klistametet Qetulituwakun.
/p ɔ́·k éntxi-kələstamíhti·t nkwi·tələt·əwá·k·an.
/t and as many as heed my law.
/k and keep my commandments.
/n ⟨cn-|txi⟩; ⟨Q-⟩ for /nkw-/.

20.12 /b 3. Kahi nwhqi awrn weveleevih.
/p 3. káči nó·čkwe awé·n wihəlí·hi·č.
/t 3. Let no one call my name frivolously.
/k [3] Thou shalt not take the name of the Lord thy God in vain;
/n ⟨-eevih⟩ for /-í·hi·č/.

20.13 /b Ta ntclrlumau awrn wlawsw ta nwhqi weveletc.
/p tá=á· ntəle·ləmá·i awé·n, "wəlá·wsu=tá," nó·čkwe wihəlí·t·e.
/t I will not consider anyone to be good if he names me frivolously.
/k for the Lord will not hold him guiltless that taketh his name in vain.
/n ⟨-au⟩ for /-á·i/; ⟨weve-|letc⟩.

20.14 /b 4. Kulrlintu kuntuwre kejqeki prtawsunc li | wclvik kejqi
/p 4. kəle·lánta kəntəwe·í·i-ki·škwí·k·i, pe·t·a·wsiáne, lí wé·lhik kí·škwi·,
/t 4. Keep Sundays, when you (sg.) come (lit., live) to them, to be a good day,
/k [4] Remember the sabbath day,
/n ⟨prtawsunc⟩ for /pe·t·a·wsiáne/; wé·lhik: syntax?

/b ok kumuxifwrlintumh.
/p ɔ́·k kəmax·inkwe·lántam=č
/t and you shall honor it.
/k to keep it holy.
/n Should be: kəmax·inkwe·lántamən.

20.15 /b Kotaj txi kejqek kmekumosi; nuh keji mekumosen.
     /p kwə́t·a·š[=č] txí-kí·škwi·k kəmi·kəmɔ́·s·i; ná=č kkíši-mi·kəmɔ́·s·i·n.
     /t For six days you (sg.) [shall] work; then you will have done your work.
     /k Six days shalt thou labour, and do all thy work:
     /n ⟨Kotaj⟩ presumably for ⟨Kotajh⟩; ⟨meku-|mosen⟩.

20.16 /b Nu lupi opufi ajiti nuni nrkuma Kejrlrmwqwf.
     /p ná lápi ɔ·p·ánke a·šíte nə́ni né·k·əma ki·š·e·ləmúk·ɔnkw.
     /t Then the next day, in contrast, that is our creator's.
     /k But the seventh day is the sabbath of the Lord thy God:

20.17 /b Nuni kejqek kahi mekumosvun, ok kunehanuk, | ok ktalokakunuk,
     /p nə́ni kí·škwi·k káči mi·kəmɔ·s·í·han, ɔ́·k kəni·č·á·nak ɔ́·k ktalo·ká·k·anak,
     /t That day don't work, or your children or your servants,
     /k in it thou shalt not do any work, thou, nor thy son, nor thy daughter,
         thy manservant, nor thy maidservant,

     /b ok ninvakaluthek, ktalamwnsuk mekumoseunc,
     /p ɔ́·k nenhaka·láč·i·k ktaləmúnsak mi·kəmɔ·s·iáne,
     /t or your animals that you use when you work,
     /k nor thy cattle,
     /n ⟨ninv-⟩ for ⟨ncnv-⟩; ⟨ktalamwn-‖suk⟩.

(p. 21)
21.1 /b ok awrn myekrtakwnc.
     /p ɔ́·k awé·n mai·k·e·tá·k·ɔne.
     /t or anyone if they are visiting you.
     /k nor thy stranger that is within thy gates:

21.2 /b Ok xun kotaj txi kejqi mekumoswp Kejrlrmwqwf
     /p ɔ́·k=xán kwə́t·a·š txí-kí·škwe mi·kəmɔ́·s·o·p ki·š·e·ləmúk·ɔnkw
     /t And although our creator worked for six days,
     /k For in six days the Lord
     /n ⟨Kejrlr-|mwqwf⟩.

     /b wrmi krkw kejrlintuf voqruf ok vaki | ok mpi:
     /p wé·mi kéku ki·š·e·lə́ntank—hukwé·yunk ɔ́·k hák·i ɔ́·k mpí,
     /t everything is what he made—heaven and earth and water,
     /k made heaven and earth, the sea,

     /b ok wrmi krkw cntxi eku avatrk;
     /p ɔ́·k wé·mi kéku éntxi- íka -ahháte·k.
     /t and everthing that is in them.
     /k and all that in them is, [and rested the seventh day:]

/b   nuni | wunhi Kejrlrmwqwf wclvik kejqek kejetaqc avrlintuf.
/p   nə́ni wə́nči-, ki·š·e·ləmúk·ɔnkw wé·lhik kí·škwi·k ki·š·i·tá·k·we, -ahe·ləntank.
/t   That is why, when our creator made the good day, he honored it.
/k   wherefore the Lord blessed the sabbath day, and hallowed it.
/n   ⟨avr-|lintuf⟩.

21.3 /b   5. Avrlumwmc kox ok kavrs:
     /p   5. ahe·ləmó·me kó·x ɔ́·k kkáhe·s,
     /t   5. Honor your father and your mother,
     /k   [5] Honour thy father and thy mother:

/b   wcnhih qwne | lrlrxreun bni tali xqetvakameqi Kejrlrlwqwf melonup.
/p   wénči-=č -kwə́ni-lehəle·x·é·an yó·ni táli xkwi·thakamí·k·we ki·š·e·ləmúk·ɔnkw mi·lkɔ́nəp.
/t   by which you will live long on this earth that our creator gave you.
/k   that thy days may be long upon the land which the Lord thy God giveth thee.
/n   ⟨melonup⟩ for ⟨melkonup⟩ /mi·lkɔ́nəp/.

21.4 /b   6. Kahi vuji nvelwrvun.
     /p   6. káči háši nhiləwé·han.
     /t   6. Never commit murder (you sg.).
     /k   [6] Thou shalt not kill.

21.5 /b   7. Kahi vuji maoxqrrvun.
     /p   7. káči háši manuxkwe·é·han.
     /t   7. Never take another man's wife (you sg.).
     /k   [7] Thou shalt not commit adultery.
     /n   ⟨maoxqrrvun⟩ for ⟨manoxqrrvun⟩.

21.6 /b   8. Kahi vuji kekumwtkrvun.
     /p   8. káči háši kihkəmo·tké·han.
     /t   8. Never be a thief (you sg.).
     /k   [8] Thou shalt not steal.

21.7 /b   9. Kahi vuji kwlwnrokun lukunemerkuh awrn.
     /p   9. káči háši kəlo·ne·ɔ́·k·an lak·əni·mié·k·ač awé·n
     /t   9. Never tell a lie (you sg.) about anyone.
     /k   [9] Thou shalt not bear false witness against thy neighbour.

21.8 /b   [10.] Kahi vuji amutapretawerkuh awrn tclahrswakun.
     /p   10. káči háši amat·a·p·e·i·tawié·k·ač awé·n təlahče·s·əwá·k·an,
     /t   10. Never be mean (you sg.) about anyone else's possessions,
     /k   [10] Thou shalt not covet thy neighbour's house,
     /n   Apparently an idiom; ⟨tclahrsw-|akun⟩.

21.9 /b   Ok wehrohi ji ta talokakunu; ji ta tolumwnsu; tuktu krkw navlatuf.
    /p   ó·k wi·č·e·ó·č·i, ší=tá tɔlo·ká·k·an, ší=tá tɔləmúnsa, tákta kéku nehəlá·t·ank
    /t   or his wife, or his servant, or his animal, or whatever he owns.
    /k   thou shalt not covet thy neighbour's wife, nor his manservant, nor his maidservant, nor his ox, nor his ass, nor any thing that is thy neighbour's.
    /n   A continuation of the previous sentence, punctuated as a separate paragraph. ⟨tolumwn-|su⟩; ⟨navlatuf⟩ for /nihəlá·t·ank/ or /nehəlá·t·ank/.

    [*Rule*]

21.10 /b   Takw vuji peli qetulitowakun Kejrlrlwqwf | mrkwi;
     /p   takó· háši pí·li khwitələt·əwá·k·an ki·š·e·ləmúk·ɔnkw me·k·ó·wi;
     /t   Our creator never gave any other law;

     /b   nyb jwk koti!
     /p   ná=yú šúkw kwə́t·i!
     /t   this was the only one!

     /b   wrmi awrni mwelan.
     /p   wé·mi awé·ni mwí·la·n.
     /t   He gave it to everyone.

    [*Animal Sacrifice.*]

21.11 /b   Ok lupi Kejrlrmwqwf tclawl:
     /p   ó·k lápi ki·š·e·ləmúk·ɔnkw təlá·ɔl,
     /t   And again our creator said to them,

     /b   krkwh li awrn | mutyrvosetc: yrsisuh nvelru
     /p   "kéku=č lí- awé·n -mahtaehɔ·s·í·t·e, aesə́s·a=č nhíle·w,
     /t   "If anyone does evil in some way, he shall kill an animal,

     /b   wuntaxh tcli nuxpi | krnamwenul;
     /p   wə́ntax=č təli-náxpi-ke·na·mwí·nal."
     /t   for the purpose of giving thanks with it(?)."
     /n   Syntax? Subordinative with peripheral suffix.

     /b   nunuh wunen krkw rli mutawselet.
     /p   nána=č wwáni·n kéku é·li-mahta·wsí·li·t
     /t   Then he will forget the way he (the other) sinned.
     /n   ⟨mutawse-|let⟩.

[break]

[*Relapse into Sinful Life.*]

21.12 /b   *Lomwc nwhi muvhi lrlrxrokun.*
     /p   lɔ́·məwe núči máhči-lehəle·x·e·ɔ́·kan.
     /t   The evil life long ago.

21.13 /b   Muta qune mrhi Kejrlrmwqwf melatc Qetulituwakun
     /p   máta kwəní·i mé·či ki·š·e·ləmúk·ɔnkw mi·lá·t·e kkwi·tələt·əwá·k·an,
     /t   Not long after our creator had given them his law,
     /n   ⟨Qetuli-|tuwakun⟩.

     /b   nu tolumi alintc paketonru.
     /p   ná tɔ́ləmi- a·lə́nte -pahki·t·o·né·ɔ.
     /t   then some of them began to discard it.

21.14 /b   Mrhi xrli krtifi nu wrmi awin ave muvtawsen. ‖
     /p   mé·či xé·li ke·t·ínke, ná wé·mi awé·n áhi-mahtá·wsi·n.
     /t   After many years, then everyone was very bad.
     /n   ⟨awin⟩ for ⟨awrn⟩; indefinite-subject form used instead of third singular.

(p. 22)

22.1 /b   Paketonru patamwcokun Kejrlrmwqwfwi | melqetet. Wrmi awrn
     /p   pɔk·i·t·o·né·ɔ pa·tamwe·ɔ́·k·an ki·š·e·ləmuk·uk·ɔ́nkwi mi·lkwíhti·t, wé·mi awé·n.
     /t   They discarded the religion ("prayer") that our creator gave to them, to everyone.
     /n   ⟨awrn⟩ /awé·n/ (prox.) moved here to fix 22.2.

22.2 /b   Kejrlrmwqwf pwawl xqetvakumeqi cntu lawselet.
     /p   ki·š·e·ləmúk·ɔnkw pwənaɔ́·ɔl xkwi·thakamí·k·we entala·wsí·li·t.
     /t   Our creator watched those living on earth.
     /n   ⟨pwawl⟩ for ⟨pwnawl⟩ /pwənaɔ́·ɔl/; ⟨xqetvaku-|meqi⟩.

22.3 /b   Wnroul wvtclc mahi wvtrvelen
     /p   wəne·ɔ́·ɔl wtə́li-máhči-wte·hí·li·n,
     /t   He saw that they (obv.) had bad hearts,

     /b   rli a wekoseleti matuntw rpet a papet
     /p   é·li-=á·, wi·kɔ·wsi·lí·t·e, mahtánt·u é·p·i·t -ahpi·t.
     /t   as, when their (obv.) lives ended, they would stay where the devil is.
     /n   ⟨wekose-|leti⟩; ⟨a papet⟩ miscorrected for ⟨apet⟩(?); proximates for obviative.

     /b   ok wvtcli a rvalumakameki nani a penru, tuntrif.
     /p   ɔ́·k wtə́li-=á· ehaləmá·kami·k nə́ni -ahpi·né·ɔ tənté·yunk.
     /t   and to stay there forever in that fire.
     /n   ⟨rvalumaka-|meki⟩ for ⟨rvalumakamek⟩; ⟨a penru⟩ for ⟨apenru⟩.

22.4 /b   Kejrlrmwqwf wvtclaul
     /p   ki·š·e·ləmúk·ɔnkw wtəlá·ɔl,
     /t   Our creator told them,

     /b   tcli vuf kumr avekwn | mrhi liselehi cntxin opuf.
     /p   wtə́li-=hánkw nkəmé·e -ahíhko·n méči-ləs·i·lí·č·i éntxən-ɔ́·p·ank.
     /t   that he was always made angry by bad people every day.

22.5 /b   Krkwh awrn li mutawseletc matuntwfh tovulal:
     /p   kéku=č awé·ni lí-mahta·wsí·li·t·e, mahtánt·unk=č tɔhəlá·ɔl.
     /t   If anyone is a sinner in any way, he will put him in hell.
     /n   ⟨awrn⟩ for ⟨awrni⟩ /awé·ni/ (obv.) (perhaps added out of place); ⟨tovu-|lal⟩.

     /b   jwkh klistumetetc nuni qetulitwakun tovolauh;
     /p   šúkw=č kələstamíhti·t·e nə́ni khwitələt·əwá·k·an, tɔ́həlá·ɔ=č, ..
     /t   But if they heed that law, he will put them, ..
     /n   ⟨tovo-|lauh⟩. (Text breaks off here and is then recast.)

     /b   wekoseletuh ekuh pruk rpelet rlumoqunuku.
     /p   wi·kɔ·wsi·lí·t·e=č, íka=č pé·ɔk e·p·í·li·t e·ləmo·k·wənák·a.
     /t   when their lives end, they will come to where he is forever.
     /n   ⟨wekoseletuh⟩ for ⟨wekoseletch⟩; ⟨rlumoqun-|uku.⟩.

22.6 /b   Jwk rli mavhi trvetet nani wunhi muta kuski | wlistaoewnru.
     /p   "šúkw é·li-mahči-wte·híhti·t, wwə́nči- máta -káski-wələstaɔ·i·wəné·ɔ."
     /t   "But because they had wicked thoughts, they were not able to believe me."
     /n   ⟨mavhi trvetet⟩ for /-máhči-wte·híhti·t/ (cf. 22.3).

[break]

[*When Jesus Christ Came.*]

22.7 /b   *Cntu pat Hesus Klyst.*
     /p   énta-pá·t čí·sas kəláist.
     /t   When Jesus Christ came.
     /n   ⟨Hesus⟩ /čí·sas/: most likely for /nčí·sas/ throughout (cf. ⟨Nhesus⟩ in B 1837).

22.8 /b   Mrhi Kejrlrmwqwf nroti
     /p   mé·čí ki·š·e·ləmúk·ɔnkw ne·ɔ́·t·e
     /t   After our creator saw

     /b   wrmi awrnel xqetvakumeqi cntu lrlrxrlet
     /p   wé·mi awé·ni·l xkwi·thakamí·k·we énta-lehəle·x·é·li·t
     /t   that everyone living on the earth
     /n   ⟨xqet-|vakumeqi⟩.

/b matuntwf anru; tumakrlumaul.
/p [wtə́li-] mahtánt·unk -a·né·ɔ, kwət·əma·k·e·ləmá·ɔl
/t went to Hell, he pitied them.
/n wtə́li- missing; ⟨tumakr-|lumaul⟩ for /kwət·əma·k·e·ləmá·ɔl/ (in Mt 9.36 with /-á·ɔ/).

22.9 /b Lwc fwesh natah prwv xqetvakumeqi,
/p lúwe·, "nkwí·s=č ná·ta=č pé·w xkwi·thakamí·k·we.
/t He said, "My son will come to where you are on earth.
/n ⟨prwv⟩ /pé·w/ with final devoicing.

/b wuntanauh rli krnamwivtet wcnhih wlilrlrxctet.
/p wwəntamaɔ́·ɔ=č é·li-ke·na·mwíhti·t, wénči-=č -wə́li-lehəle·x·éhti·t.
/t He will tell them how to give thanks, so that they will live good lives.
/n ⟨wun-|tanauh⟩ for /wwəntamaɔ́·ɔ=č/.

[*The Coming of Jesus Christ.*]

22.10 /b Prxsitprki vake wcnhi; kexuki nejun tclintxapuki cntxi kaxtifi;
/p pe·s·əntpé·k·e hák·i wə́nči kí·xki ní·š·ən télən txá·pxki éntxi-kahtínke,
/t Nearly two thousand years from when the earth was flooded,
/n ⟨Prxsitprki⟩ for ⟨Prsintprki⟩ (17.11); ⟨kexuki⟩ for ⟨kexki⟩ (17.12); ⟨tclint-|xapuki⟩.

/b nunu wnehanu polen Hesus | Klyst lwcnsw.
/p nána wəni·č·á·na pó·li·n; čí·sas kəláist luwénsu.
/t then his child came; his name was Jesus Christ.

22.11 /b Muntoakun, Kejrlrmwqwf muntoakif lenakut;
/p mɔnt·uwwá·k·an, ki·š·e·ləmúk·ɔnkw mɔnt·uwwá·k·anink li·ná·k·ɔt,
/t His power was like our creator's power,
/n ⟨muntoakif⟩ for ⟨muntoakunif⟩.

/b jwk, watavrpi linuf, lenakut.
/p šúkw wahtuhé·p·i lə́nunk li·ná·k·ɔt.
/t but his body was like a man.

22.12 /b Ny bni tuntu lrlrxrp xqetvakameqi xentxki ok nuxi kavtinri.
/p ná yó·ni tə́nta-lehəlé·x·e·p xkwi·thakamí·k·we xí·nxke ɔ́·k náxi kahtəné·i.
/t Then he lived here on earth for thirty-three years.

22.13 /b Mrhi xentxki cntxi katinametc; nu wnwhi ‖ pumitwnvrn.
/p mé·či xí·nxke éntxi-kahtənamí·t·e, nə́ wənúči-pəmət·ó·nhe·n.
/t After he was thirty years old, from then on he preached.

(p. 23)

23.1 /b Wrmi awrn wvtclawl
 /p wé·mi awé·ni wtəlá·ɔl,
 /t He said to everyone,
 /n ⟨awrn⟩ for ⟨awrni⟩ /awé·ni/ (obv.).

 /b jerlintuminruh rlvkeqi mutawserq okh khovopwnukc
 /p "kši·e·ləntaməné·ɔ=č e·lkí·kwi-mahta·wsíe·kw, ɔ́·k=č kčɔhɔ·pwənə́k·e.
 /t "You (pl.) will be sorry for how sinful you are, and you (sg.) will be baptized.
 /n ⟨jerlintum-|inruh⟩ for ⟨kj-⟩.

 /b nunuh Kejrlrmwqwf pwnrlintumau.
 /p nána=č ki·š·e·ləmúk·ɔnkw ppo·ne·ləntamaɔ́·ɔ."
 /t Then our creator will forgive them for it."
 /n ⟨nu-|nuh⟩.

23.2 /b Kumr wvtclawl paketwk kumuhi lrlrxrokunwu;
 /p nkəmé·e wtəlá·ɔl, "pahkí·t·o·kw kəmáči-lehəle·x·e·ɔ·k·anúwa.
 /t He always said to them, "Cast away your evil life.
 /n ⟨lrlrxrokun-|wu⟩.

 /b nani liseq cntxi lilrq.
 /p nə́ni ləs·i·kw éntxi-lə́le·kw.
 /t Do everything I tell you (pl.) to do.

23.3 /b Matuntw kutu eku lelymal mutawswakunif;
 /p mahtánt·u [lúwe·], "kkát·a- íka -li·laé·məl mahta·wsəwá·k·anink,"
 /t The devil [says], "I want to persuade you into sin,"
 /n Either a word is missing, or a substantial emendation is required.

 /b jwk toly kuski.
 /p šúkw tɔ́·lai-káski.
 /t but he cannot do it.

23.4 /b Pepeny tclin ok neju linou, kmumrih wehavkwk.
 /p pi·p·í·nae· télən ɔ́·k ní·š·a lə́nəwa, nkəmé·i=č wi·č·é·ykuk.
 /t He selected twelve men, who would always be with him.
 /n ⟨kmumri⟩ for ⟨kumri⟩ /nkəmé·i/; ⟨wehav-|kwk⟩ for ⟨wehrvkwk⟩.

 /b Palselehi tumakrlrmrp, ok qekrvapani,
 /p pa·lsi·lí·č·i ktəma·k·é·ləme·p, ɔ́·k kwi·k·e·há·p·ani,
 /t He pitied sick people and healed them,
 /n ⟨tumakrlrmrp⟩ for ⟨ktumakrlrmrp⟩.

/b ok | koqulwkqevclahek ok krphrufulwkek.
/p ɔ́·k kuk·wəluk·wihəlá·č·i·k ɔ́·k ke·pče·ɔnkələk·i·k.
/t and also the lame and the insane.
/n Participles shift to proximate.

23.5 /b Alintc awrne jifalawapanek Hesusul ok jifi |klistawal.
/p a·lə́nte awé·ni·k wšinka·lawwá·p·ani či·sás·al, ɔ́·k wšínki-kələstaɔwwá·ɔl.
/t Some people hated Jesus, and they refused to listen to him.
/n ⟨awrne jifalawapanek⟩ for ⟨awrnek jifalawapane⟩; perhaps an original ⟨-ek⟩ .. ⟨-ek⟩ was wrongly corrected.

23.6 /b Wvtclawaul sakemae ct matunto kvaky.
/p wtəlawwá·ɔl, "sa·k·i·ma·í·i-=ét -mahtánt·u khák·ay."
/t They said to him, "Perhaps you are the king of devils."
/n (Flush-left, but not indented.) For the compound noun, cf. Mt 12.24.

23.7 /b Nan kota awrni, klistaq cntxi lwrt.
/p nənk·wə́ti awé·ni [kɔ́t·a]-kələsta·kw éntxi-lúwe·t.
/t One person here and there wanted to hear everything he said.
/n Cf. nənk·wə́ti awé·n ⟨nankoti awrn⟩ (19.7). The ⟨kota⟩ for ⟨koti⟩ and missing ⟨kota⟩ could possibly be the result of a mistaken correction.

[break]

[*Nicodemus.*]

23.8 /b *Hesusa ahimolswuk koti sakema.*
/p či·sás·a a·č·i·mo·lsúwak kwə́t·i sa·k·í·ma.
/t A certain king had a discussion with Jesus.
/n Or 'deliberated'.

23.9 /b Koti sakema lwcnswp Nikctemus.
/p kwə́t·i sa·k·í·ma luwénso·p †niketí·mas
/t There was a certain king named Nicodemus

23.10 /b Moi toxau Hesusu peskrwune rli kata klistaot.
/p mɔ́i-tɔx·á·ɔ či·sás·a pi·ske·wəní·i, é·li-káhta-kələstáɔ·t.
/t He went to Jesus at night, as he wanted to hear him.

23.11 /b Wvtclaul Hesusul: kwavlwvunu ktcli my alrpomenrn
/p wtəlá·ɔl či·sás·al, "ko·wahəlúhəna ktə́li-mái-ale·p·ɔ·mí·ne·n.
/t He said to Jesus, "We know that you come to give us advice.
/n ⟨alr-|pomenrn⟩.

/b Kejrlrmwqwfif wunheyi
/p ki·š·e·ləmuk·ónkunk kunčí·ai,
/t You come from our creator,
/n ⟨Kejrlrmwqwfif⟩ for /ki·š·e·ləmuk·ónkunk/ throughout the text; ⟨wunheyi⟩ for /kunčí·ai/ (after /-nk/).

/b rli ta peli awrn kuski, liseq krkw ke krskeliseun,
/p é·li- tá-á· pí·li awé·n -káski-ləs·i·kw kéku kí· ké·ski-ləs·ian,
/t because someone else would not be able to do the things that *you* are able to do,
/n ⟨aw-|rn⟩.

/b muta Kejrlrmwqwfwi wehrxkwqc.
/p máta ki·š·e·ləmuk·ónkwi wi·č·e·ykó·k·we.
/t if our creator was not with him.

23.12 /b Hesus tclawl muta awrn lupi kejeketc
/p čí·sas wtəlá·ɔl, "máta awé·n lápi ki·š·i·k·í·t·e,
/t Jesus said to him, "If someone is not born again,
/n ⟨muta⟩: ⟨mutu⟩ (Jn 3.3).

/b muta kuski nrmwun nuni rpet Kejrlrmwqwf.
/p máta=á· kóski-ne·mó·wən néni é·p·i·t ki·š·e·ləmúk·ɔnkw."
/t he will not be able to see the place where Our Creator is."
/n ⟨muta⟩ /máta=á·/: cf. ⟨ta⟩ /tá=á·/ (Jn 3.3).

23.13 /b Nikctemus lwc; ta vuh a tcli awrn kuski lupi | kejeken mrhi velwsetc?
/p †niketí·mas lúwe·, "tá=háč=á· təli- awé·n -káski- lápi -ki·š·í·k·i·n mé·či hilo·s·í·t·e?
/t Nicodemus said, "How would anyone be able to be born again if he is already an old man?

/b Kuski vuh a lupi my | eka kovrsetet mwtif avpw wcnhi a lupi kejeket?
/p káski-=háč=á· lápi -mái- íka kɔhe·s·í·li·t mmó·t·enk -ahpú, wénči-=á· lápi -ki·š·í·k·i·t?"
/t Would he be able to go and be again in his mother's belly, from which he would be born again?"
/n ⟨kovrsetet⟩ for ⟨kovrselet⟩; ⟨keje-|ket⟩.

23.14 /b Hesus ncvkomaul; tclawl, kehe ta ktclun
/p čí·sas nɔxko·má·ɔl, təlá·ɔl, "khičí·i=tá ktéllən:
/t Jesus answered him, saying to him, "Let me tell you truly:

/b muta awrn kejeketc mpif wunhi ok manitwakun
/p máta awé·n ki·š·i·k·í·t·e mpínk wənči, ó·k manət·uwwá·k·anink,
/t if someone is not born from water and spiritual power.
/n ⟨mu-|ta⟩; ⟨manitwakun⟩ s.b. locative (cf. či·čánkunk 'spirit (loc.)' [Jn 3.5]).

/b   ta ‖ kuski Kejrlrmwqwfif pri.
/p   tá=á· káski- ki·š·e·ləmuk·ónkunk -pé·i.
/t   he will not be able to come to our creator.

(p. 24)

24.1 /b   Awrn kejeketc wewsif; wunhi wews voky |
      /p   "awé·n ki·š·i·k·í·t·e wió·s·ink wə́nči, wió·s hɔ́k·ay,
      /t   "If anyone is born of flesh, he is himself flesh,

      /b   awrn kejeketc manitof; wunhi manito voky.
      /p   awé·n ki·š·i·k·í·t·e manə́t·unk wə́nči, manə́t·u hɔ́k·ay
      /t   and if anyone is born from spirit, he is himself spirit.

24.2 /b   Kahi kanjrlintufvun rli lilun ktclih lupi kejekif.
      /p   "káči kanše·ləntánkhan é·li-lɔ́lan ktə́li-=č lápi -ki·š·í·k·i·n.
      /t   "Don't be amazed because I tell you to be born again.
      /n   ⟨keje-|kif⟩ s.b. ⟨keje-|ken⟩.

24.3 /b   Krjxif vuf nevlatumwrb.
      /p   "ké·šxink=hánkw nihəla·t·amwe·yó·u.
      /t   "The wind blows freely.
      /n   See note to Jn 3.8.

      /b   Msi vuf wutxun; —
      /p   mə́si-=hánkw -wə́ntxən.
      /t   It blows from all over.
      /n   ⟨wutxun⟩ for ⟨wuntxun⟩.

      /b   kpuntumun vuf
      /p   kpə́ntamən=hánkw,
      /t   You hear it,

      /b   jwk muta kuski waton tata wcnheyek ok tata rlevilak.
      /p   šúkw máta kkáski-wwá·to·n tətá wenčí·ai·k ɔ́·k tətá e·líhəla·k.
      /t   but you can't tell where it comes from or where it goes.
      /n   ⟨wcn-|heyek⟩.

24.4 /b   Nuni tclcnaqsen awrn manitwf wcnhi kejeket.
      /p   "ná=ni təli·ná·kwsi·n awé·n manə́t·unk wénči-ki·š·í·k·i·t."
      /t   "That's what someone is like who is born from the spirit."

24.5 /b   Nikctemus lwrw tani vamct wcnhi nc kuski | lrwv?
      /p   †niketí·mas lúwe·w, "tá=néh=á·m=ét wə́nči- nə́ -káski-lé·w?"
      /t   Nicodemus said, "How could that posssibly be so?"
      /n   Cf. ⟨Tani vam ct wunhi kuski nc lrw?⟩ (Jn 3.9, and see note).

24.6 /b Krkyimvrt vuh kvoky ok muta katwun!
     /p "ke·kayə́mhe·t=háč khák·ay, ɔ́·k máta ko·wa·tó·wən?
     /t "Are you a ruler, and you do not know it?
     /n ⟨katwun⟩ for ⟨kwatwun⟩ (Jn 3.10).

24.7 /b Kihe ktclil; ntclwnrn rli watyif, ok ntclwrnrn krkw rlenamif;
     /p khičí·i ktə́ləl: ntələwé·ne·n é·li-wwá·taenk, ɔ́·k ntələwé·ne·n kéku e·lí·namenk,
     /t I tell you truly: we say what we know to be, and we speak the things we've seen,
     /n ⟨ntclwnrn⟩ s.b. ⟨ntclwrnrn⟩; ⟨ntclwrn-|rn⟩.

     /b jwk muta kwrtunimaewnrn | cntxi lwrif.
     /p šúkw máta kəwe·t·ənəmaí·wəne·n éntxi-luwé·enk.
     /t but you don't accept from us all that we're saying.

24.8 /b Akunwtumwlanra bqi bv xqetvakumeqi krkw, |
     /p "ahkəno·t·əmó·lane=á· yúkwe yúh xkwi·thakamí·k·we kéku,
     /t "If I were to tell you now about the things of this earth,

     /b muta wlamvetyeunc;
     /p máta=á· wəla·mhitaí·ɔne,
     /t and you wouldn't believe me,

     /b ta vuh a kwnhi kuske wlamvetyen akunwtumwlanc osakami rlrk.
     /p tá=háč=á· kúnči-káski-wəla·mhítai·n, ahkəno·t·əmó·lane ɔ·s·áhkame é·le·k?
     /t how would you be able to believe me, if I tell you about what happens in heaven?
     /n ⟨wl-|amvetyen⟩.

24.9 /b Wunhi pan xqetvakameqi wrmi awrn mutawswakun
     /p "wə́nči-pá·a xkwi·thakamí·k·we, wé·mi awé·n mɔt·a·wsəwá·k·an,
     /t "The reason I came on earth was everyone's sin,
     /n ⟨pan⟩ for ⟨pau⟩; ⟨mutaw-|swakun⟩. Unclear.

     /b tclih ne mrkun rlrlrxrokuna.
     /p ntə́li-=č ní· -mé·k·ən lehəle·x·e·ɔ́·k·ana."
     /t for me to give lives."
     /n ⟨rlrlrxrokuna⟩ for /lehəle·x·e·ɔ́·k·ana/; unpossessed form seems better after AI.

24.10 /b Bqi puna wrmih awrn cntxi avolet ok lisetc | wrmi krkw rluk;
      /p yúkwe pənáh, wé·mi=č awé·n éntxi-ahɔ́·li·t, ɔ́·k ləs·í·t·e wé·mi kéku é·lak,
      /t Now, everyone who loves me, if they also do everything I tell them to,

      /b wekwvsetetch ekuh ruk Kejrlrmwqwf rpet.
      /p wi·kɔ·wsihtí·t·e=č, íka=č é·ɔk ki·š·e·ləmúk·ɔnkw é·p·i·t.
      /t when their lives end, they will go to where our creator is.
      /n Shift to third plural; no obviative.

24.11 /b Rli ave avotuf Kejrlrmwqwf bv prmvakumekrk;
/p é·li-áhi-ahɔ́·t·ank ki·š·e·ləmúk·ɔnkw yúh pe·mhakamí·k·e·k,
/t As our creator greatly loved this world,
/n ⟨prmvakume-|krk⟩.

/b nani wunhi mrkunul krjrt qesul;
/p ná=ni wwə́nči-mé·k·ənal /ke·š·e·t(?)/ kkwí·s·al,
/t that is why he gave his son,
/n Obv. /-al/ on verb with oblique complement; ⟨krjrt⟩: unknown.

/b wunhi a | wrmi awrn li avolatc ok wlataqc nuni qetulituwakun
/p wə́nči=á·, wé·mi awé·n lí-ahɔ·lá·t·e ɔ́·k wəla·tá·k·we nə́ni khwitələt·əwá·k·an,
/t so that, if everyone loves him and keeps the law,
/n wə́nči: stranded preverb, repeated below; lí (?); ⟨qetulitu-|wakun⟩.

/b wunhi ta tafulwun;
/p wə́nči- tá=á· -ankəló·wən.
/t so that he would not die.
/n ⟨taf⟩ for ⟨af⟩ (as also in 5.9, 10.15).

/b nuni wunhi ekuh tali lrlrxrn Kejrlrmwqwfif.
/p nə́ni wwə́nči- íka=č -táli-lehəlé·x·e·n ki·š·e·ləmuk·ɔ́nkunk.
/t That is the reason he will live in our creator's place.
/n ⟨ta-|li⟩.

24.12 /b Takw nwnhi paon tclia awrn haneman;
/p "takó· núnči-pá·wən ntə́li-=á· awé·n -čaní·ma·n,
/t "I did not come in order to condemn anyone,

/b jwk | ki ta wunhi pan, tcli a awrni, wosksetan wlrlrxrokun. ‖
/p šúkw=ktá núnči-pá·n, ntə́li-=á· awé·ni -wəsksí·taɔ·n wəlehəle·x·e·ɔ́·k·an."
/t but rather I came in order to renew people's lives."
/n ⟨wunhi⟩ for ⟨nwnhi⟩ (as also in Mt 2.2, Mk 1.38, Jn 16.15); wəsksí·taw- TA+O 'make new or young for', from wəsksi·t- TI(2), but these are otherwise unknown; ⟨wlrlrxr-|okun⟩.

(p. 25)
25.1 /b Awrn avolete mutuh hanemawn wunhi mutawswakun.
/p "awé·n ahɔ·lí·t·e, máta=č čani·má·wən wə́nči mɔt·a·wsəwá·k·an.
/t "If anyone loves me, they will not be condemned because of their sins.
/n /čani·má·wən/ an odd subordinative or to be emended; ⟨muta-|wswakun⟩.

25.2 /b Jwk awrn muta avoleqc,
/p "šúkw awé·n máta ahɔ·lí·k·we,
/t "But if anyone does not love me,

/b   bqi hanemu wunhi | rli muta avolat Hesusul.
/p   yúkwe čaní·ma·, wǝnči é·li- máta -ahó·la·t či·sás·al.
/t   he is now condemned, because he doesn't love Jesus.
/n   yúkwe 'now': better mé·či 'already'; wǝnči é·li- 'because': also in 25.3.

/b   Jrnuni wunhi hanrlintumwakun
/p   šé· nǝni wǝnči čane·lǝntamǝwá·k·an,
/t   And here, because of that, there was disappointment,
/n   ⟨hanrlin-|tumwakun⟩.

/b   ali oxrrk prtasek bv prmvakamekrk |
/p   é·li- ɔ·x·é·e·k -pe·t·á·s·i·k yúh pe·mhakamí·k·e·k,
/t   because light was brought into this world,
/n   ⟨ali⟩ for /é·li/.

/b   rli wrmi awrn aloe avotuf peskrk aloee nwnty | oxrrk
/p   é·li- wé·mi awé·n alǝwí·i -ahó·t·ank pí·ske·k, alǝwí·i nuntá·i ɔ·x·é·e·k,
/t   as everyone prefered darkness more than light,

/b   rli mutawset.
/p   é·li-mahtá·wsi·t.
/t   because they were sinners.

25.3 /b   Wrmi awrn mutawset jifatumun oxrrk
      /p   wé·mi awé·n mahtá·wsi·t wšinká·t·amǝn ɔ·x·é·e·k.
      /t   Every sinner hates the light.

/b   ta wifi | eka reu wunhi rli qetuf li a hanema.
/p   tá=á· wínki- íka -é·i, wǝnči é·li-khwítank lí-=á· -čaní·ma·.
/t   They are not willing to go there, because they fear they would be accused.
/n   ⟨reu⟩ for /é·i/; wǝnči é·li-: as above.

25.4 /b   Wrlilisethek wifi vuf eka reuk cnta oxrrk
      /p   wé·li-lǝs·í·č·i·k wínki-=hánkw íka -é·ɔk énta-ɔ·x·é·e·k,
      /t   Good people are willing to go to where there is light,
      /n   ⟨reuk⟩ for /é·ɔk/.

/b   rli | letrvat kuskih nrxkut mekumoswakun,
/p   é·li-li·t·é·ha·t, káski-=č -né·ykɔt mwi·kǝmɔ·s·ǝwá·k·an.
/t   for they think it will be possible for their work to be seen.
/n   ⟨mekumoswakun⟩ for ⟨mwekumoswakun⟩.

/b   nalek |nrk wrlelyvathek Kejrlrmwqwfwi.
/p   náli·k né·k we·li·lae·há·č·i·k ki·š·e·lǝmuk·ónkwi."
/t   Those are the ones that please our creator."

[break]

[The Sermon on the Mount.]

25.5 /b *Hesus Toptonakun.*
     /p čí·sas tɔ·pto·ná·k·an.
     /t The words of Jesus.
     /n (B 1837:39-49.)

25.6 /b Kotcn Hesus xrli awrn toxwk mr e klistakwk.
     /p kwə́t·ən čí·sas xé·li awé·ni tóx·ukw mé·i-kələstá·k·uk.
     /t One time many people came to Jesus, coming to hear him.
     /n ⟨awrn⟩ for ⟨awrni⟩; ⟨klista-|kwk⟩.

25.7 /b Nunu hwrwf tonrp,
     /p nána čuwé·yunk tó·ne·p,
     /t Then he went onto a hill,

     /b nunu wlumutupen,
     /p ná=nə wələmahtáp·i·n.
     /t and that is where he sat down.

     /b wrmi | rvolkwki wcnhemal.
     /p wé·mi ehɔ·lkúk·i wwenči·má·ɔl.
     /t He called all those who loved him to come.
     /n ehɔ·lkúk·i 'those who loved him', i.e. 'his disciples'.

     /b nunu tunta krkw lan.
     /p ná=nə́ tə́nta- kéku -lá·n.
     /t That is where he told them things.

25.8 /b Tclaul ktumakrlrmwkswukh awrn
     /p təlá·ɔl, "ktəma·k·e·ləmukwsúwak=č awé·ni·k.
     /t He said to them, "People shall be shown pity.
     /n ktəma·k·e·ləmukwsúwak: replaced by wəla·p·énsəwak 'they are blessed' in B 1837; ⟨awrn⟩ for /awé·ni·k/ (also in 25.9, 25.11).

     /b Kejrlrmwqwfif tali awrn krtumakrlinset
     /p ki·š·e·ləmuk·ónkunk táli awé·n ke·t·əma·k·e·lə́nsi·t,
     /t Anyone who is humble before our creator,
     /n ⟨Kejrlrmw-|qwfif⟩.

     /b ekuh pruk Kejrlrlwqwfif.
     /p íka=č pé·ɔk ki·š·e·ləmuk·ónkunk.
     /t they will come to our creator.
     /n /awé·n/ with a singular participle is the subject of /pé·ɔk/ 'they come'.

25.9 /b Ktumakrlrmwkswukh awrn Kejrlrmwqwfif tali | jerlintufek mutawswakanwu;
/p "ktəma·k·e·ləmukwsúwak=č awé·ni·k ki·š·e·ləmuk·ónkunk táli ši·e·ləntánki·k mɔt·a·wsəwa·k·anúwa.
/t "People who are sorry for their sins before our creator shall be shown pity.
/n ⟨awrn⟩ (with a plural participle) for /awé·ni·k/ (as in 25.8, 25.11); ⟨-if⟩ for /-unk/.

/b wlrlintumawakunh mjekakwk,
/p wəle·ləntaməwá·k·an=č məši·ká·k·o·k.
/t Happiness will come over them.

25.10 /b Ktumakrlrmwkswukh nrkek krtumakrlinsethek;
/p "ktəma·k·e·ləmukwsúwak=č né·ki·k ke·t·əma·k·e·lənsí·č·i·k
/t "Those who are humble shall be shown pity.
/n ⟨krtumakrlinset-|hek⟩.

/b wlih lrlrxruk bv srki tali lrlrxctet.
/p wəli-=č -lehəle·x·é·ɔk yúh sé·ki·táli-lehəle·x·éhti·t.
/t They shall live well for as long as they live here.

25.11 /b Ktumakrlrmwkswukh awrn kata ave wlilisethek;
/p "ktəma·k·e·ləmukwsúwak=č awé·ni·k ké·t·a-áhi-wóli-ləs·í·č·i·k.
/t "People who want to act in a very good way shall be shown pity.
/n ⟨awrn⟩ for /awé·ni·k/ (also in 25.8, 25.9); ⟨kata⟩ for /ké·t·a/ (or /káhta/, with no IC); ⟨wliliset-|hek⟩.

/b wclvikh lrlrxrokun mjekakwk.
/p wé·lhik=č lehəle·x·e·ɔ́·kan məši·ká·k·o·k.
/t A good life will come to them.

25.12 /b Ktumakrlrmwkswukh Kejrlrmwqwfif wunhi; nrkek krvtumakrlethek. ‖
/p "ktəma·k·e·ləmukwsúwak=č ki·š·e·ləmuk·ónkunk wə́nči né·ki·k ke·t·əma·k·e·lí·č·i·k.
/t "Those who show pity shall be shown pity by our creator.
/n ke·t·əma·k·e·lí·č·i·k: or kektəma·k·e·lí·č·i·k.

(p. 26)
26.1 /b Kejrlrmwqwf kutukakrlumau wrletrvalethek, |
/p "ki·š·e·ləmúk·ɔnkw kwət·əma·k·e·lemá·ɔ we·li·t·e·ha·lí·č·i.
/t "Our creator pitied those with good hearts.
/n ⟨kutukakrlumau⟩ for ⟨kutumakrlumau⟩; ⟨wrletrvalethek⟩ for ⟨wrletrvalethi⟩.

	/b	wnroauh Kejrlrmwqwfwi.
	/p	wəne·ɔwwá·ɔ=č ki·š·e·ləmuk·ónkwi.
	/t	They shall see our creator.

26.2 /b Ktumakrlumwkswukh qrqvetvekrthek;
 /p "ktəma·k·e·ləmukwsúwak=č kwekhwithiké·č·i·k;
 /t "Those who admonish others shall be shown pity.
 /n "Blessed are the peacemakers" (KJV).

 /b lwcvulawukh Kejrlrmwqwf wnehanu.
 /p luwihəlá·ɔk=č ki·š·e·ləmúk·ɔnkw wəni·č·á·na.
 /t They shall be called the children of our creator.
 /n ⟨lwc-|vulawukh⟩.

26.3 /b Kejrlrmwqwf qwtumakrlumau awrni krtumakiqwselehi
 /p "ki·š·e·ləmúk·ɔnkw kwət·əma·k·e·ləmá·ɔ awé·ni ke·t·əma·k·ihkwəs·i·lí·č·i
 /t "Our creator has mercy on anyone who is persecuted
 /n ⟨krtuma-|kiqwselehi⟩.

 /b rli wliliselet;
 /p é·li-wəli-ləs·í·li·t.
 /t because they did right.

 /b ekuh pru Kejrlrmwqwfwi | rpet.
 /p íka=č pé·w ki·š·e·ləmuk·ónkwi é·p·i·t."
 /t He will come to where our creator is."
 /n ⟨pru⟩ for /pé·w/; ⟨rpet⟩ 'where he is' for ⟨rpelet⟩ 'where he (obv.) is'.

26.4 /b Xrli naoki ok peli krkw wclvik tclapani rlseleta
 /p xe·lennáɔhki ɔ́·k pí·li kéku wé·lhik təlá·p·ani e·lsí·li·t=á·,
 /t He told them many sorts of different, good things that they should do
 /n ⟨rlse-|leta⟩.

 /b wcnhi a eku palet wekelet.
 /p wénči-=á· íka -pá·li·t wi·k·í·li·t.
 /t where they would arrive back home.

[*What Jesus Did.*]

26.5 /b Hesus kumr nanisoke avkrkifrn ok wlumalswkrn palselehi
 /p čí·sas nkəmé·e nəni sɔ́·ki-ahke·kínke·n ɔ́·k -wəlamalsɔ́·ke·n pa·lsi·lí·č·i,
 /t Always did Jesus teach, and heal the sick,
 /n ⟨wlumalsw-|krn⟩.

/b   ok avkunji krkw lisen.
/p   ɔ́·k ahkánši-kéku -ləs·i·n.
/t   and perform miracles.

26.6 /b   Kahuni ktumakswp bv tali srki lrlrxrt.
/p   ká·xəne ktəmá·kso·p yúh táli sé·ki-lehəlé·x·e·t
/t   He was really poor for as long as he lived here.

26.7 /b   Lwcw eli oqsuk wolaqwuk, ok hwlinsuk ojexif avpwuk;
/p   lúwe·w, "ílli ɔ́·kwsak wɔ·lahkúwak, ɔ́·k čo·lə́nsak ɔhší·x·enk ahpúwak.
/t   He said, "Even foxes have dens, and birds stay in nests,
/n   ⟨oje-|xif⟩.

/b   ne van muta vatri nuxpani krkw a | mrvwlqcvea.
/p   ní·=xán máta hat·é·í náxpəne kéku=á· me·lhukwéhia."
/t   but for *me* there isn't even anything I could use as a pillow for my head."
/n   ⟨mrvwlqcvea⟩ for ⟨mrlvwqcvea⟩; cf. məlo·kwého·n 'pillow'.

[*The Parable of the Sower.*]

26.8 /b   *Hesus cnta ahemwet rlenawt srncvelethi xkunem.*
/p   čí·sas énta-a·č·í·mwi·t e·lí·naɔ·t se·nihi·lí·č·i xkáni·m
/t   When Jesus told about what he saw a sower of seed do.

26.9 /b   Kotcn Hesus eapri wnepy;
/p   kwə́t·ən čí·sas ya·p·é·i ní·p·o·.
/t   One time Jesus stood on the shore.
/n   ⟨wnepy⟩ looks like the start of the subordinative wəní·p·ai·n, but this would not be idiomatic here; perhaps it was extracted from the subordinative plural in 26.10.

/b   xrli awrni toxok | mr klistakwk tcli krkw lwrn.
/p   xé·li awé·ni tóx·ukw mé·i-kələstá·k·uk təli- kéku -lúwe·n.
/t   Many people came to him who went to hear him say things.
/n   ⟨mr⟩ for ⟨mri⟩ /mé·i/.

26.10 /b   Nunu Hesus moxolif tcli pwsen;
/p   nána čí·sas mux·ó·link təli-pó·s·i·n.
/t   Then Jesus went and got into a boat.

/b   my bk awrnek eapr wnepyenru
/p   ná yó·k awé·ni·k ya·p·é·i wəni·p·ai·né·ɔ.
/t   And then these people stood on the shore.
/n   ⟨my⟩ for ⟨ny⟩, for /ná/ before /y/; ⟨awr-|nek⟩.

26.11 /b Lwc klistyeq. Jrpunu wuni srnrvet xkunem;
     /p lúwe·, "kəlǝstái·kw: šé· pǝnáh wáni se·níhi·t xkáni·m.
     /t He said, "Listen to me: consider this sower of seed.
     /n For this parable, see also B 1837 (Mt 13.3-9).

     /b mrhi rlumi srnevem.
     /p mé·či é·lǝmi-se·níhi·[..] ..
     /t After he had begun to sow ..
     /n ⟨srnevem⟩ is impossible; the line should have been omitted after this was corrected.

26.12 /b Mrhi rlumi srncvetc alintc nuni xkunem scvulrw rlumakrxif.
     /p mé·či é·lǝmi-se·nihí·t·e, a·lǝ́nte nǝ́ni xkáni·m séhǝlew e·lǝma·ké·x·ink.
     /t After he had begun to sow, some of the seed scattered along the road.
     /n ⟨scvu-|lrw⟩.

26.13 /b nunu hwlinsuk ponru mokinvomunru wrqetaminru.
     /p nána čo·lǝ́nsak pɔ·né·ɔ, mwǝk·ǝnhamǝné·ɔ, wwe·kwi·tamǝné·ɔ.
     /t Then birds came, and picked them up, and ate them all.
     /n ⟨wrqet-|aminru⟩.

26.14 /b Alintc uxquhi asinek mutruxun cntu muta xrlivaki vatr
     /p a·lǝ́nte xkwíči ahsǝ́nink mahté·x·ǝn, énta- máta xé·li hák·i -hát·e·k.
     /t Some fell on top of stones, where there was not much earth.
     /n ⟨uxquhi⟩ for /xkwíči/; ⟨asinek⟩ for /ahsǝ́nink/ (with xkwíči: Lk 6.48; ME);
         ⟨xr-|livaki⟩ (for ⟨xrli vaki⟩); ⟨vatr⟩ for ⟨vatrk⟩. Cf. Mt 13.5.

     /b nani tali sakun;
     /p ná=nǝ́ táli-sá·k·ǝn.
     /t There it sprouted.

     /b jwk mrhi kejilantrki alumi jauskutc, rli muta hipvikwek. ‖
     /p šúkw mé·či ke·š·ǝlanté·k·e, álǝmi-šaɔ́skte·, é·li máta čǝphikó·wi·k.
     /t But after there was hot weather, it began to wither, because it had no roots.
     /n ⟨kejilantr-|ki⟩ for ⟨krjilantrki⟩.

(p. 27)
27.1 /b Alintc cntu vawsqrrk mutrxun
    /p a·lǝ́nte énta-xuwskwé·e·k mahté·x·ǝn.
    /t Some fell where there was old grass.
    /n ⟨vaw-⟩ for /xuw-/. Cf. ka·wǝnší·ke·k 'brambles' (Mt 13.7).

    /b takw kuski sakunwi, rli vawsqrrk.
    /p takó· káski-sa·k·ǝnó·wi, é·li-xuwskwé·e·k.
    /t It was not able to sprout because it was a place with old grass.
    /n ⟨sa-|kunwi⟩; ⟨vaw-⟩ for /xuw-/.

27.2 /b Alintc cntu wlituk vaki mutrxun,
/p a·lə́nte énta-wələ́t·ək hák·i mahté·x·ən,
/t Some fell where the ground was good,

/b nunu wunhi | sakun, alumekun, kxutxik kejekur.
/p nə́ni wə́nči-sá·k·ən, aləmí·k·ən, kxántki ki·š·í·k·ən,
/t and because of that it sprouted, and grew up, and eventually it ripened,
/n ⟨nunu⟩ for /nə́ni/; ⟨kxutxik⟩ for ⟨kxuntki⟩; ⟨kejekur⟩ for ⟨kejekun⟩.

/b Alintc kotajtxentxk unhi txan cntxi srnrvifup.
/p a·lə́nte kwə́t·a·š txí·nxke ánči txə́n éntxi-se·nihínkəp,
/t some sixty times more than how much was sown,
/n ⟨kot-|ajtxentxk⟩ for /kwə́t·a·š txí·nxke/; "some sixtyfold" (KJV, Mt 13.8).

/b Alintc jwk xcntxk unji txun cntxi srnrvifup.
/p a·lə́nte šúkw | xí·nxke ánči txə́n éntxi-se·nihínkəp."
/t some only thirty times more than how much was sown."
/k "some thirtyfold" (KJV, Mt 13.8).

27.3 /b Nunu Hesus tclwrn; wrmi awrn klistufch cntxi a awrn krkw puntuf.
/p nána čí·sas tə́ləwe·n, "wé·mi awé·n kələstánkeč éntxi-=á· awé·n kéku -pə́ntank."
/t Then Jesus said, "Let everyone listen to as many things as anyone would hear."
/n ⟨cn-|txi⟩. Differently in B 1837 (Mt 11.15. 13.19, 13.43, Lk 14.35).

27.4 /b Mrhi keji krkw lwrtc Hesus;
/p mé·či kíši- kéku -luwé·t·e čí·sas,
/t After Jesus had spoken,
/n Lit., 'had said something'.

/b nunu avolathek | eku tonru.
/p nána ahɔ·lá·č·i·k íka tɔ·né·ɔ.
/t Then those who loved him went to him.

/b Tclawaul krkw vuh nuni wunhi lwrun,
/p təlawwá·ɔl, "kéku=háč nə́ni wə́nči-ləwé·an?
/t They said to him, "Why do you say that?
/n ⟨lw-|run⟩.

/b cntxi kuh lecf nani wunhi rli srnrvct xkunem?
/p éntxi-=háč -líenk nə́ni wə́nči é·li-se·níhi·t xkáni·m?"
/t Is everything you told us the reason for the way he sowed the seed?"
/n ⟨kuh⟩ for ⟨vuh⟩; ⟨xku-|nem⟩.

27.5 /b   Tclawl nuni xkunem Kejrlrmwqwf ta nuni, | toptonakun.
     /p   təláˑɔl, "nə́ni xkániˑm, kiˑšˑeˑləmúkˑɔnkw=tá nə́ni tɔˑptoˑnáˑkˑan.
     /t   He said to them, "The seed is the words of our creator.

27.6 /b   Nuni xkunem joweuxkanyi rli sevlrk
     /p   nə́ni xkániˑm šɔiˑxkanáe éˑli-séhəlaˑk,
     /t   The seed which fell to the side of the road,
     /n   ⟨sevlrk⟩ for ⟨scvlak⟩.

     /b   nuni lenaqut awrn puntufi Kejrlrmwqwf toptonakun:
     /p   nə́ni liˑnáˑkˑɔt awéˑn pəntánke kiˑšˑeˑləmúkˑɔnkw tɔˑptoˑnáˑkˑan.
     /t   that is like when someone hears the word of our creator.
     /n   ⟨le-|naqut⟩.

     /b   nunu vuf muvtuntw pon;
     /p   nána=hánkw mahtántˑu pɔ́ˑn,
     /t   And then the devil comes,
     /k   then cometh the wicked one (Mt 13.19)

     /b   wrtunimun vuf nuni | aptonakun, eku wunhi wvtrwaif:
     /p   wweˑtˑənə́mən=hánkw nə́ni aˑptoˑnáˑkˑan íka wə́nči wtehəwáˑink,
     /t   and he takes the word from their hearts,
     /k   and catcheth away that which was sown in his heart (Mt 13.19)

     /b   wcnhi vuf muta avolavtet Kejrlrmwqwfwi.
     /p   wénči-=hánkw máta -ahɔˑláhtiˑt kiˑšˑeˑləmukˑɔ́nkwi.
     /t   and as a result they do not love our creator.
     /n   ⟨mu-|ta⟩.

27.7 /b   Nuni xkunem xqetasni mutrxun,
     /p   "nə́ni xkániˑm xkwitahsə́ne meˑtˑéˑxˑink,
     /t   "The seed that fell on the rocks,
     /n   ⟨mutrxun⟩ (as if /mahtéˑxˑən/) for ⟨mrtrxif⟩ (B 1837 5x).

     /b   nuni lenakut | awrn puntuf Kejrlrmwqwf toptonakun;
     /p   nə́ni liˑnáˑkˑɔt awéˑn pəntánke kiˑšˑeˑləmúkˑɔnkw tɔˑptoˑnáˑkˑan,
     /t   that is like when someone hears the word of our creator,
     /n   ⟨puntuf⟩ for ⟨puntufi⟩ (27.6).

     /b   takiti | vuf wlrlintum
     /p   thakíti=hánkw wəleˑlə́ntam.
     /t   and he is pleased for a little while.
     /k   and anon with joy receiveth it (Mt 13.20)

/b   nunu vuf pcxo nakyrki alu,
/p   nána=hánkw péxu na·k·a·é·k·e ála;
/t   And then soon, after a while, he is no longer;
/n   ⟨alu⟩ /ála/ 'stop, no longer', not /á·la/ (older /á·lai/) 'be unable to'.

/b   ta heh | tavolwa.
/p   tá=á· čí·č tɔhɔ·la·í·ɔ.
/t   and he does not love him any more.
/n   ⟨tavolwa⟩ for /tɔhɔ·la·í·ɔ/.

27.8   /b   Nuni xkunem cntu vusqrak mutruxif.
/p   "nə́ni xkáni·m énta-xuwskwé·e·k me·t·é·x·ink
/t   "The seed that fell where the old grass was
/n   ⟨vusqrak⟩ for (e.g.) ⟨vuwsqrrk⟩; ⟨mutruxif⟩ (as if /mahté·x·ink/) for ⟨mrtruxif⟩.

/b   Muluji | lenaqut puntufek Kejrlrmwqwf toptonakun,
/p   málahši li·ná·k·ɔt pəntánki·k ki·š·e·ləmúk·ɔnkw tɔ·pto·ná·k·an,
/t   is like those who hear the word of our creator,

/b   rli | peli krkw xrli punyrlintumevtet,
/p   é·li- pí·li kéku xé·li -pəna·eləntamíhti·t.
/t   understanding many different things.

/b   nuni wunji vuf | qwni klrlintumin.
/p   nə́ni wwə́nči-=hánkw -kwə́ni-kəle·lə́ntamən.
/t   And for that reason he holds it in his mind for a long time.
/n   Switch to singular corresponds to a lack of logical cohesion; compare what follows..

27.9   /b   Nuni xkunem cntu wlituk vakif mutrxif;
/p   "nə́ni xkáni·m énta- wələ́t·ək hák·ink -mahté·x·ink,
/t   "When that seed fell on good ground,

/b   nuni | lenakwk awrn puntufi Kejrlrmwqwf toptonakun,
/p   nə́ni li·ná·k·ɔt awé·n pəntánke ki·š·e·ləmúk·ɔnkw tɔ·pto·ná·k·an,
/t   that is like when someone hears the word of our creator,
/n   ⟨lenakwk⟩ for ⟨lenakut⟩.

/b   wvtrvif vuf totwnru qulrlintuminru, ok aphi vuf | wliliswuk. ||
/p   wté·hink=hánkw tɔ·to·né·ɔ, kwəle·ləntaməné·ɔ, ɔ́·k á·pči=hánkw wə́li-lə́s·əwak."
/t   and they (pl.) place it in their (sg.) heart and hold to it, and they (pl.) will always be good."

(p. 28)

[*The Prodigal Son.*]

28.1 /b *Mumyukset Skeno.*
 /p memmayáksi·t skínnu.
 /t The wasteful young man

28.2 /b Kotcn Hesus lwc
 /p kwə́t·ən čí·sas lúwe·:
 /t One time Jesus said:

28.3 /b Kotima linoa nejelwpani qesul.
 /p "kwə́t·i=máh lə́nəwa ni·š·i·ló·p·ani kkwí·s·al.
 /t "There was a certain man who had two sons.

28.4 /b Nrku tufseset tclan oxul;
 /p "né·k·a tanksí·si·t tə́la·n ó·x·ɔl,
 /t "The *younger* one said to his father,
 /n né·k·a and subordinative: apparently for contrastive emphasis.

 /b melel bqi nrlel mamahrrsu cntxih ne nelatumai.
 /p 'mí·li·l yúkwe né·li·l ma·mahče·é·s·a éntxi·=č ní· -nihəla·t·amá·ni.'
 /t 'Give me now all the property that will be mine.'
 /k Father, give me the portion of goods that falleth to me (Lk 15.12).
 /n ⟨ma-|mahrrsu⟩; ⟨nelatumai⟩ for -nihəla·t·amá·ni.

28.5 /b Nunu pusinimaon cntxi nelatuf.
 /p "nána pɔs·ənamáɔ·n éntxi-nihəlá·t·ank
 /t "Then he divided up for them everything he owned.

28.6 /b Muta krxoqunaktoi, nunu tufseelih qelu wrmi krkw mocvunun,
 /p "máta ke·x·o·k·wənakahtó·wi, nána tanksi·si·lí·č·i kwí·s·al wé·mi kéku mɔ·éhəmən.
 /t "It was not several days, and then the younger son gathered up everything.
 /n ⟨krxoqunaktoi⟩ for ⟨krxoqunakavtoi⟩; ⟨tufseelih⟩ for (e.g.) ⟨tufseselehi⟩; ⟨qelu⟩ for ⟨qesul⟩ or ⟨qesu⟩; ⟨wr-|mi⟩.

 /b nunu tolumskan pale vahif | rwv; tuntu wrmi tulahrswakun paleton.
 /p nána tɔlə́mska·n, palí·i hák·ink é·w; tə́nta- wé·mi təlač·e·s·əwá·k·an -palí·to·n.
 /t Then he set off and went to a far-away land; and there he lost all his possessions.

28.7 /b Mrhi wrmi krkw palitaqc, nuna alumi katopvaten nuni tali,
 /p "mé·či wé·mi kéku pali·tá·k·we, nána álǝmi-kahto·phóti·n nə́ni táli.
 /t "After he lost everything, then there began to be famine in that place.
 /n ⟨katop-|vaten⟩.

/b nunu tolumi ave ktumaksen.
/p nána tɔ́ləmi-áhi-ktəmá·ksi·n.
/t Then he began to be very poor.

28.8 /b Nunu moi wetyrman koti lino nuni tali,
/p "nána mɔ́i-wi·t·aé·ma·n kwə́t·i lə́nəwa nə́ni táli.
/t "Then he went and stayed with a certain man there.
/n ⟨lino⟩ (prox.) for (e.g.) ⟨linoa⟩ (obv.).

/b nuna | nuni tolokalan vakevakunif li, te cntuh xaman | kwjkwjul.
/p nána náni tɔlo·ká·la·n haki·há·k·anink lí, énta-=č -xáma·t kwəškwə́š·al.
/t Then that one sent him to the field, where he would feed the hogs.
/k and he sent him into his fields to feed swine (Lk 15.15).
/n ⟨xaman⟩ for ⟨xamat⟩.

28.9 /b Kavuni ave katopwi kotu mehenu opskul kwjkwjul jekuntumevtet,
/p "ká·xəne áhi-kahtó·p·u; kɔ́t·a-mi·č·í·na ɔ́·pskɔl kwəškwə́š·al ši·k·ɔntamíhti·t,
/t "He was really very hungry; he wanted to eat the husks the hogs left uneaten,
/k And he would fain have filled his belly with the husks that the swine did eat (Lk 15.16)
/n ⟨katopwi⟩ for ⟨katopw⟩ /kahtó·p·u/; ⟨kwj-|kwjul⟩ (obv. for prox. pl.).

/b rli muta awrni xumkwk.
/p é·li- máta awé·ni -xámkuk.
/t since no one fed him.

28.10 /b Mrhi alumi krkw punyrlintufi; lwrw.
/p "mé·či é·ləmi- kéku -pəna·eləntánke, lúwe·w,
/t "After he began to think about things, he said,
/n ⟨alumi⟩ for ⟨rlumi⟩.

28.11 /b Kavuni krxelwul nox rlwkalathi wrmi wvtcpi | xamaul
/p " 'ká·xəne ke·x·í·ləwal nó·x e·lo·ka·lá·č·i, wé·mi wtépi-xamá·ɔl.
/t " 'My father's hired hands are really few, and he has enough to feed them all.
/k How many hired servants of my father's have bread enough and to spare .. (Lk 15.17).

/b eli vuf alwivuli;
/p ílli=hánkw aləwíhəle·.
/t There is even some left over.

/b   bqi pr ne kakatopwew!
/p   yúkwe šé·, ní· nka·kahtó·p·wi!
/t   And here now, *I* am hungry all the time!
/n   ⟨pr⟩ (which is meaningless) emended to ⟨jr⟩ /šé·/; ⟨kakatopwew⟩ for /nka·kahtó·p·wi/.

28.12 /b   Bqi punu mpusqih, noxufh ntav.
/p   " 'yúkwe pənáh, mpáskwi=č, nó·x·unk=č ntá.
/t   " 'Alright now, I will get up, and I will go to my father.
/k   I will arise and go to my father, .. (Lk 15.18)
/n   ⟨noxuf⟩ apparently nó·x·unk 'my father (loc.)'; elsewhere nó·x·ink (B 1837 12x).

28.13 /b   Ntcluh nox krvala nmutawse eku li Kejrlrmwqwfif ok kvakif li.
/p   " 'ntəla=č nó·x, "kéhəla nəmat·á·wsi íka lí ki·š·e·ləmuk·ónkunk ó·k khák·enk lí.
/t   " 'I'll say to my father, "Truly I have been a sinner to our creator and to you.
/k   and will say unto him, Father, I have sinned against heaven, and before thee, .. (Lk 15.18)
/n   ⟨Kejrlrmw-|qwfif⟩.

28.14 /b   Muta heh kuski tcpi lwcntumaw nen nehan:
/p   " 'máta čí·č kkáski-tépi-luwentamaí·i "ní· nní·č·a·n."
/t   " 'You can no longer rightly address me as "my child."
/k   And am no more worthy to be called thy son: .. (Lk 15.19)
/n   ⟨lwcntumaw⟩ for (e.g.) ⟨lwcntumae⟩; ⟨nen nehan⟩ /ní· nní·č·a·n/ (⟨-n n-⟩ for /nn-/)

/b   nu kih tani ktclexumen ktalokakune krh ktpsqrlumi.
/p   ná=ké=č tá=néh ktəlí·x·əmi·n? ktalo·ka·k·ani·ké·i=č ktəpskwé·ləmi.'"
/t   So, then where shall you place me? You shall consider me equal to your servants.' "
/k   make me as one of thy hired servants. (Lk 15.19)
/n   ⟨ktps-|qrlumi⟩.

28.15 /b   Nunu pusqen oxuf ton.
/p   "Nána póskwi·n, ó·x·unk tó·n.
/t   "Then he got up and went to his father.
/k   And he arose, and came to his father. (Lk 15.20)

/b   Ovolomi oxa rli nrxkwki;
/p   óhələmi ó·x·ɔ é·li-ne·ykúk·e,
/t   When his father saw him coming in the distance,
/k   But when he was yet a great way off, his father saw him, (Lk 15.20)
/n   ⟨nr-|xkwki⟩.

/b   nunu tolomi tumakrlrmwkwn eku tujelalen,
/p   nána tɔ́ləmi-ktəma·k·e·ləmúk·o·n, íka təš·ihəlá·li·n,
/t   then he took pity on him, and he rushed to him,
/k   and had compassion, and ran, (Lk 15.20)
/n   ⟨tuje-|lalen⟩.

/b   moi eka alevulau qrkufinif.
/p   mɔ́i- íka -líhəla·n uxkwe·k·ánkanink.
/t   and he went and fell on his neck.
/k   and fell on his neck. (Lk 15.20)
/n   ⟨moi eka alevulau⟩ for ⟨moi eka levulan⟩; ⟨qrkufinif⟩ for /uxkwe·k·ánkanink/
     (cf. xkwe·k·ánkan 'neck' [LTD ND]).

/b   Nunu tali | nwstwnamal.
/p   nána tɔ́li-mo·sto·na·má·ɔl.
/t   And then he kissed him.
/k   and kissed him. (Lk 15.20)
/n   ⟨nwstwnamal⟩ for ⟨mwstwnamal⟩.

28.16 /b   Oxu tclun;
      /p   "ó·x·ɔ tɔ́la·n,
      /t   "And he said to his father,

/b   kavuni nmutawse noxa eku prhi || Kejrlrmwqwfif, ok rlifwcxenu; tali;
/p   "ká·xəne nəmat·á·wsi, núxa·, íka péči ki·š·e·ləmuk·ɔ́nkunk, ɔ́·k e·linkwe·x·í·nan táli.
/t   "I have really sinned, father, against our creator, and before you.
/k   Father, I have offended God and also you, (Lk 15.21)
/n   ⟨rlifwcxenu;⟩ for ⟨rlifwcxenun⟩.

(p. 29)

/b   ta heh ktcpi lwcntumawun nehan.
/p   tá=á· čí·č ktépi-luwentamaí·wən 'nní·č·a·n.'
/t   You can no longer rightly address me as 'my child.'
/k   and am no more worthy to be called thy son. (Lk 15.21)
/n   ⟨lwcntumawun⟩ for ⟨lwcntumaewun⟩(?); but why subordinative?

29.1 /b   Jwk lwrlwul oxul.
     /p   "šúkw luwé·ləwal ó·x·ɔl,
     /t   "But his father said,

/b   Tolokakunul, tclawl prtwk krkw wclvik rqet, ok eku vatwk
/p   tɔlo·ká·k·anal təlá·ɔl, 'pé·t·o·kw kéku wé·lhik é·k·wi·t, ɔ́·k íka hát·o·kw.
/t   he said to his servants, 'Bring some nice garment for him, and put it on him.
/k   .. said to his servants, "Bring forth the best robe, and put it on him; (Lk 15.22)
/n   ⟨pr-|twk⟩.

/b okh japulinhivon eku ktataou
/p ɔ́·k=č ša·p·wələnčého·n íka kta·taɔ́wwa.
/t And you shall put a ring on him.
/k and put a ring on his hand, (Lk 15.22)
/n ⟨japul-|inhivon⟩.

/b okh hepako eku ktatowu | wvsetif.
/p ɔ́·k=č čípahkɔ íka kta·taɔ́wwa wsí·t·ink.
/t And you shall put shoes on his feet.
/k and shoes on his feet: (Lk 15.22)

29.2
/b Ok kprjwa wejumwetit weset
/p " 'ɔ́·k[=č] kpé·š·əwa wehšəmwí·t·ət wí·s·i·t.
/t " 'And you (sg.) [shall] bring a fat calf.
/k And bring hither the fatted calf, and kill it;
/n ⟨kprjwa⟩ /kpé·š·əwa/ for (e.g.) ⟨kprjwawa⟩ /kpe·š·əwáwwa/ (2p; cf. Mt 22.9).

/b konuvonrn lupu kulakawsenrn.
/p kəmuhɔ́·ne·n, lahápa kkələk·a·wsí·ne·n.
/t Let us eat it and for a while be joyful.
/k and let us eat, and be merry: (Lk 15.23)
/n ⟨konuvonrn⟩ for ⟨komuvonrn⟩ (cf. ⟨kmovonrn⟩ Lk 15.23); ⟨lu-|pu⟩ for /lahapa/.

29.3
/b Rli ufulukuk wuni nehan; bqi mrhi lupi lrlrxrn;
/p " 'é·li-ankələk·əp wáni nní·č·a·n, yúkwe mé·či lápi lehəlé·x·e·w,
/t " 'For this child of mine was dead, and now he's alive again,
/k For this my son was dead, and is alive again; (Lk 15.24)
/n ⟨ufulukuk⟩ for ⟨ufulukup⟩; ⟨lrlr-|xrn⟩ for ⟨lrlrxru⟩.

/b taufulukuk, bqi mrhi lupi muxkaw.
/p -taɔnkələk·əp, yúkwe mé·či lápi máxkaɔ·."
/t was lost, and now is found again."
/k he was lost, and is found. (Lk 15.24)
/n ⟨taufulukuk⟩ for ⟨taufulukup⟩.

29.4
/b Nuni tolumi kulukawsenru.
/p "nána tɔ́ləmi-kələk·a·wsi·né·ɔ."
/t "Then they began to be joyful."
/k And they began to be merry. (Lk 15.24)
/n ⟨Nuni⟩ for /nána/.

[*Filet*]

29.5 /b   Nrlel linoul Hesus rlkwfwi nejelwpani qesul.
     /p   né·li·l lə́nəwal čí·sas e·lkónkwi ni·š·i·ló·p·ani kkwí·s·al.
     /t   The man that Jesus tells us about had two sons.

29.6 /b   Nuni tufseset maheliswpanu, ok muta tavlyepani oxul.
     /p   náni tanksí·si·t máhči-ləs·ó·p·ana, ó·k máta təhɔ·la·í·p·ani ó·x·ɔl.
     /t   The younger one had acted badly, and he did not love his father.
     /n   ⟨-liswpanu⟩ /-ləs·ó·p·ana/ (with absentative subject);
          ⟨tavlye-|pani⟩ for ⟨tavolyepani⟩ (31.8).

29.7 /b   Wrmi krkw poleton cntxi melkwkup oxul.
     /p   wé·mi kéku pɔlí·to·n éntxi-mi·lkúk·əp ó·x·ɔl.
     /t   He lost everything that his father had given him.

29.8 /b   Nuni ave ktumaksenrp.
     /p   nána tóhi-ktəma·ksí·ne·p.
     /t   Then he was very poor.
     /n   ⟨Nuni⟩ for /nána/; ⟨ave⟩ for /tóhi/.

     /b   Nunu wnrmun tcli | katatumun awrni wetesen.
     /p   nána wəné·mən tə́li-kahtá·t·amən awé·ni o·wi·t·í·s·i·n.
     /t   Then he saw that he desired that he have someone as a friend.
     /n   Not idiomatic.

     /b   Jerlintumwp tcli | nkalan oxul.
     /p   ši·e·lə́ntamo·p tə́li-nkála·n ó·x·ɔl.
     /t   He was sorry that he had left his father.

     /b   Lwru lupih ekuntav ntcluh nox, | kavuni hairvosi.
     /p   lúwe·w, "lápi=č íka ntá, ntə́la=č nó·x, 'ká·xəne nčanaehó·s·i.'"
     /t   He said, "I'll go there again, and I'll say to my father, 'I really did wrong.'"
     /n   ⟨hairvosi⟩ for /nčanaehó·s·i/.

29.9 /b   Oxu wnrvkw tcli lupi ekuan,
     /p   ó·x·ɔ wəné·yku tə́li- lápi íka -á·n,
     /t   His father saw him coming back there,

     /b   moifrlumwkwl,
     /p   mɔ́i-winke·ləmúk·o·l.
     /t   and he went to reconcile himself to him.
     /n   Or mɔinke·ləmúk·o·l; cf. mái-winké·ləm 'go and get on good terms with him'
          (⟨my ifrlum⟩ Mt 5.24), which is perhaps mainké·ləm.

/b kavuni wlrlitunwp rli nrvekwk pralet.
/p ká·xəne wəle·ləntamo·p. é·li-né·ykuk pe·á·li·t.
/t He was really happy, as the one coming saw him.
/n ⟨wlrlitunwp⟩ for ⟨wlrlintumwp⟩.

29.10 /b Bqi puna krpuna nuni ktclsenrn.
/p yúkwe pənáh, ké·pəna nəni ktəlsí·ne·n.
/t Now, we also do that.

/b Pale kutavuna Kejrlrmwqwfif wunhi.
/p palí·i ktáhəna ki·š·e·ləmuk·ónkunk wənči.
/t We go away from our creator.
/n ⟨kuta-|vuna⟩ for /ktáhəna/.

29.11 /b Ktuthifxrtawunu; kutumaksevenu rli mahetrvan.
/p ktač·inkxe·taó·wəna; kkət·əma·ksíhəna é·li-mahči·t·e·há·ankw.
/t We disobey him; we are poor because we have wicked thoughts.
/n ⟨mahetr-|van⟩ for (e.g.) ⟨mahetrvauf⟩ /mahči·t·e·há·ankw/.

/b Kerjrlrmwqwf kutatumakwnrn lupi eku | ktanrn rpet.
/p ki·š·e·ləmúk·ɔnkw kkat·a·t·ama·k·ó·ne·n lápi íka ktá·ne·n é·p·i·t.
/t Our creator desires that we go again to where he is.

29.12 /b Ekuh paunfc wrmih kpwnrlintumakwnrn kmutawswakuninu.
/p íka=č pa·ánkwe, wé·mi=č kpo·ne·ləntama·k·ó·ne·n kəmat·a·wsəwa·k·anəna.
/t When we come there, he will forgive us all our sins.
/n ⟨paunfc⟩ for ⟨paunfwc⟩ (cf. 29.13); ⟨kmu-|tawswakuninu⟩.

/b Wnehaneh kvakyinu.
/p wəni·č·á·nu=č khak·ayəna.
/t He will have us as his children.
/n ⟨Wnehaneh⟩ for ⟨Wnehanwh⟩.

29.13 /b Quhi eku paufwi Kejrlrmwqwfif;
/p kwčí- íka -pa·ánkwe ki·š·e·ləmuk·ónkunk,
/t When we try to get to our creator,

/b malajih kmy ‖ nkeskawnu;
/p málahši=č kəmái-nki·skaó·wəna.
/t it will be as if we go to meet him.

(p. 30)

/b wlrlintumh mrtawselethi nrotc tcli | ala mutawselet;
/p wəle·lə́ntam=č, me·t·a·wsi·lí·č·i ne·ɔ́·t·e tə́li-ála-mahta·wsi·li·n.
/t He will be glad when he sees that a sinner is no longer a sinner.
/n ⟨mutawselet⟩ for /-mahta·wsi·li·n/.

/b kutumakrumwkwnu wrmi;
/p kkət·əma·k·e·ləmuk·ó·na wé·mi.
/t He pities us all.
/n ⟨kutumakrumwkwnu⟩ for ⟨kutumakrlumwkwnu⟩.

/b kutatumakunrn ktavolanrn,
/p kkat·a·t·ama·k·ó·ne·n ktahɔ·lá·ne·n,
/t He wants us to love him,
/n ⟨ku-|tatumakunrn⟩ for /kkat·a·t·ama·k·ó·ne·n/.

/b ok ktclih aphi wlilisenrn.
/p ɔ́·k ktə́li-=č á·pči -wə́li-ləs·í·ne·n.
/t and that all of us always do good.
/n ⟨wlilise-|nrn⟩.

[*Filet*]
    [*Lazarus.*]

30.1 /b *Avopreno ok Krtumakset.*
      /p ahɔ·p·e·ínnu ɔ́·k ke·t·əmá·ksi·t.
      /t The rich man and the poor man.
      /n Cf. Lk 16.19ff.

30.2 /b Hesus lwrw,
      /p čí·sas lúwe·w,
      /t Jesus said,

/b kotcn avopreno wlitulw kumr krkw rqet, ok wlimitew cntxi opuf.
/p "kwə́t·ən ahɔ·p·e·ínnu wəlɔ́t·əlu nkəmé·e kéku é·k·wi·t, ɔ́·k wə́li-mí·tsu éntxi-ɔ́·p·ank.
/t "Once there was a rich man who always had fine garments and ate well every day.
/k There was a certain rich man, which was clothed in purple and fine linen, and fared sumptuously every day: (Lk 16.19)
/n ⟨kr-|kw⟩; /kéku é·k·wi·t/ 'the things he wore'; ⟨wlimitew⟩ for ⟨wlimitsw⟩.

30.3 /b Ok mu koti krtumakset Lwcnswp Lasulus.—
      /p "ɔ́·k=máh kwə́t·i ke·t·əmá·ksi·t luwénso·p †lá·səlas.
      /t "And there was a certain poor man named Lazarus.
      /k And there was a certain beggar named Lazarus, (Lk 16.20)

/b Nuni jifexuman wvtiskuntrumif wrmi muki vokif.
/p ná=ni šenkí·x·əma·n wtəskɔnté·yəmink, wé·mi məkí·yu hɔ́k·enk.
/t He was laid there at his door, and he had sores all over his body.
/k which was laid at his gate, full of sores, (Lk 16.20)
/n ⟨muki⟩ for məkí·yu(?); ⟨vo-|kif⟩.

/b Nani wunhi wenowrn krkw prevelak cntalepwifif wunhi.
/p ná=ni wwə́nči-wí·nəwe·n kéku pe·níhəla·k entali·p·wínkink wə́nči.
/t For that reason he was begging for what fell from the table.
/k And desiring to be fed with the crumbs which fell from the rich man's table: (Lk 16.21)
/n ⟨prevelak⟩ for ⟨prnevelak⟩; ⟨cnta-|lepwifif⟩.

30.4 /b Ok naxpuni mykunruk wvtheskuntumumonro | mokeul.
/p "ɔ́·k náxpəne mwe·k·ané·ɔk wči·skantamaɔ·né·ɔ mwə́k·ial.
/t "And dogs even licked his sores.
/k moreover the dogs came and licked his sores (Lk 16.21)
/n ⟨wvtheskuntumumonro⟩ for /wči·skantamaɔ·né·ɔ/.

30.5 /b Muta qune nu a tufulin nu krtumakset
/p "máta kwəní·i, nána tɔ́nkələn ná ke·t·əmá·ksi·t.
/t "Not long after, then that poor man died.
/k And it came to pass, that the beggar died, (Lk 16.22)

/b wrlanitoethe pruk nolawu:
/p we·lanət·o·wí·č·i·k pé·ɔk, nɔ·lawwá·ɔ.
/t And good spirits came and fetched him.
/k and was carried by the angels (Lk 16.22)
/n ⟨wrlan-|itoethe⟩ for ⟨wrlanitoethek⟩.

/b Aplrvam rpet tclovalwkw | rlvwkwrpet:
/p †e·pəlé·ham é·p·i·t təlo·x·ɔlúk·u, e·lhukwé·p·i·t.
/t They brought him to where Abraham was, in front of where he sat.
/k into Abraham's bosom (Lk 16.22)

/b nuni avopreno ok uful; pokvakevasw.
/p náni ahɔ·p·e·ínnu ɔ́·k ánkəl, phɔkhakehá·s·u.
/t That rich man also died, and he was buried.
/k the rich man also died, and was buried; (Lk 16.22)
/n ⟨pokvake-|vasw⟩.

30.6 /b Nunu matuntwf tunta taxkifwrn,
/p "nána mahtánt·unk tə́nta-ta·xkínkwe·n.
/t "Then he opened his eyes in hell.
/k And in hell he lift up his eyes, being in torments (Lk 16.23)

/b   mrhi amuntufi rlvkeqi amuxaxrlintuf,
/p   mé·či amantánke, e·lkí·kwi-amax·ahe·lə́ntank,
/t   After he became aware of how much torment he suffered,
/n   ⟨amun-|tufi⟩.

/b   lrmutupelet tcli naou | Rplrvamul ok Lasulusul.
/p   le·mahtap·í·li·t təli·naɔ́·ɔ †e·pəle·hámal ɔ́·k †la·səlás·al.
/t   he saw where Abraham and Lazarus were sitting.
/k   and seeth Abraham afar off, and Lazarus in his bosom. (Lk 16.23)
/n   ⟨tcli naou⟩ for /təli·naɔ́·ɔ/.

30.7   /b   Eku tcli lawl Rplrvamul, ktumakrluni.
/p   "íka tə́li-lá·ɔl †e·pəle·hámal, 'ktəma·k·é·ləmi.
/t   "And he called out to Abraham there, 'Pity me.
/k   And he cried and said, 'Father Abraham, have mercy on me, (Lk 16.24)
/n   ⟨ktumakrluni⟩ for ⟨ktumakrlumi⟩

/b   Wuntax atch Lasulus pcxo nimunvwkwn,
/p   wə́ntax á·t·eč †lá·sələs, péxu nəmənhúk·o·n,
/t   Let Lazarus come here, and let him give me a drink,
/k   and send Lazarus, that he may dip the tip of his finger in water (Lk 16.24)
/n   ⟨Wun-|tax⟩.

/b   eli a kotin | pufprxtaqi nelanwf
/p   ílli=á· kwə́t·ən pankpe·xtá·k·we ní·lanunk.
/t   if he would put even a single drop of water on my tongue.
/k   and cool my tongue; (Lk 16.24)

/b   somwc numvavrlintum bni tali tuntruf.
/p   sɔ́·mi nəməmxahe·lə́ntam yó·ni táli tənté·yunk.'
/t   I'm suffering extreme torment in this fire.'
/k   for I am tormented in this flame.' (Lk 16.24)
/n   ⟨somwc⟩ for /sɔ́·mi/; ⟨numvavrlintum⟩ for later ⟨nmumxavrluntum⟩ (Lk 16.24).

30.8   /b   Rplrvam tclawl fwes mujatu nuni
/p   "†e·pəlé·ham təlá·ɔl, 'nkwí·s, məšá·t·a nə́ni,
/t   "Abraham said to him, 'My son, remember that,
/k   But Abraham said, 'Son, remember that (Lk 16.25)
/n   nə́ni literally translates the complementizer *that*.

/b   srki nini tali lrlrxrun kumijekakwn wrmi krkw wlituk;
/p   sé·ki- nə́ni -táli-lehəle·x·é·an, kəməšhiká·k·o·n wé·mi kéku wələ́t·ək,
/t   while you were alive there, everything good came to you,
/k   when you were alive you had good fortune, (Lk 16.25)
/n   ⟨ta-|li⟩.

/b   kahi wuni Lasulus wrmi krkw mrtvik. ‖
/p   káč·i †lá·səlas wé·mi kéku mé·thik.
/t   but to Lazarus, everything bad.
/k   while Lazarus had bad fortune. (Lk 16.25)
/n   ⟨ka-|hi⟩.

(p. 31)
31.1 /b   Jwk bqi ajiti wlumalswakun mujekak;
/p   "šúkw yúkwe a·šíte wəlamalsəwá·k·an məší·ka·kw,
/t   "But now, instead, happiness has come to him,
/k   but now he is comforted, (Lk 16.25)

/b   kahi | ke ktumakamalswakun kwifvekak.
/p   káč·i kí· ktəma·k·amalsəwá·k·an kəwinkhíka·kw(?).
/t   but *you* are [beset? buffeted?] by torments.
/k   and thou art tormented. (Lk 16.25)
/n   ⟨kwifvekak⟩: perhaps emend to ⟨knifvekak⟩ */kəninkhíka·kw/ 'you are shaken by'.

31.2 /b   Ncki xok lupi wrmi bv
/p   "nə́=ke=x ó·k lápi wé·mi yúh,
/t   "Well, in fact, besides all this,
/k   And beside all this
/n   Cf. /nə́=ké=x/ 'Well, in fact, it (that) ..' (Jn 11.13); /ó·k lápi/ (Lk 16.26).

/b   trtyee nelwnu, ok krpwu jri xifwi tali toxjrxun,
/p   te·t·aí·i ni·ló·na ó·k ké·pəwa [šé·i](?) xínkwi-táli-to·xkšé·x·ən.
/t   between us and you (pl.) there is a wide gap.
/k   between us and you there is a great gulf (Lk 16.26)
/n   ⟨krp-|wu⟩; ⟨jri⟩ (?); ⟨toxjrxun⟩ (apparently w. /to·xk-/ 'tear').

/b   nani letasw,
/p   nə́ni li·tá·s·u,
/t   It was made that way,
/k   fixed (Lk 16.26)

/b   wcnhi a | muta awrn kuski nata pat,
/p   wénči-=á· máta awé·n -káski- ná·ta -pá·t,
/t   so that no one would be able to get over to where you are,
/k   so that they which would pass from hence to you cannot (Lk 16.26)

/b   ok wcnhia nata wunhi | ny bv kuski pat.
/p   ó·k wénči-=á· [máta] ná·ta wə́nči ná=yúh -káski-pá·t.'
/t   and so that they would [not] be able to come from where you are to here.'
/k   neither can they pass to us, that would come from thence.' (Lk 16.26)
/n   ⟨nata⟩ for ⟨muta nata⟩.

31.3 /b Nuni tclan,
/p "nána tə́la·n,
/t "Then he said to him,
/k Then he said, (Lk 16.27)
/n ⟨Nuni⟩ for ⟨Nunu⟩.

/b qwla valeki noxa, ktclan ekaal nox | weket.
/p 'kwə́lah álike, núxa·, ktə́la·n, 'íka á·l nó·x wí·k·i·t,'
/t 'I wish, however, father, that you tell him to go to my father's house,
/k I pray thee therefore, father, that thou wouldest send him to my father's house: (Lk 16.27)
/n Direct discourse with indirect-discourse use of first singular.

31.4 /b Rli palrnaxtwuk nematisul;
/p é·li palé·naxk txúwak ni·mahtə́s·ak.
/t as I have five brothers.
/k For I have five brethren; (Lk 16.28)
/n ⟨nematisul⟩ for ⟨nematisuk⟩.

/b qwla tclan bqi | rlenumu rli numuxavrlintumu,
/p kwə́la tə́la·n yúkwe e·lí·nama, é·li-amax·ahe·ləntama,
/t I wish he would tell them what is now happening to me, how I'm suffering,
/k that he may testify unto them, (Lk 16.28)
/n ⟨numuxavrlintumu⟩ (cf. numvavrlintum 30.7) for ⟨umuxavrlintumu⟩.

/b wcnhi a wejwkset muta bv powunru
/p wénči-=á· -wi·šəksíhti·t máta yúh pɔ·wəné·ɔ.
/t so that they would make every effort not to come here.'
/k lest they also come into this place of torment.' (Lk 16.28)
/n ⟨wejwk-|set⟩ for ⟨wejuksetet⟩; ⟨-ru⟩ for ⟨-ru·⟩.

/b Rplrvam tclawl;
/p †e·pəlé·ham təlá·ɔl,
/t Abraham said to him,
/k Abraham saith unto him, (Lk 16.29)

/b Moscsul | wlvalowal, ok mrmrmunselehi nrli klistawtetch.
/p '†mo·sə́s·al o·lhalawwá·ɔl ɔ́·k me·me·mantsi·lí·č·i; né·li kələstaɔhtí·t·eč.'
/t 'They have Moses and the prophets; let them listen to them.'
/k They have Moses and the prophets; let them hear them. (Lk 16.29)
/n 'prophets': better 'soothsayers', and not used for the prophets in the *Harmony*.

31.5 /b Lwr takw ta noxa Rplrvam.
/p "lúwe·, 'takó·=tá, núxa· †e·pəlé·ham.
/t "He said, 'They won't, father Abraham.
/k And he said, 'Nay, father Abraham: (Lk 16.30)

/b Jwka toxqetetc ifulilethi pwnetonroa mutawswakunwu.
/p šúkw=á· tɔxkwihtí·t·e enkələlí·č·i, ppo·ni·to·né·ɔ=á· mɔt·a·wsəwa·k·anúwa.'
/t But if one who is dead went to them, they would cease their sins.'
/k but if one went unto them from the dead, they will repent.' (Lk 16.30)
/n ⟨toxqete-|tc⟩.

31.6 /b Jwk Rplrvam tclawl;
/p "šúkw †e·pəlé·ham təlá·ɔl,
/t "But Abraham said to him,
/k Abraham saith unto him, (Lk 16.29)

/b mutuh klistawatetc Moscsul ok mrmrmunselethi
/p 'máta=č kələstaɔhtí·t·e †mo·sə́s·al ɔ́·k me·me·mantsi·lí·č·i,
/t 'If they will not listen to Moses and the prophets,
/k 'If they hear not Moses and the prophets, (Lk 16.31)
/n ⟨Mo-|scsul⟩.

/b muta a awrni klistyeuk tani a ifulilethi.
/p máta=á· awé·ni kələstae·í·ɔk, tá·ɔni=á· enkələlí·č·i.'"
/t they will not listen to anyone, even if it were someone dead.'"
/k neither will they be persuaded, though one rose from the dead.' (Lk 16.31)
/n ⟨klistye-|uk⟩ (⟨e⟩ without crossbar) for /kələstae·í·ɔk/.

[*Filet*]

31.7 /b Nuni rvopreno wlilenum, srki lrlrxrt,
/p náni ahɔ·p·e·ínnu wə́li-lí·nam, sé·ki-lehəlé·x·e·t.
/t That rich man had good fortune, for as long as he lived.
/n ⟨rvopreno⟩ for ⟨avopreno⟩ (30.1, 2, 5).

/b wrmi krkw wweakivkwn.
/p wé·mi kéku wwiak·íhko·n.
/t everything was plentiful for him.
/n ⟨kr-|kw⟩; verb only here; ⟨ww-⟩ for /ww-/ only here and perhaps spurious.

/b Jwk muta tavolyepani Kejrlrmwqwfwi.
/p šúkw máta tɔhɔ·la·í·p·ani ki·š·e·ləmuk·ɔ́nkwi .
/t But he did not love our creator.
/n ⟨Kejr-|lrmwqwfwi⟩.

31.8 /b   Mrhi wekawsetc eka rp matuntwf.
    /p   mé·či wi·kɔ·wsí·t·e, íka é·p mahtánt·unk
    /t   After his life ended, he went to hell.

    /b   Jrpuna kunrmun muta wetyvrmkwun nani tvoprokun.
    /p   šé· pənáh, kəné·mən: máta wwi·t·a·he·mkó·wən nəni tɔhɔ·p·e·ɔ́·k·an.
    /t   So, you see: his wealth did not help him.
    /n   kəné·mən: *lit.*, 'you see it'.

31.9 /b   Ajiti nuni krtumakset wcvifi wenwrt wekakaosetc
    /p   a·šíte náni ke·t·əmá·ksi·t wehínki-wí·nəwe·t wi·kɔ·wsí·t·e,
    /t   On the other hand, that poor man who liked to beg, when his life ended,
    /n   ⟨wekaka-|osetc⟩ for ⟨wekaosetc⟩.

    /b   eka ru Kejrlrmwqwfif.
    /p   íka é·w ki·š·e·ləmuk·ɔ́nkunk.
    /t   went to our creator.

31.10 /b   Wliselwpani wvtrval, konu tcli ktumaksen
    /p   wələs·i·ló·p·ani wté·hal, kóna tə́li-ktəmá·ksi·n.
    /t   His heart was good, even though he was poor.

    /b   tavolkwpani Kejrlrmwqwfwi, rli wliselet wvtrval.
    /p   tɔhɔ·lkó·p·ani ki·š·e·ləmuk·ɔ́nkwi, é·li-wələs·í·li·t wté·hal.
    /t   Our creator loved him, because his heart was good.
    n/   ⟨ta-|volkwpani⟩.

31.11 /b   Mrhi nrotc wuni avopreno Lasulusul, eka osavkami;
    /p   mé·či ne·ɔ́·t·e wáni ahɔ·p·e·ínnu †la·səlás·al, íka ɔ·s·áhkame,
    /t   When this rich man saw Lazarus in heaven,
    /n   ⟨os-|avkami⟩.

    /b   wenwc lwr wuntaxateh mpetit prtaqch |
    /p   wí·nəwe·, lúwe·, "wə́ntax á·t·eč, mpí·t·ət pe·t·á·k·weč.
    /t   he begged, saying, "Let him come here, and let him bring a little water.

    /b   nelanwfh toton. ‖
    /p   ní·lanunk=č tɔ́·to·n.
    /t   He must put it on my tongue."

(p. 32)
32.1 /b   Jwk qelalisw, muta nani lre rlwrt.
    /p   šúkw kwí·la-lə́s·u; máta nə́ni lé·i é·ləwe·t.
    /t   But he was unsuccessful; what he asked to be did not happen.

32.2 /b Wuni aropreno lapanu avol Kejrlrmwqwf, ok | wlilisenc.
/p wáni ahɔ·p·e·ínnu lá·p·ana. "áhɔ·l ki·š·e·ləmúk·ɔnkw, ɔ́·k wə́li-ləs·í·me."
/t This rich man had been told, "Love our creator, and be good."
/n ⟨aropreno⟩ for ⟨avopreno⟩; ⟨wlilisenc⟩ for ⟨wlilisemc⟩.

/b Jwk jifi klistum.
/p šúkw šínki-kələ́stam.
/t But he refused to listen.

32.3 /b Nuni wunhi eku loxalan matuntwf.
/p nə́ni wə́nči- íka -ló·x·ɔla·n mahtánt·unk.
/t For that reason he was taken to hell.

32.4 /b Mrhi eku prati nunu mjatumin, tcli palrnaxt xelenrp wematisul,
/p mé·či íka pe·á·t·e, nána mwəš·á·t·amən tə́li- palé·naxk -txi·lí·ne·p wi·mahtə́s·al,
/t After he arrived there, then he remembered that he had had five brothers,
/n ⟨mj-⟩ for /mwəš·-/; ⟨palrn-|axt xelenrp⟩ for ⟨palrnax(k) txelenrp⟩.

/b ok mrtawsethek malaji | nrkuma.
/p ɔ́·k me·t·a·wsí·č·i·k málahši né·k·əma.
/t also sinners like himself.

32.5 /b Qetumun letrvrw nrkumanc pcxo nuni ponru.
/p kkwí·tamən; li·t·é·he·w, "ne·k·əmá·ɔ né· péxu nə́ni pɔ·né·ɔ."
/t He feared it; he thought that they, too, would soon come there.
/n nə́ni 'there' as if in indirect discourse.

32.6 /b Letrvr qwla awrn eku at,
/p li·t·é·he·, "kwə́la awé·n íka á·t.
/t He thought, "I wish someone would go to them.

/b tclawl a pavketwq | kumutawswakunwuk,
/p təlá·ɔl=á·, 'pahkí·t·o·kw kəmat·a·wsəwa·k·anúwa.'
/t And he would say to them, 'Cast aside your sins.' "
/n ⟨kumutawswakunwuk⟩ for ⟨kumutawswakunwu⟩.

/b rli muta katatumwq tcli a | eku pawunru nrkuma rpet.
/p é·li- máta -kahtá·t·amo·kw tə́li-=á· íka -pa·wəné·ɔ né·k·əma é·p·i·t.
/t As he did not desire that they would come to where *he* was.

32.7 /b Letrvrw awrna mrhi wekawset, bni wunhi eku | patc;
/p li·t·é·he·w, "awé·n=á· mé·či wi·kɔ́·wsi·t yó·ni wə́nči íka pá·t·e,
/t He thought, "If someone who has already died came to there from here,

/b   wlamvetawa.
/p   o·la·mhitaɔwwá·ɔ."
/t   they would believe him."

32.8 /b   Jwk Rplrvam tclawl mutuh klistaotetc nrli | lrkvekuna rlwrlet,
/p   šúkw ȶe·pəlé·ham təlá·ɔl, "máta=č kələstaɔhtí·t·e né·li le·khí·k·ana e·ləwé·li·t,
/t   But Abraham said to him, "If they will not listen to what that book says,

/b   muta ok wifi klistaoeu eli hepyu krkw lwkki.
/p   máta ɔ́·k wwínki-kələstaɔ·í·ɔ ílli čí·p·aya, kéku lúkwke."
/t   he will also not be willing to listen even to a ghost, if he says something to him."
/n   'he': apparently shifts from pl. to sg.; ⟨he-|pyu⟩.

32.9 /b   Bqi puna, nani avopreno qeaqi eku matuntwf | avpw.
/p   yúkwe pənáh, náni ahɔ·p·e·ínnu kwiá·kwi íka mahtánt·unk ahpú.
/t   Now, that rich man is still there in hell.

/b   Bqi, kejqek eku avpw;
/p   yúkwe kí·škwi·k íka ahpú.
/t   He is there today.

/b   evaphih nani topen.
/p   ihá·pči=č nəní tɔ́p·i·n
/t   He will stay there forever.
/n   ⟨to-|pen⟩.

/b   Kahi nani krtumakset wcvenort, eku Kejrlrmwqwfif avpw,
/p   káč·i náni ke·t·əmá·ksi·t wehí·nəwe·t, íka ki·š·e·ləmuk·ɔ́nkunk ahpú,
/t   But as for that poor beggar, he is with our creator,
/n   ⟨Ke-|jrlrmwqwfif⟩.

/b   okh nrkuma nrn evaphi nani | topen.
/p   ɔ́·k=č né·k·əma né· ihá·pči nəni tɔ́p·i·n.
/t   and he, too, will be there forever.
/n   ⟨nrn⟩ for /né·/.

32.10 /b   Bqi puna ktclwvunu pwnrlintumin kumutawswakun.
/p   yúkwe pənáh, ktəllúhəna, ppo·ne·ləntamən[=č] kəmat·a·wsəwá·k·an.
/t   Now, we tell you, he [shall] forgive your sin.
/n   Verb used for forgiving a debt; =č FUT missing; ⟨kumutaws-|wakun⟩.

/b   Pcxo prlumu nuh nc kpan.
/p   péxu, né·ləma, ná=č=nə́ kpá·n.
/t   Soon, but not yet, that's where you will come.
/n   ⟨prlumu⟩ for ⟨nrlumu⟩.

32.11 /b Kwifi vuh kulistyevanu?
/p kəwínki-=háč -kələstaíhəna?
/t Do you like to listen to us?

/b ji vuh aloe kwifi matuntwf pav.
/p ší=háč aləwí·i kəwínki- mahtánt·unk -pá?
/t Or would you rather like to go (*lit.*, 'come') to hell?
/n ⟨ma-|tuntwf⟩.

32.12 /b Weonamutch Kejrlrmqwf
/p wi·nəwamát·e=č ki·š·e·ləmúk·ɔnkw,
/t If you ask our creator,
/n ⟨Weonamutc⟩ for ⟨Wenoamutc⟩.

/b kwifih wetyvrmwk, kpuketon kumutawswakun.
/p kəwínki-=č -wi·t·a·hé·mukw kpak·í·t·o·n kəmat·a·wsəwá·k·an.
/t he will be willing to help you to cast away your sins.
/n ⟨wetyvrm-|wk⟩.

32.13 /b Hesush kwifi klistak patamaun.
/p čí·sas=č kəwínki-kəlásta·kw pa·tamá·ane.
/t Jesus will be willing to hear you when you (sg.) pray.
/n ⟨patamaun⟩ as if /pa·tamá·an/: apparently for /pa·tamá·ane/.

32.14 /b Jwkh mahi punyrlintumini ktrvif tali ta kwifi | klistaqi. ‖
/p šúkw=č máhči-pəna·eləntamáne kté·hink táli, tá=á· kəwínki-kələsta·k·ó·wi.
/t But if you think bad thoughts in your heart, he will not be willing to listen to you.
/n ⟨klistaqi⟩: presumably a hypercorrection of ⟨klistakwi⟩.

(p. 33)
33.1 /b Avolutch Kejrlrmwqw, kpwnetwnh wrmi kumutawswakun.
/p ahɔ·lát·e=č ki·š·e·ləmúk·ɔnkw, kpo·ní·to·n=č wé·mi kəmat·a·wsəwá·k·an.
/t If you love our creator, you must cease all your sin.
/n ⟨Kejrlrmwqw⟩ for ⟨Kejrlrmwqwf⟩; ⟨ku-|mutawswakun⟩.

33.2 /b Wrmih pwnetaonc kumutawswakun Kejrlrmwqwfh ktavoluq,
/p wé·mi=č po·ni·taóne kəmat·a·wsəwá·k·an, ki·š·e·ləmúk·ɔnkw=č ktahó·lukw.
/t When you cease all your sin, our creator will will love you.
/n ⟨Kejrlrm-|wqwfh⟩.

/b ekuh ktclovaluq rpet, mrhi wekawseunc.
/p íka=č ktəló·x·ɔlukw é·p·i·t, mé·či wi·kɔ·wsiáne
/t He will take you to where he is, once your life has ended.
/n ⟨we-|kawseunc⟩.

33.3 /b Kumr Kejrlrmwqwf lwro melel nane ktr;
/p nkəmé·e ki·š·e·ləmúk·ɔnkw lúwe·w, "mí·li·l náni kté·."
/t Our creator always says, "Give me your heart."

/b eka | al Hesusif, ok wenuwum, ktcli a melkwn wcnhi | a nani liseun avolut.
/p íka á·l či·sás·ink, ɔ́·k wí·nəwam, ktə́li-=á· -mí·lko·n wénči-=á· nə́ni -lə́s·ian, -ahɔ́·lat.
/t Go to Jesus, and ask him to give you the means to do that, to love him.

33.4 /b Mutuh klisumuni Kejrlrmwqwf tclwcokun
/p máta=č kələstamáne ki·š·e·ləmúk·ɔnkw tələwe·ɔ́·k·an,
/t If you don't listen to the word of our creator,

/b kjerlintumh nuni lrkveqi eku panc matuntwf.
/p kši·e·ləntam=č nə́ni ləkhíkwi íka pá·ane mahtánt·unk.
/t you'll be sorry at the time when you go to hell.

[*Filet*]
[*The Death of Jesus.*]

33.5 /b *Cntu wekawset Hesus Klyst.*
/p énta-wi·kɔ́·wsi·t či·sas kəláist.
/t When Jesus Christ died.

33.6 /b Bqi puna ktalumi lilun nuni krkw wcnhi vuf | jerlintuma
/p yúkwe pənáh, ktáləmi-lə́lən nə́ni kéku wénči-=hánkw -ši·e·ləntama
/t Alright now, let me begin to tell you the things that make me sorry

/b prnylintumanc.
/p pe·na·eləntamá·ne.
/t when I think about them.

33.7 /b Kmijatumin ktcli lilunrp
/p kəməš·á·t·amən, ktə́li-lələne·p,
/t You remember that I told you,

/b awrnek vuf lomwe | nwhi wevwfruk vuf krkw rli mutawsetetc.
/p awé·ni·k=hánkw lɔ́·məwe núči wi·hunké·ɔk=hánkw kéku é·li-mahta·wsihtí·t·e.
/t people since long ago have made offerings when they sinned in some way.

33.8 /b Hesus Klyst bv pon xqetvakumeqi
/p či·sas kəláist yúh pɔ́·n xkwi·thakamí·k·we.
/t Jesus Christ came here on earth.

/b my wuntumasen rli a awrn lrlrxrt,
/p mói-wəntamá·s·i·n é·li-=á· awé·n -lehəlé·x·e·t,
/t He came to explain how people should live,
/n ⟨wuntu-|masen⟩.

/b ok rli a nini vaky nuxpi eku li mjalan,
/p ó·k é·li-=á· nəni hók·ay náxpi íka -lí-məšá·la·t,
/t and how they should remember that he was there in the flesh,
/n ⟨nux-|pi⟩; ⟨mjalan⟩ for ⟨mjalat⟩; 'in the flesh': *lit.*, 'with that body of his'.

/b wrmi awrn mutawswakun wunhi cntxi awrn avolat.
/p wé·mi awé·n məta·wsəwá·k·an wə́nči, éntxi- awé·n -ahɔ́·la·t.
/t because of everyone's sin, that of all who love him.
/n ⟨wun-|hi⟩.

33.9
/b Tclawl nrlel rkrkemathel; mutuh qune nelvki.
/p təlá·ɔl né·li·l e·k·e·ki·má·č·i·l, "máta=č kwəní·i nnílke."
/t He said to his disciples, "It won't be long before I'll be killed."
/n ⟨nel-|vki⟩.

33.10
/b Nunu maneton le a xifwi metsaten
/p nána manní·to·n lí-=á· -xínkwi-mi·tsáhti·n.
/t Then a great feast was organized.
/n ⟨maneton⟩: manní·to·n 'it was made'.

/b nrkuma ok | nrl tclin of neju oehrxkwki taqe metswuk.
/p né·k·əma ó·k né·l télən ó·k ní·š·a ɔ·i·č·e·ykúk·i tahkwí·i mi·tsúwak.
/t He and the twelve who were accompanying him ate together.

33.11
/b Nrli metsevtet Hesus tclawl,
/p né·li-mi·tsíhti·t, čí·sas təlá·ɔl,
/t While they were eating, Jesus said to them,

/b pcxo peskrkrki | alintc mutawsethek linouk ntavonukwk
/p "péxu pi·ské·k·e a·lə́nte me·t·a·wsí·č·i·k lə́nəwak ntahwənúk·o·k,
/t "Tonight some wicked men will arrest me,
/n ⟨peskrkrki⟩ for ⟨peskrki⟩; ⟨mutawsethek⟩ for ⟨mrtawsethek⟩.

/b ntalomwkwkh palee, cntuh nelevtet.
/p   ntaləmo·x·ɔlúk·o·k=č palí·i, énta-=č nhilíhti·t.
/t and they will take me away, to a place where they will kill me.
/n ⟨ntalom-|wkwkh⟩ for (e.g.) ⟨ntalomoxulwkwkh⟩.

33.12 /b   Kavuni wrmi jerlintumwuk. ‖
      /p   ká·xəne wé·mi ši·e·ləntamo·k.
      /t   They were all really sad.
      /n   ⟨jerlintumwuk⟩ for ⟨jerlintumwk⟩.

(p. 34)

34.1 /b   Mrhi keji metsetetc nunu toswenru
     /p   mé·či kíši-mi·tsihtí·t·e, nána tɔ·s·o·wi·né·ɔ.
     /t   After they had eaten, then they sang.

     /b   nunu ktcli khenru
     /p   nána wtəli-kči·né·ɔ.
     /t   Then with that they went out.
     /n   ⟨nu-|nu⟩; ⟨ktcli⟩ for /wtəli/ (see note to 10.15).

     /b   mrhi peskrkc alintc sohuluk pruk
     /p   mé·či pi·ské·k·e; a·lənte sɔ́·čəlak pé·ɔk.
     /t   After night had fallen, some soldiers came.
     /n   ⟨sohul-|uk⟩.

     /b   ktovonaw ok tcli alumovalanru.
     /p   wtɔ́hwənawwá·ɔ, ɔ́·k təli-aləmo·x·ɔla·né·ɔ.
     /t   They arrested him and proceeded to lead him away.
     /n   ⟨ktovonaw⟩: cf. /tɔhwənawwá·ɔ/ (⟨tovwunawao⟩ Mt 26.50, B 1837:194).

34.2 /b   Hesus mrhi tclapani bl rvolkwki nvelifh mrhi,
     /p   čí·sas mé·či təlá·p·ani yó·l ehɔ·lkúk·i, "nhilínke=č mé·či,
     /t   Jesus had already said to the ones who loved him, "After I have been killed,
     /n   ⟨nvel-|ifh⟩ (as if with /nhílink/, which would mean nothing) for ⟨nvel-|ifch⟩.

     /b   lupih ntamwi nuvoqunakakvaki, lupih kunrevomo.
     /p   lápi=č ntá·mwi naxo·k·wənakháke, lápi=č kəne·íhəmɔ."
     /t   I will rise again after three days, and you will see me again."
     /n   ⟨lu-|pih⟩.

34.3 /b   Alupae eku tclovalawaul sohuluk wuni | Hesusul Krkyimvrt weket;
     /p   alap·a·í·i íka təlɔ·x·ɔlawwá·ɔl sɔ́·čəlak či·sás·al wáni ke·kayə́mhe·t wí·k·i·t;
     /t   In the morning the soldiers led Jesus to where that ruler lived,
     /n   ⟨wuni | Hesusul⟩ presumably for ⟨Hesusul | wuni⟩.

     /b   tunta kulwnrokun lukunemanru.
     /p   tə́nta- kəlo·ne·ɔ́·k·an -lak·əni·ma·né·ɔ.
     /t   and there they told lies about him.
     /n   ⟨kulwn-|rokun⟩.

34.4 /b Wrmi cntxi jifalathek Hesusul eku ruk | cnta ahemolsif;
     /p we·mi éntxi-šinka·lá·č·i·k či·sás·al íka é·ɔk énta-a·č·i·mó·lsink.
     /t All those who hated Jesus came to where the council was held.

     /b xrli nrk kulwnruk cntu krkw lemavtet jwk rli hehpi lemavtet.
     /p xé·li né·k kəlo·né·ɔk énta- kéku -li·máhti·t, šúkw é·li-čə́čpi-li·máhti·t.
     /t Many of them lied when they said things about him, only saying conflicting things about him.
     /n ⟨kr-|kw⟩; šúkw é·li-..: *lit.*, 'only how ..'; ⟨hehpi⟩ for /čə́čpi/.

34.5 /b Krkyimvrt mrhi keji punyrlintufc.
     /p ke·kayə́mhe·t mé·či kíši-pəna·eləntánke,
     /t After the ruler considered it,

     /b Nunu tclwrn.
     /p nána tələwé·n,
     /t then he said,
     /n ⟨Nu-|nu⟩.

34.6 /b Srsrkyvwntca, nali pwninan.
     /p "se·s·e·k·ayehúnteč, ná lí-pó·nəna·n."
     /t "Let him be whipped, and with that released."
     /n ⟨Srsrkyvwntca⟩ for ⟨Srsrkyvwntch⟩.

34.7 /b Jwk wrmi awrn lwru nvelunuh.
     /p šúkw wé·mi awé·n lúwe·w, "nhiləntеč."
     /t But everyone said, "Let him be killed."
     /n ⟨nvelunuh⟩ for ⟨nveluntch⟩.

34.8 /b Krkyimvrt nutotumau Hesusul;
     /p ke·kayə́mhe·t nɔt·o·t·əmaɔ́·ɔ či·sás·al,
     /t The ruler asked Jesus,

     /b ke vuh | Kejrlrmwqwf qesul?
     /p "kí·=háč ki·š·e·ləmúk·ɔnkw kkwí·s·al?"
     /t "Are you the son of our creator?"

     /b Hesus tcla, kovan | ne ta.
     /p čí·sas təlá·ɔ, "kɔhán, ní·=tá."
     /t And Jesus said to him, "Yes, I am."

34.9 /b Nunu Krkyimvrt q jelinhrn,
     /p nána ke·kayə́mhe·t kwəš·i·lə́nče·n.
     /t Then the ruler washed his hands.

/b ok nuna tclwrn muta ne krkw nwifi li naheva.
/p ó·k nána tələwé·n, "máta ní· kéku nəwínki-lí-na·či·há·a.
/t And then he said, "I'm not willing to have anything to do with him.
/n ⟨tc-|lwrn⟩; ⟨naheva⟩ /-na·či·há·a/ for /-na·či·há·i/.

/b Ta | wlexunwi nvelan.
/p tá=á· wəli·x·ənó·wi nhíla·n."
/t It would not be right to kill him."

34.10 /b Wrmi awrn amufexsw rlwrt psaqetcvavamw naxkul ok setul tclih nuni jcvulan.
/p wé·mi awé·n amankí·xsu, é·ləwe·t, "psakhwitéhəmo· nóxkal ó·k wsí·t·al, tə́li-=č náni -šéhəla·n."
/t Everyone shouted, saying, "Nail his hands and his feet so that he will hang."
/n ⟨psaqetcva-|vamw⟩ for ⟨psaqetcvamw⟩ /psakhwitéhəmo·/ 2p–3/IMP, or for ⟨psaqetcvamaw⟩ /psakhwitéhəmaw/ 2s–3/IMP (but see 34.11, end).

34.11 /b Wuni krkyimvrt lwc quh vuh a?
/p wáni ke·kayəmhe·t lúwe·, "kwáč=háč=á·?
/t That leader said, "Why would we?"

/b krkw | vuh li matyrvasw?
/p kéku=háč lí-mahtaehó·s·u?"
/t What evil has he done?"

/b Jwk nrke awrnek || muta qulsetaoewaul nrl krkyimvrlethi;
/p šúkw né·ki awé·ni·k máta kwəlsət·aɔ·iwwá·ɔl né·l ke·kayəmhe·lí·č·i.
/t But those people did not listen to that leader.

(p. 35)

/b nu | vani elwcvitwp nvelw.
/p ná=máh=nə illəwehtí·t·əp, "nhílo·."
/t That was what they had said before: "Kill him."
/n ⟨va⟩ for ⟨mav⟩ (?; perhaps incorrectly corrected); ⟨elwcvitwp⟩ for ⟨elwcvtitup⟩.

35.1 /b Nunu Krkyimvrt | srsrkyvon Hesusul;
/p nána ke·kayəmhe·t wse·s·e·k·ayéhɔ·n či·sás·al;
/t then the leader whipped Jesus;
/n ⟨srsrkyvon⟩ for ⟨wsrsrkyvon⟩.

/b nu mwelan bl krta jrlalwki.
/p ná mwí·la·n yó·l ké·t·a-šehəlalúkwki.
/t then he turned him over to those that wanted to hang him.
/n ⟨jr-|lalwki⟩ for /šehəlalúkwki/.

35.2 /b Hwrwf tclovalanru rlwcntasek Kclprli,
    /p čuwé·yunk tələ·x·əla·né·ə e·ləwentá·s·i·k †kélpeli,
    /t They brought him to a hill named Calvary,

    /b cntuh psuqetcvmetet noxkul ok setul vetkwf
    /p énta-=č -psakhwitehəmíhti·t nóxkal ó·k wsí·t·al hítkunk.
    /t where they were to nail his hands and feet to a tree.
    /n ⟨vet-|kwf⟩.

    /b nu tcli kalanru
    /p ná táli- íka -hala·né·ə,
    /t And they proceeded to set him there,
    /n ⟨kalanru⟩ for ⟨(e)kavalanru⟩.

    /b tcli a nc talufulin.
    /p táli-=á· nə́ -talánkələn.
    /t so that he would die there.

35.3 /b Koti bk sohuluk tufamal wlwfif wunhi |
    /p kwə́t·i yó·k só·čələk tənkamá·əl wəlúnkwink wə́nči.
    /t One of those soldiers pierced him under his arm.
    /n Cf. Jn 19.34.

    /b mvwq ok mpi eka wunhi ktwpcvulrw.
    /p mhúkw ó·k mpí íka wə́nči ktəp·éhəle·w.
    /t Blood and water flowed out of there.

35.4 /b Nunu qhwkvokcvuli, ok peskutqcvuli, | papaxelrul asinul,
    /p nána kwčukhəkéhəle·, ó·k pi·skəntkwéhəle·; pa·pa·x·ihəlé·əl ahsə́nal.
    /t Then there was an earthquake, and it got dark; rocks split into pieces.
    /k and the earth did quake, and the rocks rent (Mt 27.51).
    /n ⟨peskutqcvuli⟩ for (e.g.) ⟨peskuntqcvulr⟩.

    /b xrli ifulukpanek wrlilisethek lupi lrlrxruk.
    /p xé·li enkələkpáni·k wé·li-ləs·í·č·i·k lápi lehəle·x·é·ək.
    /t Many good people who had died lived again.
    /k and many bodies of the saints which slept arose (Mt 27.51).
    /n ⟨wrlilis-|ethek⟩.

35.5 /b Mrhi wuni Kaptin (krnakevatup Hesusul) wrmi bv tclenumun;
    /p mé·či wáni †képtən (ke·nahki·há·t·əp či·sás·al) wé·mi yúh təlí·namən,
    /t Now the captain (who had had charge of Jesus) saw all of this happen,
    /k Now when the centurion .. watching Jesus, saw the earthquake, and those things that were done (Mt 27.54)
    /n ⟨Hesus-|ul⟩.

/b lwrw kehe ta, | nunul bl Kejrlrmwqwf qesul.
/p lúwe·w, "khičí·i=tá nanáli yó·l ki·š·e·ləmúk·ɔnkw kkwí·s·al."
/t and he said, "This one is truly the son of our creator."
/k saying, "Truly this was the Son of God." (Mt 27.54)
/n ⟨nunul bl⟩ for /nanáli yó·l/.

/b Mrhi nuxa | awlif srki peskinqevulahi Hesus xifwexsw;
/p mé·či naxá á·wəlink sé·ki-pi·skəntkwehəlá·k·e, čí·sas xinkwí·xsu,
/t After it had been dark for three hours, Jesus shouted in a loud voice,
/n ⟨peskinqevulahi⟩ for (e.g.) ⟨peskintqcvulaki⟩.

/b rlwrt, Noxa, Noxa, quh vuh pwnrlimeun?
/p é·ləwe·t, "núxa·, núxa·, kwáč=háč po·ne·ləmían?"
/t saying, "My father, my father, why did you forsake me?"
/k My God, my God, why hast thou forsaken me? (Mt 27.46; B 1837:207)

/b Ok lupi lwru futwsumi.
/p ó·k lápi lúwe·w, "nkat·ó·s·əmwi."
/t And again he said, "I'm thirsty."

/b Nu koti lino | eku nepw.
/p ná kwə́t·i lə́nu íka ní·p·o·.
/t Then a certain man stood there.

/b kutu melaw jwapw weumxki ok | wesvwi mrnrlet.
/p kə́t·a-mi·lá·ɔ šəwá·p·u wiámxki ó·k wi·shwi, me·né·li·t.
/t He intended to give him vinegar mixed also with gall, which he drank.
/k .. and took a spunge, and filled it with vinegar, and put it on a reed, and gave him to drink (Mt 27.48; B 1837:207); vinegar mingled with gall (Mt 27.34).
/n me·né·li·t: perhaps for me·né·li·t=á· 'which he (obv.) could drink'.

35.6 /b Mrhi qtufi muta kuski mumrwun.
      /p mé·či kwe·t·antánke, máta kɔ́ski-məné·wən.
      /t After he tasted it, he was not able to drink it.
      /kl and when he had tasted thereof, he would not drink. (Mt 27.34)
      /n ⟨qtufi⟩ for (e.g.) ⟨qrtuntufi⟩ (B 1837); ⟨mumrwun⟩ for ⟨munrwun⟩.

35.7 /b Nunu tclwrn mrhi nkejeton.
      /p nána tə́ləwe·n, "mé·či ki·š·í·to·n."
      /t Then he said, "Now it is finished."
      /k he said, "It is finished" (Jn 19.30)
      /n ⟨nk-⟩ wrongly for ⟨k-⟩, as if /nk-/ (which would be correctly ⟨f-⟩).

35.8 /b Nuna nowqcvulan nu tufulin. ‖
    /p nána nɔo·kwéhəla·n, ná tónkələn.
    /t Then he bowed his head, and then he died.
    /k and he bowed his head, and gave up the ghost. (Jn 19.30; B 1837:208)

(p. 36)

[The Burial of Jesus.]

36.1 /b *Cnta Pokvakevant Hesus Klyst.*
    /p énta-phɔkhakéhunt čí·sas kəláist.
    /t When Jesus Christ was buried.
    /n ⟨Pokvakevant⟩ for ⟨Pokvakcvwnt⟩.

36.2 /b Mrhi wekosetc Hesus; koti wrliliset lino, lwcnswp Hoscp.
    /p mé·či wi·kɔ·wsí·t·e čí·sas, kwət·i wé·li-ləs·i·t lənu luwénso·p čó·səp.
    /t After Jesus's life ended, there was a certain good man named Joseph.
    /n ⟨li-|no,lwcnswp⟩.

    /b Krkyimvathif rw,noxtaon Hesus hoky.
    /p ke·kayəmhé·t·ink é·w, nɔt·o·xtáɔ·n čí·sas hók·ay.
    /t He went to the ruler and asked him for Jesus's body.
    /n ⟨Krkyimvathif⟩ for ⟨Krkyimvrtif⟩; ⟨nox-|taon⟩ for (e.g.) ⟨notwxtaon⟩ (Lk 23.52&); ⟨hoky⟩ for ⟨voky⟩.

    /b Nuna Krkyimvrt mwelan.
    /p nána ke·kayəmhe·t mwí·la·n.
    /t Then the ruler gave it to him.
    /n ⟨mwe-|lan⟩.

36.3 /b Wlexunaul eku wunhi vetkwf, opvcmsif | tunta wexqcxumal,
    /p wəli·x·əná·ɔl íka wənči hítkunk, ɔ·phémpsink tənta-wi·xkwe·x·əmá·ɔl.
    /t He took him down from the tree, and he wrapped him in a white cloth.

    /b nu tcli pvokakcvo.
    /p ná təli-phɔkhakého·n.
    /t And then he burried him.
    /n ⟨pvokakcvo⟩ for ⟨pvokakcvon⟩.

36.4 /b Xifwi asin eku vatwp xqihi mahekamekwf.
    /p xínkwi-ahsən íka háto·p xkwíči mahči·k·amí·k·unk.
    /t He set a large stone on top of the grave.
    /n ⟨mahekame-|kwf⟩.

36.5 /b Nuna mrjatumetetc bkek mahilisethek
/p nána, me·š·a·t·amihtí·t·e yó·ki·k máhči-ləs·í·či·k
/t Then, when the bad ones remembered

/b tcli Hesus, lwrnrp ntamwih nuxoqunakvaki.
/p təli- čí·sas -ləwé·ne·p, "ntá·mwi=č naxo·k·wənakháke,"
/t that Jesus had said, "In three days I shall rise,"
/kl After three days I will rise again. (Mt 27.63)
/n ⟨nuxoqunak-|vaki⟩.

36.6 /b Sohuluk lanru my krnaketwk nuni mahekumi:
/p só·čəlak la·né·ɔ, "mái-ke·nahkí·to·kw nəni mahčí·k·ami·kw,
/t some soldiers were told, "Go and take charge of that grave,
/n ⟨ma-|hekumi⟩ for (e.g.) ⟨mahekumiq⟩.

/b rli lwruk tamsia awrn moi kumwtkrnul, pal itclovalal,
/p é·li (luwé·ɔk) tá·mse=á· awé·n mói-kəmo·tké·nal, palí·i təlo·x·ɔlá·ɔl.
/t for (they said) perhaps someone will go and steal him, and take him elsewhere.
/n ⟨kum-|wtkrnul⟩; ⟨pal itclovalal⟩ for (e.g.) ⟨pali tclovalal⟩.

/b lwruk a kehe ta | amweu.
/p luwé·ɔk=á·, 'khičí·i=tá; a·mwí·ɔ.'"
/t They would say, 'It's true; he has risen.'"

[*Filet*]
[*The Resurrection of Jesus.*]

36.7 /b *Cnta amwet Hesus Klyst.*
/p énta-á·mwi·t čí·sas kəláist ..
/t When Jesus Christ rose from the dead ..

36.8 /b Lamvakumeqi mrhi kexki nuxoquni,
/p .. la·mhakamí·k·we mé·či kí·xki naxo·k·wəní·i.
/t .. after already nearly three days under the ground.

/b mrhi alumi prtapun nunu Hesus tamwehi.
/p mé·či áləmi-pe·t·á·p·an; nána čí·sas tó·mwi·n.
/t Dawn was already beginning to break; then Jesus arose.
/n ⟨tamwehi⟩ for (e.g.) ⟨tamwen⟩.

36.9 /b Alintc xqruk rvolathek Hesusul eku ruk | mahekameq rtrk.
/p a·lənte xkwé·ɔk ehɔ·lá·č·i·k čí·sás·al íka é·ɔk mahčí·k·ami·kw é·te·k.
/t Some women who loved Jesus went to where the grave was.

36.10 /b Nuna alumi qhwkqcvulru bv vaki
/p nána áləmi-kwčuk·wíhəle·w yúh hák·i.
/t Then the earth began shaking.
/n ⟨qhwkqcvulru⟩ for ⟨qhwkqevulrw⟩.

/b nu | manito pon Kejrlrmwqwfif wunhi. ||
/p ná manət·u pó·n ki·š·e·ləmuk·ónkunk wənči.
/t Then a spirit came from our creator.

(p. 37)
37.1 /b Pale tclhrnumin nuni xifasin wnhi mahekomekwf
/p palí·i təlčé·nəmən nəni xínkɔhsən wənči mahči·k·amí·k·unk,
/t He rolled the large stone away from the grave,
/n Cf. palí·i təlče·níhi·n (Mt 28.2, B 1837:211); ⟨ma-|hekomekwf⟩.

/b nuni uxqihi wlumatupen.—
/p nəni xkwíči wələmahtáp·i·n.
/t and he sat on top of it.

/b Nuni manito wijkifq lenaqwt malaji sapulcvulak;
/p náni manət·u wəškinkw li·ná·k·ɔt málahši sa·p·əléhəla·k,
/t That spirit's face appeared like lightning,
/n ⟨sapu-|lcvulak⟩.

/b ok rqethi opru mulaji kwn.
/p ó·k e·k·wí·č·i ɔ·p·é·ɔ málahši kó·n.
/t and his garments were white like snow.

37.2 /b Nunu bkek sohuluk krnakif omathek | nrovtetc nrlel manitoul
/p nána yó·ki·k só·čəlak ke·nahkinkɔ·má·č·i·k ne·ɔhtí·t·e né·li·l manət·ó·wal,
/t Then when the soldiers who were keeping an eye on him saw that spirit,

/b kavuni wejaswuk | nufevulruk,
/p ká·xəne wi·š·á·s·əwak, nankihəlé·ɔk,
/t they were really afraid, and they trembled,

/b ok kaevulruk mulaji ufulwk.
/p ó·k kaihəlé·ɔk, málahši ánkəlo·k.
/t and they fell down as if dying.

37.3 /b Manito krkw tclawl bli xqrul: tclawl kahi wejasevrq.
/p manət·u kéku təlá·ɔl yó·li xkwé·ɔl, təlá·ɔl, "káči wi·š·a·s·í·he·kw.
/t The spirit said something to the women, saying to them, "Don't be afraid.
/n ⟨ka-|hi⟩.

37.4 /b   Kwatwvomu ta ktcli twnanru Hesus.—
     /p   "ko·wa·túhəmɔ=tá ktə́li-nto·naɔ·né·ɔ čí·sas.
     /t   "You know that you are looking for Jesus.
     /n   ko·wa·túhəmɔ 'you (pl.) know' corresponds to no·wá·to·n 'I know it' (Mt 28.5&); ⟨twnanru⟩ for (e.g.) ⟨ntwnaonro⟩ (Mt 28.5&).

     /b   Takw ta bni topewun,
     /p   takó·=tá yó·ni tɔp·í·wən.
     /t   He's not here.
     /n   Cf. Mt 28.6, B 1837:211.

     /b   wunta xaq punamwq jifexifup.
     /p   wə́ntax á·kw; pənámo·kw šenki·x·ínkəp.
     /t   Come here; look at the place where he lay.
     /n   ⟨puna-|mwq⟩.

     /b   Mrhi amweu nanuni rlwrtup.
     /p   mé·či a·mwí·ɔ; ná=nə́ni e·ləwé·t·əp."
     /t   He has already risen; that is as he had said."
     /n   ⟨rlwr-|tup⟩; cf. Mt 28.6, B 1837:211.

37.5 /b   Mrhi bkek xqruk mrmvetetc ni jifexifup | Hesus;
     /p   mé·či yó·ki·k xkwé·ɔk ne·mhití·t·e nə́ šenki·x·ínkəp čí·sas,
     /t   After the women saw the place where Jesus had lain,
     /n   ⟨mrmvetetc⟩ for ⟨nrmvetetc⟩.

     /b   Manito tclaul, mai watul, rvolkwkek tcli mrhi amwen.
     /p   manə́t·u təlá·ɔl, "mái-wwá·təl ehɔ·lkúk·i tə́li- mé·či -á·mwi·n.
     /t   the spirit said to them, "Go and let those that loved him know that he has now risen.
     /n   ⟨rvolkw-|kek⟩ ('those he (obv.) loved') presumably for (e.g.) ⟨rvolkwki⟩ (25.7, 34.2, 37.6, 38.3); ⟨amwen.⟩: possible ⟨.⟩ is small and with no extra space after it.

     /b   Kclileuf a wrmi ktavumo,
     /p   †keləlí·yunk=á· wé·mi ktáhəmɔ.
     /t   You should all go to Galilee.
     /n   ⟨kta-|vumo,⟩.

     /b   nunih ktunta nronru.
     /p   nə́ni=č ktə́nta-ne·ɔ·né·ɔ."
     /t   That's where you will see him."

37.6 /b   Nunu jai xqruk talumskanru
     /p   nána šá·e xkwé·ɔk tɔləmska·né·ɔ,
     /t   Then immediately the women departed,

/b my lathek | bl rvolkwki Hesus cntxi lwkvevetet nrlel | manitoul.
/p mé·i-lá·č·i·k yó·l ehɔ·lkúk·i čí·sas éntxi-lukhwíti·t né·li·l manət·ó·wal .
/t going to tell those who loved Jesus all that they had been told by that spirit.
/n ⟨my⟩ /mái/ (with no IC) for /mé·i/ (*lit.*, 'who were going'); ⟨lwkvevetet⟩ for later ⟨lwqvetet⟩ (Lk 2.50).

37.7 /b Nrl oxctet xqruk nuni otrnif vathek,
/p ne·lo·x·wéhti·t xkwé·ɔk nə́ni o·t·é·nink e·á·č·i·k,
/t As the women who were going to that town walked along,
/k And they drew nigh unto the village, (Lk 24.28)
/n ⟨vathek⟩ for ⟨rathek⟩.

/b apvit nukeskwa Hesusul.
/p á·phit nɔk·i·skaɔwwá·ɔ či·sás·al.
/t before they got there they met Jesus.
/n ⟨ap-|vit⟩.

/b Tclkwaul kahi | wejaserrq;
/p təlkəwá·ɔl, "káči wi·š·a·s·í·he·kw.
/t He said to them, "Don't be afraid.
/n ⟨wejaserrq⟩ for ⟨wejasevrq⟩ /wi·š·a·s·í·he·kw/.

/b my lw bkek rvolethek Kclileuf | aq;
/p mái-ló· yó·ki·k ehɔ·lí·č·i·k, '†keləlí·yunk á·kw.'
/t Go tell the ones that loved me, 'Go to Galilee.'

/b nuh nuni tunta nrvkwnru.
/p ná=č nə́ni ntə́nta-ne·yko·né·ɔ."
/t That's where they will see me."

37.8 /b Nrlumu eku prathek bk xqruk otrnif.—
/p né·ləma íka pe·áhti·kw yó·k xkwé·ɔk o·t·é·nink,
/t Before the women got to the town,
/n ⟨prathek⟩ (as if pe·á·či·k 'who came') for ⟨pratek⟩; the wrongly punctuated sentence that continues from p. 37 to p. 38 summarizes Mt 28.11.

/b Alintc sohuluk Krkyimvrthe moi lawaul ‖ wrmi krkw rlrk
/p a·lə́nte só·čəlak ke·kayəmhé·č·i mɔ́i-lawwá·ɔl wé·mi kéku é·le·k,
/t some soldiers went and told the ruler everything that had happened,
/n /ke·kayəmhé·č·i/ 'ruler (obv.)': apparently a lexicalized participle beside /ke·kayəmhe·lí·č·i/ (34.11).

(p. 38)

/b ok tcli Hesus mrhi amwen.
/p ɔ́·k tə́li- čí·sas mé·či -á·mwi·n.
/t and that Jesus had already risen from the dead.
/n ⟨am-|wen⟩.

38.1
/b Nunu wuni Krkyimvrt moifrn kata | ahemolsen,
/p nána wáni ke·kayəmhe·t mɔ·énke·n, kɔ́t·a-a·č·i·mó·lsi·n.
/t Then the ruler called people together and wanted to hold a council.

/b na nuni kata akunotasw.
/p ná nəni káhta-ahkəno·t·á·s·u.
/t Then they all wanted to talk about that.
/n Derived passive verb with káhta PV 'want to' referring to the implied agent.

/b Mrhi keji akunotaseki.
/p mé·čí kíši-ahkəno·t·a·s·í·k·e,
/t After it had been talked about,
/n ⟨Mr-|hi⟩.

38.2
/b Nunu xrli muni mwelanru sohulul,
/p nána xé·li móni mwi·la·né·ɔ só·čəlal.
/t then they gave a lot of money to the soldiers.
/n Note: Wrongly punctuated as a new paragraph.

/b tclawaul
/p təlawwá·ɔl,
/t And they said to them,
/n ⟨tcla-|waul⟩.

/b ktclwcmuh tomwekunawa ta bkek | peskrwune rvolathek Hesusul, nrli kaeif.
/p "ktələwéhəmɔ=č, 'tɔ·mwi·kənawwá·ɔ=tá yó·ki·k pi·ske·wəní·i ehɔ·lá·č·i·k či·sás·al né·li-kaíenk.'"
/t "You must say, 'The ones that love Jesus raised him up at night while we slept.'"
/kl His disciples came by night, and stole him away while we slept (Mt 28.13)
/n Discontinuous noun phrase (subject) perhaps idiomatic.

/b Xrli awrn wlamvetaol nrlel sohulul rlwrlet.
/p xé·li awé·n o·la·mhitaɔ́·ɔl né·li·l só·čəlal e·ləwé·li·t.
/t Many people believed what those soldiers said.
/n ⟨rlwr-|let⟩.

38.3
/b Bkek xqruk mrhi tclanru nrlel rvolkwki | Hesus;
/p yó·ki·k xkwé·ɔk mé·či təla·né·ɔ né·li·l ehɔ·lkúk·i čí·sas,
/t The women already told those who loved Jesus,

/b cntxi lenamehtet ok cntxi listavovtet wrmi eku ruk Kclileuf
/p éntxi-li·namíhti·t ɔ́·k éntxi-ləstaɔ́hti·t wé·mi íka é·ɔk †keləlí·yunk.
/t As many as saw it and as many as heard from them all went to Galilee.
/n ⟨listavov-|tet⟩ for ⟨listaovtet⟩.

/b moi nrowa Hesusul, hwruf ruk;
/p mɔ́i-ne·ɔwwá·ɔ či·sás·al, čuwé·yunk é·ɔk.
/t They went to see Jesus, going up a hill.
/n ⟨He-|susul⟩.

/b nuni tunta nronu | tunta krnamanru.
/p nə́ni tə́nta-ne·ɔ·né·ɔ, tə́nta-ke·na·ma·né·ɔ.
/t There they saw him and gave thanks to him.
/n ⟨nronu⟩ for ⟨nronru⟩

38.4 /b Tclawl taku kulrlintumwk nini
/p təlá·ɔl, "té·ka kəle·lə́ntamo·kw nə́ni,"
/t He said to them, "Take care that you take that to heart,"
/n ⟨taku⟩ for ⟨trku⟩; cf. /té·ka kəle·lə́ntamo·kw/ (Mk 13.23).

/b cnta taqe metstetup,
/p énta- tahkwí·i -mi·tsí·t·əp,
/t when he had eaten with them,
/n ⟨ta-|qe⟩; ⟨metstetup⟩ for ⟨metsetup⟩.

/b cntu kejextwletup nrk qtoqi | nekani krtwnalintc.
/p énta-ki·š·i·xto·lí·t·əp néke kwtək·í·i ni·k·a·ní·i ke·t·o·nalə́nte
/t when they prepared it that time back before when people wanted to kill him.
/n ⟨nrk⟩ for /néke/; ⟨qtoqi⟩ apparently for /kwtək·í·i/ P 'back' (idiomatic?).

38.5 /b Nrentxit xoquni wehroul.
/p ne·í·nxke txɔ́·k·wəni wwi·č·e·ɔ́·ɔl.
/t He was with them for forty days.
/n ⟨Nrentxit xoquni⟩ (with a small space) for (e.g.) ⟨Nrenxkc txoquni⟩.

38.6 /b Mrhi muta qune krta mahetc ekali Kejrlrmwqwfif;
/p mé·či máta kwəní·i ké·t·a-ma·č·í·t·e íkali ki·š·e·ləmuk·ɔ́nkunk,
/t When it was already soon to be when he was going to go home to our creator,
/n ⟨Ke-|jrlrmwqwfif⟩.

/b lupi pumtwnvalaul.
/p lápi pwəmto·nha·lá·ɔl.
/t he again preached to them.

38.7 /b Tclawl alumskaq
/p təláˑɔl, "aləmskaˑkw,
/t He said to them, "Go forth,
/k Go ye therefore, (Mt 28.19)

/b wuntamaw; wrmi cntxakrt; rnumiteth patamaotetc.
/p wə́ntamoˑ wéˑmi entxaˑkéˑiˑt ennəmíhtiˑt=č paˑtamaɔhtíˑtˑe."
/t and tell all nations what they should do when they pray to him."
/k and teach all nations (Mt 28.19)
/n ⟨wuntamaw⟩ for ⟨wuntamw⟩; ⟨cn-|txakrt⟩ for /entxaˑkéˑiˑt/.

38.8 /b Ok tclawl hvopunaoukh nuvpi rlwcnset | Kejrlrmwqwf,
/p ɔ́ˑk təláˑɔl, "kčɔhɔˑpwənawwáˑɔk=č náxpi eˑləwénsiˑt kiˑšˑeˑləmúkˑɔnkw,
/t And he told them, "You shall baptize them with the name of our creator,
/k baptizing them in the name of the Father (Mt 28.19)
/n ⟨hvopunaouk⟩ for /kčɔhɔˑpwənawwáˑɔk/.

/b ok qesul, ok nuni wluntoakun.
/p ɔ́ˑk kkwíˑsˑal, ɔ́ˑk nə́ni wəlantˑuwwáˑkˑan."
/t and his son, and the good power."
/k and of the Son, and of the Holy Ghost (Mt 28.19)
/n ⟨wluntoa-|kun⟩.

38.9 /b Tclawl wrmi cntxi lilrq; ktclanruh wrmi awrn b tali xqetvakameqi.
/p təláˑɔl, "wéˑmi éntxi-ləĺeˑkw, ktəlaˑnéˑɔ=č wéˑmi awéˑn yú táli xkwiˑthakamíˑkˑwe.
/t He told them, "Everything I tell you, you shall tell everyone on this earth.
/n ⟨wr-‖mi⟩.

(p. 39)
39.1 /b Ktclawaukh wrmi nani liseq bqi ne cntxi lwru.
/p "ktəlawwáˑɔk=č, 'wéˑmi nə́ni ləsˑiˑkw yúkwe éntxi-ləwéˑa.'"
/t "You must say to them, 'Do everything that I'm now saying to do.'"
/n ⟨cn-|txi⟩.

39.2 /b Tclkwaul nwetyvrmuh wrmi cntxi klistyet ok avolet.
/p təlkəwáˑɔl, "nəwiˑtˑaˑhéˑma=č wéˑmi éntxi-kələstáiˑt ɔ́ˑk -ahɔ́ˑliˑt."
/t He told them, "I will help everyone who listens to me and loves me."
/n ⟨klis-|tyet⟩.

39.3 /b Nunu potamwylvwkwnru,
/p nána pɔˑtamweˑlxukˑoˑnéˑɔ.
/t Then he prayed for them.
/k he .. blessed them (Lk 24.50).

/b nrli mu patuf, nunu pusqen, nunu tolumskan Oxuf | vokuf ose.
/p né·li-=máh -pá·tank, nána póskwi·n, nána tɔləmska·n ó·x·unk hókunk ɔ·s·í·i.
/t As he had prayed, then he got up, and then he went to his father beyond the sky.
/k while he blessed them (Lk 24.51); he was received up into heaven, and sat on the right hand of God (Mk 16.19).
/n ⟨pat-|uf⟩.

[*Filet*]
[*What Jesus's Disciples Did.*]

39.4 /b *Rlyvositet Rkrkemutpani Hesus.*
      /p e·laehɔ́·s·íhtit e·k·e·ki·ma·tpáni čí·sas.
      /t What Jesus's disciples did.
      /n Obviative participle agrees as proximate (Gr. §3.4).

39.5 /b Mrhi mahetc Hesus ekali Kejrlrmwqwfif.
      /p mé·či ma·č·í·t·e čí·sas íkali ki·š·e·ləmuk·ónkunk,
      /t After Jesus went home to our creator,

39.6 /b Bl Rkrkematpani alumi pumitwnvruk.
      /p yó·l e·k·e·ki·ma·tpáni áləmi-pəmət·o·nhé·ɔk.
      /t his disciples began to preach.
      /n Obviative participle agrees as proximate (Gr. §3.4).

39.7 /b Tclawal awrni jerlintumwk rlvkeqi mutawserq;
      /p təlawwá·ɔl awé·ni, "ši·e·ləntamo·kw e·lkí·kwi-mahta·wsíe·kw.
      /t They told people, "Be sorry for how greatly you sin.
      /n ⟨mutawse-|rq⟩.

      /b patamok ekali Kejrlrmwqwfif.
      /p pá·tamo·kw íkali ki·š·e·ləmuk·ónkunk.
      /t Pray to our creator.
      /n Unidiomatic (after e,g, 39.5); s.b. pá·tamo· 'pray to him' and no locative.

39.8 /b Kahi heh mutawserq;
      /p káči čí·č mahta·wsí·he·kw;
      /t Don't sin anymore.
      /n ⟨mutawserq⟩ for ⟨mutawsevrq⟩.

      /b kutumakrlrmwkwkh Kejrlrmwqwf
      /p kkət·əma·k·e·ləmúk·əwa=č | ki·š·e·ləmúk·ɔnkw.
      /t Our creator will pity you.
      /n ⟨kutumakrlrmwkwkh⟩ for ⟨kutumakrlrmwkwah⟩.

/b woselehih wvtrval kmelkwn.
/p we·lsi·lí·č·i=č wté·hal kəmí·lko·n."
/t He will grant you (sg.) his good heart."
/n ⟨woselehih⟩ for ⟨wrlselehih⟩.

39.9 /b Alintc qulsitawaul rlwrlet;
/p a·lə́nte kwəlsət·aɔwwá·ɔl e·ləwé·li·t,
/t Some of them listened to what they said,

/b ok alintc muta | qulsitumwnru.
/p ɔ́·k a·lə́nte máta kwəlsət·amo·wəné·ɔ.
/t and some did not listen to it.

39.10 /b Kotin kejqo xrli awrni toxkw my krkw rlwctet.
/p kwə́t·ən kí·šku, xé·li awé·ni tɔ́xko·k, mé·i-[kələstamə́lí·č·i] kéku e·ləwéhti·t.
/t One day, many people came to them, coming to [listen to] the things they said.
/n kwə́t·ən kí·šku 'a day came (when ..)' (1842:13.6); ⟨toxkw⟩ for ⟨toxkwk⟩; ⟨my⟩: presumably for mé·i- PV 'go to' (cf. 37.6) with the missing verb; ⟨rlwc-|tet⟩.

39.11 /b Alintc tclin ok kotajt xakrekre wunhi pruk.
/p a·lə́nte télən ɔ́·k kwə́t·a·š txa·ke·i·t·i·ké·i wə́nči pé·ɔk.
/t Some came from sixteen nations.
/n ⟨kotajt xakrekre⟩ for ⟨kotaj txakrtekre⟩ (?; probably more correctly ⟨txakretekre⟩; see Glossary). They are listed in Acts 2.8-11.

39.12 /b Wrmi bkek cntxakctet hihpi lexswuk.
/p wé·mi yó·ki·k entxa·ke·íhti·t čə́čpi-li·xsúwak.
/t All these nations spoke different languages.
/n ⟨cntxakctet⟩: for expected ⟨cntxakretet⟩ (e.g.); see Glossary.

39.13 /b Nunu Hesus wehuman bl Rkrkematpanek;—|
/p nána čí·sas wwí·č·əma·n yó·l e·k·e·ki·ma·tpáni,
/t Then Jesus helped his disciples,
/n ⟨Rkrkematpanek⟩ for ⟨Rkrkematpani⟩ (39.4, 6).

/b wunhi kuski krkw lavtet,
/p wə́nči-káski- kéku -láhti·t,
/t by which they were able to speak to them,

/b wrmi rlexsetet bkek awrnek. ||
/p wé·mi e·li·xsíhti·t yó·ki·k awé·ni·k.
/t in all the languages of those people.
/k Cf.: every man heard them speak in his own language (Acts 2.6).
/n ⟨a-|wrnek⟩.

(p. 40)

40.1 /b Kanjrlintum ave, wrmi awin;
/p kanše·ləntam áhi wé·mi awé·n.
/t Everyone was very astonished.
/k And they were all amazed and marvelled (Acts 2.7).
/n ⟨awin⟩ for ⟨awrn⟩.

/b alintc lwruk | krkw vuh ct wunhi kuski lrk nuni?
/p a·lə́nte luwé·ɔk, "kéku=háč=ét wə́nči-káski-lé·k nə́ni?"
/t Some said, "How could that possibly be so?"
/k What meaneth this? (Acts 2.12).

40.2 /b Alintc wejaswuk, ok alintc lwruk kewswuk ct.
/p a·lə́nte wi·š·á·s·əwak, ɔ́·k a·lə́nte luwé·ɔk, "ki·wsúwak=ét."
/t Some were afraid, and some said, "They must be drunk."
/n Others mocking said, "These men are full of new wine." (Acts 2.13)

40.3 /b Nunu koti lino pusqem; lwcnsw Petul;
/p nána kwə́t·i lə́nu pɔ́skwi·n, luwénsu †pí·təl.
/t Then one man stood up, whose name was Peter.
/n ⟨pusqem⟩ for ⟨pusqen⟩.
/k But Peter, standing up ..

/b ny tolumi krkw lwc.
/p ná tɔ́ləmi- kéku -lúwe·n.
/t Then he began to speak.
/k lifted up his voice, and said unto them (Acts 2.14).
/n ⟨ny⟩ for /ná/; ⟨to-|lumi⟩; ⟨lwc⟩ for /-lúwe·n/.

40.4 /b Lwrw takw ta kukewsevumnu;
/p lúwe·w, "takó·=tá nkak·i·wsi·húməna.
/t He said, "We are not drunk.
/k For these are not drunken .. (Acts 2.15)
/n ⟨kukewsevumnu⟩ for /nkak·i·wsi·húməna/.

/b jwk kta Kejrlrmwqwf montwakun nmjekakwnrn.
/p šúkw=kta ki·š·e·ləmúk·ɔnkw mɔnt·uwwá·k·an nəməshika·k·ó·ne·n.
/t But rather, our creator's spiritual power came over us.
/n ⟨Ke-|jrlrmwqwf⟩; ⟨nmjekakwnrn⟩ for /nəməshika·k·ó·ne·n/, as if with unprefixed /məši·k../.

/b Nani | nwnhi avkanje krkw lisenrn.
/p nə́ni núnči- ahkánši-kéku -ləs·í·ne·n."
/t By that means we can do marvelous things."

40.5 /b   Nuni tolumi akunatuman bl Hesusul,
     /p   nána tóləmi-ahkəno·t·əmáɔ·n yó·l či·sás·al,
     /t   Then he began to speak to them about Jesus,
     /n   ⟨Nuni⟩ for ⟨Nana⟩, perhaps intended to correct ⟨Nani⟩ two lines above; ⟨akunatuman⟩ for (e.g.) ⟨akunwtuman⟩.

     /b   ok wrmi | cntxi lwrlet, qeaqi lrlrxrletc.
     /p   ó·k wé·mi éntxi-luwé·li·t kwiá·kwi lehəle·x·e·lí·t·e.
     /t   and everything he said when he was still alive.

     /b   Telawl, Kejrlrmwqwf ta nrl qesul Hesusul.
     /p   təlá·ɔl, "ki·š·e·ləmúk·ɔnkw=tá né·l kkwí·s·al či·sás·al.
     /t   He told them, "Jesus was the son of our creator.
     /n   ⟨Kejrlr-|mwqwf⟩.

     /b   Jwk mrhi wnevilawaul; bqi lupi lrlrxr.
     /p   šúkw mé·či wənihəlawwá·ɔl, yúkwe lápi lehəlé·x·e·.
     /t   But they have killed him, and now he lives again.
     /n   ⟨wnevi-|lawaul⟩.

     /b   Jwk mrhi maheu Kejrlrmwqwfif.
     /p   šúkw mé·či ma·č·í·ɔ ki·š·e·ləmuk·ónkunk."
     /t   But he has already gone back home to our creator."
     /n   ⟨Ke-|jrlrmwqwfif⟩.

40.6 /b   Qrnakevauh wrmi rvolkwk.
     /p   kwe·nahki·há·ɔ=č wé·mi ehɔ́·lkuk.
     /t   He will care for all who love him.
     /n   /ehɔ́·lkuk/: for the lack of /-i/ obv. cf. Gr. 4.65n.

40.7 /b   Nunu wrmi nrk wejasenru,
     /p   nána wé·mi né·k wwi·š·a·s·i·né·ɔ,
     /t   Then all of them were afraid.

     /b   ok nutotuma wuni | Petulu, ok nrlv rkrkematpani Hesus
     /p   ó·k nɔt·o·t·əmaɔ·né·ɔ †pí·təla ó·k né·li e·k·e·ki·ma·tpáni či·sas,
     /t   and they asked Peter, and the (other) disciples of Jesus,
     /n   ⟨nutotuma wuni⟩ appears to have ⟨-ma wuni⟩ for e.g. ⟨-mawnru⟩, for /-maɔ·né·ɔ/.
     /k   and said unto Peter and to the rest of the apostles .. (Acts 2.37)

     /b   krkwh ni, | vct bqi ntclsevenu!
     /p   "kéku=č=néh=ét yúkwe ntəlsíhəna?"
     /t   "What might we possibly do now?"
     /k   what shall we do? (Acts 2.37)
     /n   ⟨ni,|vct⟩ for /=néh=ét/.

40.8 /b Nuni lupi Petul pumtwnvrn.
/p náni lápi †pí·təl pwəmtó·nhe·n,
/t Then Peter preached again,

/b Tclaw.
/p təlá·ɔ,
/t saying to them,

/b Jerlintumwk rlvkeqi mahi lrlrxrrq;
/p "ši·e·ləntamo·kw e·lkí·kwi-máhči-lehəle·x·é·e·kw.
/t "Be sorry for how sinfully you live.
/n ⟨Jer-|lintumwk⟩.

/b avolw Hesus | Klyst, ok hvopunwkrk:
/p ahɔ́·lo· čí·sas kəláist, ɔ́·k čhɔ·pwənə́k·e·kw.
/t Love Jesus Christ, and be baptized.
/k Repent, and be baptized .. in the name of Jesus Christ (Acts 2.38)
/n ⟨hvopunwkrk⟩ for /čhɔ·pwənə́k·e·kw/; cf. ⟨khovopwnukc⟩ /kčɔhɔ·pwənə́ke/ (23.1).

/b kmutawswakunwuh heskvasw.
/p kəmat·a·wsəwa·k·anúwa=č či·skhá·s·u.
/t Your sins will be wiped away.
/k for the remission of sins (Acts 2.38)
/n ⟨hes-|kvasw⟩.

/b Kejrlrmwqwfh mwelawl wcnhi wlilisevtet.
/p ki·š·e·ləmúk·ɔnkw=č mwi·lá·ɔl wénči-wə́li-ləs·íhti·t."
/t Our creator will give them the means of being and doing good."
/n ⟨wlilis-|evtet⟩.

/b Heh xrlrnaoke krkw tclkwaul.
/p čí·č xe·lennáɔhki kéku təlkəwá·ɔl.
/t And they were told many more kinds of things by him.

40.9 /b Tclawl jarseq kata eka aq Kejrlrmwqwfif.
/p təlá·ɔl, "ša·é·s·i·kw; káhta- íka -á·kw ki·š·e·ləmuk·ɔ́nkunk.'
/t He said to them, "Make haste; seek to go to our creator."

40.10 /b Nuni wrmi cntxi wlistufek Petul toptonakun, | nun hvopunanru;
/p nána wé·mi éntxi-wələstánki·k †pí·təl tɔ·pto·ná·k·an nána čhɔ·pwəna·né·ɔ.
/t Then all those that believed Peter's words were then baptized.
/k Then they that gladly received his word were baptized (Acts 2.41)
/n ⟨Nuni⟩ for ⟨Nunu⟩ (cf. 40.5); ⟨nun⟩ for /nána/, but superfluous.

/b nuni pumenenru rpevtet rvolkwki Hesus.
/p nə́ni pwəminni·né·ɔ e·p·íhti·t ehɔ·lkúk·i čí·sas.
/t They remained where those that loved Jesus stayed.
/k And all that believed were together.. (Acts 2.44)
/n ⟨rvol-|kwki⟩.

40.11 /b Avpami nuxunt tclin xapukitxwuk.
/p ahpá·mi naxə́n télən txá·pxki txúwak.
/t There were about three thousand of them.
/k about three thousand souls .. (Acts 2.41)
/n ⟨nuxunt tclin xapukitxwuk⟩ for ⟨nuxun tclin txapxki txwuk⟩.

/b Qulrlintumunru nuni Hesus kejextakup, cntu tavqe metsevtetup,
/p kwəle·ləntaməné·ɔ nə́ni čí·sas ki·š·i·xtá·k·əp énta- tahkwí·i -mi·tsihtí·t·əp,
/t They kept to what Jesus had set up when they ate together,
/n There should be a new paragraph for the shift of subject; ⟨Qulrlin-|tumunru⟩; ⟨met-|sevtetup⟩.

/b cntu mukuni lokvwenetetu,
/p énta-məkə́ni-lɔ·k·wəni·p·wihtí·t·əp,
/t when they had the last supper.
/n Apparently ⟨lokvwenetetu⟩ for -lɔ·k·wəni·p·wihtí·t·əp.

/b nunu opufi | nunanvelan. ‖
/p nána ɔ·p·ánke nána nhíla·n.
/t Then the next day he was killed.
/n nána 'then' wrongly repeated.

(p. 41)

[*More Things Those Who Loved Jesus Did.*]

41.1 /b *Qeaqi rlyvosevtet rvolkwki Hesus.*
/p kwiá·kwi e·laehɔ·s·íhtit ehɔ·lkúk·i čí·sas
/t Still more that those who loved Jesus did.

41.2 /b Bkek rvolahek Hesusul,
/p yó·ki·k ehɔ·lá·č·i·k či·sás·al
/t Those who loved Jesus

/b aphi wehroapani srke | bni pumenet xqetvakumeqi.
/p á·pči wwi·č·e·ɔwwá·p·ani sé·ki- yó·ni -pəmínni·t xkwi·thakamí·k·we.
/t were always with him while he remained on this earth.

41.3 /b Nunu tolumskanau wrmi b ta tcli avkrkifrnru;
/p nána tɔləmska·né·ɔ wé·mi=yú=tá, tə́li-ahke·kinke·né·ɔ.
/t Then they went forth all over to teach.
/n ⟨avkrkifrn-|ru⟩.

/b wrmi awrn tclawaul, krkw letrvaq nuni | wunhi krkw rli mahilisun.
/p wé·mi awé·n[i] təlawwá·ɔl, "kéku e·li·t·e·há·e·kw nə́ni wə́nči- kéku -lí-máhči-ləs·í·an.
/t They told everyone, "The things you (pl.) think are why you (sg.) do evil things.
/n ⟨awrn⟩ for ⟨awrni⟩; ⟨letrvaq⟩ for ⟨rletrvarq⟩, ⟨rli⟩ for ⟨li⟩ (with ⟨l-⟩ and ⟨rl-⟩ reversed).

/b Ktavoluh Hesus:— |
/p ktahɔ́·la=č čí·sas.
/t You (sg.) must love Jesus.

/b okh kpatumao Kejrlrmwqwf.
/p ɔ́·k=č kpa·tamáɔ ki·š·e·ləmúk·ɔnkw.
/t And you must pray to our creator.

/b Nunuh kumelkwf woskset wvtr.
/p nána=č kəmí·lko·n wə́sksi·t wté·."
/t Then he will give you a new heart."
/n ⟨kumel-|kwf⟩ for ⟨kumelkwn⟩; 'new heart' should be obviative.

41.4 /b Alintc jifi klistawau.
/p a·lə́nte wšínki-kələstaɔwwá·ɔ.
/t Some were unwilling to listen to them.
/n ⟨jifi⟩ for /wšínki/.

/b ok alintc kutwnalawaul, | mrtasehek, tavonawaul alintc nrlel;
/p ɔ́·k a·lə́nte kɔt·o·nalawwá·ɔl, me·t·a·wsí·č·i·k, tɔhwənawwá·ɔl a·lə́nte né·li·l.
/t And some sought to kill them, evil ones, and they arrested some of them.
/k And laid their hands on the apostles (Acts 5.18)

/b nunu kwpvonru hetanrk wekwamif.
/p nána kuphɔ·né·ɔ čí·t·ane·k wi·k·əwáhəmink.
/t Then they shut them in a prison (*lit.*, 'a strong house').
/k and put them in the common prison (Acts 5.18)
/n ⟨kwp-|vonru⟩.

[*Philip and the African.*]

41.5 /b Nunu tusrxrnru: alintc ovolumi ruk.
/p nána tɔs·e·x·we·né·ɔ, a·lə́nte ɔ́həlǝmi é·ɔk.
/t Then they scattered, and some went far away.
/n ⟨tusrxrnru⟩ for ⟨tusrxwrnru⟩ (cf. 43.1; ⟨vusrxwr-⟩ Jn 7.35; ⟨avsrxwr-⟩ 1842:9.9).

41.6 /b Koti lino lwcnsw Pilup, vwcnhi khifwcvulak rp.
/p kwə́t·i lə́nu luwénsu †pílap wehə́nči-kčinkwéhəla·k é·p.
/t There was a certain man named Philip who went to the east.
/n ⟨vwcnhi khifwcvulak⟩ for /wehə́nči-kčinkwéhəla·k/ (Lk 13.29, Mt 24.27).

41.7 /b Koti kejqi pumuskrp;
/p kwə́ti-kí·škwe pəmə́ske·p.
/t He walked all day.

/b Sukakolrs nrr tutuphrvulasif rlumakrxif li rvw.
/p səkahkóle·s (né·e·) tət·əpčehəlá·s·ink e·ləma·ké·x·ink lí é·w.
/t And an African (he saw) was going along the road in a wagon.
/k [an Ethiopian] Was returning [from Jerusalem], and sitting in his chariot (Acts 8.28)
/n ⟨Sukakolrs⟩: proximate despite the parenthetical verb; ⟨tutuphr-|vulasif⟩; lí not idiomatic; ⟨rvw⟩ for /é·w/ [ɛ·w̥].

41.8 /b Lrkvekuna kulinrp, Mrmrmunset rlevatpani | lomwc.
/p le·khí·k·ana kələ́ne·p me·me·mántsi·t e·li·ha·tpáni lə́·məwe.
/t He held a book that a prophet had written long ago.
/k read Esaias the prophet. (Acts 8.28)
/n e·li·ha·tpáni 'that (obv.) he had written (lit., done)'.

41.9 /b Nrli lrkvekun tclvkwl Hesusul Kejrlrmwqwf | qesul
/p né·li le·khí·k·an[a] tə́lko·l či·sás·al, ki·š·e·ləmúk·ɔnkw kkwí·s·al.
/t That book told him about Jesus, the son of our creator.
/n ⟨lrkvekun⟩ for ⟨lrkvekuna⟩ (as in 41.8); |əl-| TA 'tell' used as a double-object verb.

41.10 /b Pilup eku rvw tutuphrvulasif;
/p †pílap íka é·w tət·əpčehəlá·s·ink,
/t Philip went up to the wagon
/n ⟨rvw⟩ for /é·w/ (as above).

/b notumawul nrlel linoul.
/p nɔt·o·má·ɔl né·li·l lə́nəwal.
/t and called to that man.
/n ⟨nr-|lel⟩; the verb properly means 'call over, call to come'.

41.11 /b Tclawl kupuntuman vuh krkw nani lrkvekun | rlwrt?
/p təlá·ɔl, "kpə́ntamən=háč kéku náni le·khí·k·an é·ləwe·t?"
/t He said to him, "Do you understand the things that book says?"
/k "Understandest thou what thou readest?" (Acts 8.30)
/n ⟨kup-⟩ for /kp-/; kéku: cf. (nə́ni) kéku 'the things' (33.6, 39.10).

41.12 /b Tclawl Pilupul wuntaval tuphrvulasif avkrkemel.
 /p təlá·ɔl †piláp·al, "wə́ntax á·l təpčehəlá·s·ink, ahke·kí·mi·l."
 /t He said to Philip, "Come here into the wagon and teach me."
 /n ⟨avkrke-|mel⟩.

 /b Nunu Pilip eku ton;
 /p nána †pílap íka tɔ́·n,
 /t Then Philip went there,

 /b nu lapi talumskan | tuphcvulas.
 /p ná lápi tɔləmska·n təpčéhəla·s.
 /t and then the wagon went on again.

41.13 /b Pilup tahemolvan wrmi rlset Hesus, ok nuni | toptonakun.
 /p †pílap tɔ·č·i·mó·lxa·n wé·mi é·lsi·t čí·sas, ɔ́·k nə́ni tɔ·pto·ná·k·an.
 /t Philip recounted to him all that Jesus did, and his words.

 /b Nrlovwctet nunu eku ponru mpe | rtrk. ‖
 /p ne·lo·x·wéhti·t, nána íka pɔ·né·ɔ mpí é·te·k.
 /t As they went along, they then came to where there was water.
 /k And as they went on their way, they came unto a certain water (Acts 8.36)

(p. 42)
42.1 /b Nu wuni Sukakolrs tclwrn, jrpuna b mpi. —
 /p ná wáni səkahkɔ́le·s tɔ́ləwe·n, "šé· pənáh yú mpí.
 /t Then the African said, "Look, here's some water.
 /k and the eunuch said, See, here is water; (Acts 8.36)

 /b Krkw vuh a wcnhi aly bqi hvopunif?
 /p kéku=háč=á· wénči-á·lai- yúkwe -čhɔ́·pwənink?"
 /t What reason would there be that I cannot now be baptized?"
 /k what doth hinder me to be baptized?

42.2 /b Pilup tclawl, wlamvetamunia musihri ktrvif | tali, nani clsen.
 /k †pílap təlá·ɔl, "wəla·mhitamáne=á· məsəč·é·i kté·hink táli, ná=ni e·lsían."
 /t Phillip said to him, "If you believe in your whole heart, that's what you can do."
 /k And Philip said, "If thou believest with all thine heart, thou mayest" (Acts 8.37)
 /n ⟨clsen⟩ for /e·lsían/.

42.3 /b Sukakolrs lwr, nwlamvetamin tcli Kejrlrmwqi toxwen Hesus Klyst.
 /p səkahkɔ́le·s lúwe·, "no·la·mhítamən tə́li- ki·š·e·ləmuk·ɔ́nkwi -wtɔ́·x·wi·n čí·sas
   kəláist."
 /t The African said, "I believe that Jesus Christ is the son of our creator."
 /k (the eunuch said), "I believe that Jesus Christ is the Son of God." (Acts 8.37)
 /n ⟨Kejrlrmw-|qi⟩ for ⟨Kejrlrmwqwfwi⟩ /ki·š·e·ləmuk·ɔ́nkwi/ (31.10).

42.4 /b   Nunu wuni tuphrvulas nukevulan.
     /p   nána wáni təpčéhəla·s nɔk·íhəla·n.
     /t   Then the wagon stopped.
     /k   And he commanded the chariot to stand still (Acts 8.38)

     /b   Nunu rle | eku tonru mpif, rle Pilup ok nuni Sukalolrs.
     /p   nána ellí·i íka tɔ·né·ɔ mpínk, ellí·i †pílap ó·k náni səkahkóle·s.
     /t   Then they both went into the water, both Philip and the African.
     /k   and they went down both into the water, both Philip and the eunuch (Acts 8.38)

42.5 /b   Nunu Pilup hvopunan;
     /p   nána †pílap wčɔhó·pwəna·n.
     /t   Then Philip baptized him.
     /k   and he baptized him. (Acts 8.38)
     /n   ⟨hvop-⟩ for /wčɔhó·p-/.

     /b   nu krpatetc Kejrlrmwqwf wrtunau Pilupul, pale tcloxulaul.
     /p   ná ke·p·ahtí·t·e, ki·š·e·ləmúk·ɔnkw wwe·t·əná·ɔ †pilápal, palí·i təlo·x·ɔlá·ɔl.
     /t   And then when they came out of the water, our creator picked Philip up and took him away.
     /k   And when they were come up out of the water, the Spirit of the Lord caught away Philip, (Acts 8.39)
     /n   ⟨Kejrlrm-|wqwf⟩.

42.6 /b   Nunu wu Sukakolrs muta heh wnron.
     /p   nána wá səkahkóle·s máta čí·č wəné·ɔ·n.
     /t   Then the African did not see him anymore.
     /k   that the eunuch saw him no more (Acts 8.39)

42.7 /b   Nunu wu Sukakolrs tolmskan, alumi wlrlintumoxc.
     /p   nána wá səkahkóle·s tɔlɔ́mska·n, áləmi-wəle·ləntaməwó·x·we·.
     /t   Then the African went on, rejoicing as he went.
     /k   and he went on his way rejoicing. (Acts 8.39)
     /n   ⟨wlrlin-|tumoxc⟩; 'as he went': *lit.*, 'as he walked'.

          [*Filet*]
               [*How the Indians lived.*]

42.8 /b   *Mrxkrokiset rli lrlrxrt.*
     /p   me·xke·ɔhkə́s·i·t é·li-lehəlé·x·e·t.
     /t   How the Indians lived.
     /n   *Lit.*, 'redskin', representative singular.

42.9 /b Mrxkrokiset aphi lomwe nwhi krxrnaoxki lvakrb.
    /p me·xke·ɔhkə́s·i·t á·pči ló·məwe núči ke·x·ennáɔhki la·ké·yu.
    /t Since long ago the Indians have always been of many different tribes.
    /n ⟨lva-|krb⟩ for /la·ké·yu/ (cf. e·lhaké·i·t 'tribe').

42.10 /b Nrlumu wropset pratc wuntax kami,
     /p né·ləma we·ɔ́·psi·t pe·á·t·e wəntahká·me,
     /t Before the whiteman arrived on this side of the water,
     /n ⟨wuntax kami⟩ for /wəntahká·me/.

     /b wlexun | kavuni rli hihpakrevtet.
     /p wəlí·x·ən ká·xəne é·li-čəčpa·ke·íhti·t.
     /t it was really good how they were separate tribes.

42.11 /b Weuk yrsekrp wrmi b ta li.
     /p wiáki-aesəs·í·ke·p wé·mi yú táli.
     /t There was a great abundance of animals everywhere here.
     /n ⟨Weuk⟩ for /wiáki/; ⟨yrsekrp⟩ for /aesəs·í·ke·p/; ⟨ta li⟩ for /táli/ (but cf. ⟨wrmi b ta⟩ 41.3).

42.12 /b Tatxetehek weuki vuf krkw muxkumwk methetet,
     /p ta·txi·t·í·č·i·k, wiáki-hánkw kéku máxkamo·k mi·č·íhti·t,
     /t Being few, they always found plenty of things that they ate,
     /n ⟨met-|hetet⟩.

     /b ok rlvkeqi vuf mrxrlkek weuki muxkumevtet;
     /p ó·k e·lkí·kwi-=hánkw me·x·é·lki·k -wiáki-maxkamíhti·t,
     /t and it was always enough for their numbers to find plenty of.
     /n ⟨muxkum-|evtet⟩.

     /b jrnuni puna wunhi nwhqia wvehuntenru.
     /p šé· nə́ni pənáh wə́nči, nó·čkwe=á· wwihi·č·ənti·né·ɔ.
     /t And because of *that*, see, they would freely help each other.

42.13 /b Wropset bni nrki patc munatruf
     /p we·ɔ́·psi·t yó·ni néke pe·á·t·e məna·té·yunk,
     /t When the whiteman came to this continent,
     /n /we·ɔ́·psi·t/ 'whiteman'; representative singular, but with plural reduplication; ⟨patc⟩ for ⟨pratc⟩ (42.10); məna·té·yunk 'continent (loc.)', *lit.* 'island'.

     /b muta nuni | tcli krxrnaoki avpewun;
     /p máta nə́ni tə́li- ke·x·ennáɔhki -ahpí·wən;
     /t there were not several kinds of them like that.

/b wrmi kotinaxki li lrlrxrp.
/p wé·mi kwət·ennáɔhki lí-lehəléx·e·p.
/t They all lived one kind of way.
/n ⟨lrlr-|xrp⟩.

42.14 /b Wevehuntwpanek ma, wrmi kotinaxki ruk, |
/p wihi·č·əntó·p·ani·k=máh, wé·mi kwət·ennáɔhki é·ɔk,
/t They used to help each other, and they all went as one group.
/n é·ɔk 'they went': with no oblique complement.

/b nani wunhi hetanisenrup. ‖
/p nə́ni wwə́nči-či·t·anəs·i·né·ɔ·p.
/t That is why they were strong.

(p. 43)
43.1 /b Jyi alumi xaxrl, ok alumi srxwr wrmi b tali.
/p šá·e áləmi-xáhe·l, ó·k áləmi-sé·x·we· wé·mi yú táli.
/t Right away there began to be many, and they began to scatter everywhere.

43.2 /b Nuni lrkveqi mrxkrokiset xaxrlwp,
/p nə́ni ləkhíkwi me·xke·ɔhkə́s·i·t xahé·lo·p.
/t At that time, the Indians were many.

/b jwk muta | wehintunepanek, tcli a tutu wuntunru wcnhi a | lrlrxctet,
/p šúkw máta wi·č·ənti·í·p·ani·k, tə́li-=á· tətá -wəntəné·ɔ wénči-=á· -ləhəle·x·éhti·t.
/t But they did not help each other get from anywhere what they could live from.
/n ⟨wehintunepanek⟩ for (e.g.) ⟨wehinteepanek⟩.

/b nani wunhi nwnty txen cntxun kavtif.
/p nə́ni wwə́nči-nuntá·i-txí·n éntxən-kahtínk.
/t That is why every year there were fewer of them.

43.3 /b Alintc mrxkrokiset rpetup bqi wropset topen |
/p a·lə́nte me·xke·ɔhkə́s·i·t e·p·í·t·əp, yúkwe we·ɔ́·psi·t tóp·i·n.
/t Where some Indians used to be, now the whiteman is.

/b mrhi nrkaki muta koti awrn avpee;
/p mé·či nəkáhke máta kwə́t·i awé·n ahpí·i.
/t At present not a single one of those earlier people exists.

/b takw ta koti awrn peenri krskc a lwrt nuni ta tclsenru nrkakc.
/p takó·=tá kwə́t·i awé·n pi·i·né·i ké·ski-=á· -lúwe·t, "nə́ni=tá təlsi·né·ɔ nəkáhke."
/t Not one person survives who could say, "That's what those people did then."
/n ⟨ko-|ti⟩; ⟨nr-|kakc⟩.

43.4 /b Krxaki awrn, kotin ma, xrlwpanek, bqi nrkek | ave tatxetwuk.
/p ke·xháke awé·n, kwǝt·ǝn=máh xe·ló·p·ani·k, yúkwe né·ki·k áhi-ta·txí·t·ǝwak.
/t For several tribes of people, once they were many, and now they are very few.
/n ⟨Krxaki⟩ /ke·xháke/: apparently 'some tribe' (construed as plural).

[*Plans for an Indian State.*]

43.5 /b Krkyimvrt ok Kaflisuk ok peli wrletrvathek | linouk kavuni jerlintumwk rli nrovtet wemavtwaul tcli alumi tatxeten, ok ktumaksen.
/p ke·kayǝmhe·t ó·k kankǝlǝs·ak ó·k pí·li we·li·t·e·há·č·i·k lǝnǝwak ká·xǝne ši·e·lǝ́ntamo·k é·li-ne·ǝ́hti·t wi·mahtǝwá·ɔl tǝ́li-álǝmi-ta·txí·t·i·n ó·k -ktǝmá·ksi·n.
/t The President and Congress and other good-hearted men are really sorry as they see their brothers become few and poor.
/n ⟨wemavtwa-|ul⟩: the verbal complements have proximate singular subjects.

43.6 /b Ok wvjerlrmaul rli nrot avasri evcntxiti avpet | kotvaki.
/p ó·k wši·e·lǝmá·ɔl é·li-né·ɔ·t ahas·é·i ehǝntxíti-ahpí·t kwǝtháke.
/t And he grieves for them as he sees one tribe in more and more scattered places.
/n ⟨evcntxiti⟩ for /ehǝntxíti/.

43.7 /b Nunu wvletrvunru aloe a wlexun
/p nána wtǝli·t·e·ha·né·ɔ, alǝwí·i=á· wǝlí·x·ǝn
/t Then they thought it would be better
/n ⟨wvletrvunru⟩ for (e.g.) ⟨wvtuletrvanru⟩.

/b kotrnaoki | wrmi mrxkrokiset avpetc koti vakif,
/p kwǝt·ennáɔhki wé·mi me·xke·ɔhkǝs·i·t ahpí·t·e, kwǝt·i hák·ink,
/t if all the Indians were a single kind in one land,

/b wcnhi a kotrnaxkisen;
/p wénči-=á· -kwǝt·ennaɔhkǝs·i·t.
/t by which they would become a single kind.
/n ⟨ko-|trnaxkisen⟩ for (e.g.) ⟨kotrnaxkiset⟩.

/b rli lwruk prxihi a lekaltetc;
/p é·li luwé·ɔk, "pe·x·o·č·i-=á· -li·khatihtí·t·e,
/t For they say, "When they all settle near each other,
/n ⟨prxihi⟩ for ⟨prxwhi⟩; ⟨lekaltetc⟩ perhaps for (e.g.) ⟨lekvatetetc⟩.

/b avoltwuk a, ok a wevehuntwuk.
/p ahɔ·ltúwak=á·, ó·k=á· wihi·č·ǝ́ntǝwak."
/t they would love each other, and they would always help each other."
/n ⟨avolt-|wuk⟩.

43.8 /b Nuni wuni Krkyimvrt ok Kaflisuk wrmi punamunru vaki,
      /p nána wáni ke·kayə́mhe·t ɔ́·k kankələ́s·ak wé·mi pwənaməné·ɔ hák·i.
      /t Then the President and Congress looked at all the land.
      /n ⟨Nuni⟩ for /nána/; ⟨pun-|amunru⟩.

      /b kutu muxkumunru nuni rpelet a; |
      /p kɔ́t·a-maxkaməné·ɔ nə́ni e·p·í·li·t=á·.
      /t They wanted to find the place where they (the Indians) would stay.

      /b qen tukunotumunru.
      /p kwí·n tɔk·əno·taməné·ɔ.
      /t They talked about it for a long time.

43.9 /b Lwruk wuni mrxkrokiset kematinu kotin eku | joyvpc wekenrp,
      /p luwé·ɔk, "wáni me·xke·ɔhkə́s·i·t ki·mahtə́na kwə́t·ən íka šɔ́ype wwi·k·í·ne·p.
      /t They said, "The Indian, our brother, once lived at the water's edge.
      /n ⟨joyvpc⟩ for /šɔ́ype/ (later /šɔ́hpe/).

      /b jwk xrli moxolul eku prhelrul | mpif tali,
      /p šúkw xé·li mux·ó·lal íka pe·č·ihəlé·ɔl mpínk táli,
      /t But many boats came there on the water,

      /b ok xrli awrn maetwuk wekwavul eku | tokewauf,
      /p ɔ́·k xé·li awé·n manni·tó·wak wi·k·əwáhəmal íka tɔ·ki·yəwá·unk,
      /t and many people made houses on their land,
      /n ⟨maetwuk⟩ for /manni·tó·wak/; ⟨wekwavul⟩ for /wi·k·əwáhəmal/.

      /b ok amufi vakehakunul;
      /p ɔ́·k amánki-haki·há·k·anal.
      /t and great farms.

      /b nani wunhi | muta kuski nuni wekebnru nani tali.
      /p nə́ni wə́nči máta kɔ́ski- nə́ni -wi·k·i·wəné·ɔ, nə́ni táli.
      /t Because of that, they were not able to live there, in that place.
      /n ⟨wekebnru⟩ for /-wi·k·i·wəné·ɔ/.

43.10 /b Alintc qtuke ruk nini wcnhi ketvanwf nani wekenru,
      /p "a·lə́nte kwtə́k·i·é·ɔk nə́ni wə́nči khithánunk, nə́ni wwi·k·i·né·ɔ.
      /t "Some went back away from the main river, and they lived there.
      /n ⟨we-|kenru⟩.

      /b jwk wropset eku prw nani okai tclyekrn,
      /p šúkw we·ɔ́·psi·t íka pé·w, nə́ni ɔ·ká·i təlaí·k·e·n, |
      /t But the whiteman came there and settled around there,

/b   ok muta kuski nini wekwnru. ‖
/p   ɔ́·k máta kɔ́ski- nə́ni -wi·k·i·wəné·ɔ."
/t   and they were not able to live there."
/n   ⟨wekwnru⟩ for ⟨wekewnru⟩

(p. 44)

44.1 /b   Lwruk wrmi a mrxkrokiset ekatch eapri
     /p   luwé·ɔk, "wé·mi=á· me·xke·ɔhkə́s·i·t íka á·t·eč ya·p·é·i.
     /t   They said, "All the Indians should go to the shore.
     /n   ⟨ekatch⟩ for /íka á·t·eč/.

     /b   munwprkwf, weketeti; movola ok nc prhevulc eakaxkamree,
     /p   mənəp·é·k·unk wi·k·ihtí·t·e, múx·o·l=á· ɔ́·k nə́ pe·č·íhəle· †ihahka·me·í·i.
     /t   If they live on a lake, a boat would also come back and forth to that other side.
     /n   ⟨mu-|nwprkwf⟩ (presumably the Great Lakes); ⟨ea-|kaxkamree⟩ perhaps for †ihahka·me·í·i (cf. ká·mink 'on the other side of the water').

     /b   pcxo a volineti wropset tohekawaul,
     /p   péxu=á· xuləníti we·ɔ́·psi·t tɔčhikaɔwwá·ɔl,
     /t   Soon, very soon, the whiteman would crowd up against them,
     /n   we·ɔ́·psi·t: sg. agreeing as pl.; ⟨tohekawa-|ul⟩.

     /b   ok nc wuntaqi rpet tali.
     /b   ɔ́·k nə́ wə́ntahkwi é·p·i·t táli."
     /t   and also towards the place where he was."

44.2 /b   Nuni wunhi muta kuski nc avpet rli alintc | mahiliset awrn,
     /p   nə́ni wə́nči máta káski- nə́ -ahpí·t, é·li- a·lə́nte -máhči-lə́s·i·t awé·n,
     /t   Therefore, he was not able to stay there, as some people behaved badly,

     /b   wunhi a kumri kata kealwkwn, | ok alrmpomkwn
     /p   wwə́nči-=á· nkəmé·i -káhta-ki·ɔlúk·o·n, ɔ́·k -ale·p·ɔ́·mko·n,
     /t   because they would always try to fool him and give him advice,
     /n   ⟨alrmpomkwn⟩ for /-ale·p·ɔ́·mko·n/.

     /b   cnta a maheliset.
     /p   énta-=á· -máhči-lə́s·i·t.
     /t   when they would be bad.
     /n   Lit. 'he', continuing the representative singular of a·lə́nte .. awé·n, above.

44.3 /b   Lwruk kavuni muxukel wuni wropset malaji | amufakul tclsenru;
     /p   luwé·ɔk, "ká·xəne maxák·i·l wáni we·ɔ́·psi·t; málahši amanká·kɔl təlsi·né·ɔ.
     /t   They said, "The whiteman is really big; they are like big trees.
     /n   (Speaking to the President and Congress.)

/b kahi a mrxkrokiset tclsen | mulaji semakonul,
/p káč·i=á· me·xke·ɔhkə́s·i·t tə́lsi·n málahši si·ma·kɔ́·nal.
/t But the Indian would be like cornstalks.

/b cnta tvaqekamevtet a ntupenrn; wcnhi a muta kuski alumikeif.
/p énta-tha·khwikamíhti·t=á· ntap·í·ne·n, wénči-=á· máta -káski-aləmí·k·ienk."
/t We would be in their shadow and would thus not be able to grow."
/n ⟨ntupe-|nrn⟩.

44.4 /b Nunu Krkyimvrt ok Kaflisuk, punamunru kamif Wrtumpeprku
/p nána ke·kayə́mhe·t ɔ́·k kankələ́s·ak pwənaməné·ɔ ká·mink we·t·əmpihpé·k·a,
/t Then the President and Congress looked at the other side of the Missouri River,
/n ⟨ka-|mif⟩.

/b ok wnrmunru nini vaki bqi | rpeu.
/p ɔ́·k wəne·məné·ɔ nə́ni hák·i yúkwe é·p·ia.
/t and they saw the land where I am now.

44.5 /b Lwruk kavuni jeki bv vaki
/p luwé·ɔk, "ká·xəne ší·ki yúh hák·i.
/t They said, "This land is really good.

/b Linapi a tali lrlrxrtc.
/p ləná·p·e=á· [yú] táli-lehəle·x·é·t·e,
/t If the Delawares are living [here],
n/ /yú/ 'here' supplied; cf. 44.6, 45.9, etc.

44.6 /b Moxoluk ta kuski eku prhevulreu rpevtet rlwsekaq wcnhi;
/p "mux·ó·la tá=á· káski- íka -pe·č·ihəle·í·ɔ e·p·íhti·t éhəli-wsí·ka·k wə́nči,
/t "Boats would not be able to come to where they are from the west,
/n ⟨Moxoluk⟩ (agreeing as inan. pl.) for /mux·ó·la/; ⟨rlw-|sekaq⟩ for /éhəli-wsí·ka·k/ (or /é·li-wsí·ka·k/).

/b rli muta b tali mpi.
/p é·li máta yú táli mpí.
/t as there is no water here.

44.7 /b Nuni wropset ta kuski nuni wuntaqi tali vakevakunul manetwun,
/p "náni we·ɔ́·psi·t tá=á· kɔ́ski- nə́ni wə́ntahkwi -táli- haki·há·k·anal -manni·tó·wən,
/t "The whiteman would not be able to make farms on that side,
/n ⟨vak-|evakunul⟩.

/b rli muta vetqekrq.
/p é·li- máta -hitkwí·ke·kw.
/t as there are no trees.

44.8 /b Ok nuni wropset muta kuta nuni wuntaqi awun;
/p "ɔ́·k náni we·ɔ́·psi·t máta=á· kɔ́t·a- nə́ni wə́ntahkwi -á·wən.
/t "And the whiteman would not want to go to that side.
/n ⟨aw-|un⟩.

/b ok muta tumeki tcli nalauntwn moxol,
/p ɔ́·k máta=á· təmí·ki tə́li- nalahí·i -wəntó·wən múx·o·l,
/t And he would not often get a boat from upstream,
/n ⟨nalauntwn⟩ for /nalahí·i -wəntó·wən/ (see note in *Glossary*).

/b rli | avatuk nalyve lovatasw moxol.
/p é·li-áhɔhtək, nalahí·i luxɔhtá·s·u múx·o·l."
/t as it is difficult for a boat to be made to go upstream."

44.9 /b Krkyimvrt ok Kaflisuk nunu, linoul telanru |
/p ke·kayə́mhe·t ɔ́·k kankələ́s·ak nána lə́nəwal təla·né·ɔ,
/t The President and Congress then told some men,

/b manetwk kekvakun,
/p "manní·to·kw khikhá·k·an,
/t "Make a boundary,

/b jaonrewf wunhi wuntaqi | lwunrwf.
/p ša·ɔné·yunk wə́nči, wə́ntahkwi lo·wané·yunk."
/t from the south towards the north."

44.10 /b Mrhi kejtwfi nuni kekvakun;
/p mé·či ki·š·i·túnke nə́ni khikhá·k·an,
/t After that boundary was made,
/n ⟨kejtwfi⟩ for ⟨kejetwfi⟩.

/b nuni tclanru blel Jwanukul
/p nána təla·né·ɔ yó·li·l šəwánahkɔl,
/t then they said to the whiteman,
/n ⟨nuni⟩ for /nána/; ⟨bl-|el⟩.

/b wuntaqih ktupen vwcnhi khifwcvulal kejox;
/p "wə́ntahkwi=č ktáp·i·n wehə́nči-kčinkwéhəla·t kí·š·o·x,
/t "You shall stay on the sun-rise side
/n ⟨khifwcvu-|lal⟩ for /-kčinkwéhəla·t/ (AI verb with 'sun' as subject).

/b wcnhi nuni mrxkrokiset wrmi nuni | pumenet vakif nuni wuntaqe.
/p wénči-[=č] náni me·xke·ɔhkə́s·i·t wé·mi nə́ni -pəmínni·t hák·ink nə́ni wə́ntahkwi."
/t of what all the Indians will stay on the land on *that* side of."

44.11 /b Letrvruk wlexuna wrmi mrxkrokiset wlufwntetc aphi,
/p li·t·e·hé·ɔk, "wəlí·x·ən=á· wé·mi me·xke·ɔhkə́s·i·t wəlankuntí·t·e á·pči.
/t They thought, "It would be good if all Indians are at peace with each other always.
/n ⟨wlufwn-‖tetc⟩.

(p. 45)

/b kxutki a kotrnaoki wrmi lrlintw,
/p kxántki=á· kwət·ennáɔhki wé·mi le·lə́ntu.
/t Eventually they would all think of each other as of one kind.

/b muta | heh nevelahi mutvakaltee.
/p máta=á· čí·č nihəláči mahta·ka·ltí·i."
/t They would no longer fight against themselves."
/n ⟨mutvakaltee⟩ for ⟨muvtakaltee⟩

45.1 /b Kaflisuk kutatumunru bni vaki li a Jtrtww, | mrxkrokiset wunhi.
/p kankələ́s·ak kɔt·a·t·aməné·ɔ yó·ni hák·i lí·=á· †-šte·tó·u me·xke·ɔhkə́s·i·t wə́nči,
/t Congress wants the land to be a state for the Indians,
/n ⟨Jtrtww⟩: presumably šte·tó·u 'it is a state'.

45.2 /b Muxki sepwf wunhi kxutki Kavane sepwf,
/p máxki-sí·p·unk wə́nči, kxántki kahəní·i-sí·p·unk,
/t from the Red River, up as far as the Dry-River-Bed River,
/n /kahəní·i/ PN, from ká·han 'dry river bed'; unidentified but perhaps the Platte.

/b wrmi nuni li lrlye.
/p wé·mi nə́ni lí-le·lá·i.
/t and everything in between that.
/n ⟨wr-|mi⟩.

45.3 /b Nuh nuni lrlyi vakif talih manetasw xifwi wekwam
/p ná=č nə́ni le·lá·i hák·ink, táli·=č -manni·tá·s·u xínkwi-wí·k·əwam,
/t In the middle of that land, a large house will be built,
/n ⟨we-|kwam⟩.

/b cntah ahemwlsif.
/p énta-=č -a·č·i·mó·lsink.
/t where councils will be held.

45.4 /b Alintch Sakemauk wrmi cntxakrt wunhi eku | anru cntxun katif
/p a·lə́nte=č sa·k·i·má·ɔk wé·mi entxa·ké·i·t wə́nči íka é·ɔk éntxən-kahtínk,
/t Some chiefs from every tribe will go there every year,
/n ⟨anru⟩ for /é·ɔk/ (crossed with /tɔ·né·ɔ/).

/b　my ahemwlswuk, wunhi wrmi | krkw, rlrk nuni vakif tali.
/p　mái-a·č·i·mo·lsúwak wə́nči wé·mi kéku é·le·k nə́ni hák·ink táli.
/t　going to hold councils about everything that happens in that land.

/b　Nani tevelinumun | wropset, wrmi cntxif Jtrtsul.
/p　ná=ni tihələnə́mən we·ɔ́·psi·t wé·mi éntxink †šte·tsal.
/t　That is what the whiteman does in all the states.

45.5　/b　Vetamih koti lino wropset ekuh avpw wehumauh mrxkrokiselethi,
　　　/p　hítami=č kwə́t·i lə́nu we·ɔ́·psi·t íka=č ahpú; wwi·č·əmá·ɔ=č me·xke·ɔhkəs·i·lí·č·i.
　　　/t　At first one man, a whiteman, will be there; he will help the Indians.
　　　/n　⟨wehum-|auh⟩.

/b　nuh nc luvupu tuntu Kopunrlel.
/p　ná=č nə́ lahápa tə́nta-†kapənáli·n.
/t　That is where he will be governor for a while.
/n　⟨Kopu-|nrlel⟩ for /-kapənáli·n/.

45.6　/b　Ekalihi lukveqi mrhi wrmi wataqi wuni mrxkrokiset rlrkh,
　　　/p　ikalíči ləkhíkwi, mé·či wé·mi wwa·tá·k·we wáni me·xke·ɔhkəs·i·t, é·le·k=č:
　　　/t　Further on, after the Indians already know everything, what will happen is:
　　　/n　⟨mrx-|krokiset⟩.

/b　kotih Sakema Kopunrlet.
/p　kwə́t·i=č sa·k·í·ma †kapənáli·t.
/t　there will be one chief who is governor.

45.7　/b　Nunih tali ahemwlsifi
　　　/p　nə́ni=č táli-a·č·i·mó·lsinke,
　　　/t　When councils are held there,

/b　qetulituwakunh nani lukveqi hetanc, ok wropset qetulituwakun.
/p　khwitələt·əwá·k·an=č nə́ni ləkhíkwi-čí·t·ane· ɔ́·k we·ɔ́·psi·t kkwi·tələt·əwá·k·an.
/t　the laws will be as strong as the whiteman's laws.
/n　⟨lu-|kveqi⟩.

45.8　/b　Kopunulh wrmi wvtelrkvamun nuni qetulituwakun;
　　　/p　†kápənal=č wé·mi wtəle·khámən nə́ni khwitələt·əwá·k·an.
　　　/t　The governor will write all those laws.
　　　/n　⟨qetulitu-|wakun⟩.

/b　ekuh tali lrkvasw wvtclwcnswakun,
/p　íka=č táli-le·khá·s·u wtələwensəwá·k·an,
/t　His name will be written there,

	/b	ok	nrk Sakemauk tclwcnswakunwuk, wehi nuni kejextaqek.
	/p	ɔ́·k né·k sa·k·i·má·ɔk tələwensəwa·k·anəwá·ɔ, wíči- nə́ni -ki·š·i·xtá·k·wi·k.	
	/t	and the names of the chiefs who drew them up with him.	
	/n	⟨tclwcnswakunwuk⟩ (with animate plural suffix) for /tələwensəwa·k·anəwá·ɔ/; ⟨ke-|jextaqek⟩.	

45.9 /b Ok lupi cntxakrth nevelahih evahemwlswuk; |
 /p ɔ́·k lápi entxa·ké·i·t=č nihəláči=č iha·č·i·mo·lsúwak.
 /t And again each tribe will hold their own councils.

 /b nuh ni tunta akunotuminru nevelahi mwekumoswakunwu,
 /p ná=č nɔ́ tə́nta-ahkəno·t·əməné·ɔ nihəláči mwi·kəmɔ·s·əwa·k·anúwa.
 /t That will be where they speak about their own activities.
 /n ⟨mweku-|moswakunwu⟩.

 /b okh muta b ta tcli peli awrni nahevawunru.
 /p ɔ́·k=č máta yú=tá tə́li- pí·li awé·ni -na·či·ha·wəné·ɔ.
 /t And it will not be there that they concern themselves with other people.

45.10 /b Kejemrukh linoul.
 /p ki·š·i·mé·ɔk=č lə́nəwal.
 /t They will designate some men.

 /b krnaketovteth, wcnhih wrmi awrn amunheih rnvrt cnta lrkvamat;
 /p ke·nahki·túhti·t=č wénči-=č wé·mi awé·n amənčí·i=č -é·nhe·t entale·kháma·t.
 /t What they will oversee will be how everyone will be forced to pay what he owes.
 /n ⟨wr-|mi⟩.

 /b ok mrxkrokiset kamwtumatc wihi mrxkrokisethi okh | nuni wlextonru. ||
 /p ɔ́·k me·xke·ɔhkə́s·i·t kəmo·t·əmá·t·e wíči-me·xke·ɔhkəs·í·č·i, ɔ́·k=č nə́ni o·li·xto·né·ɔ.
 /t And if an Indian steals from another Indian, they will also set that right.
 /n ⟨mr-|xkrokiset⟩; /wíči-me·xke·ɔhkəs·í·č·i/ 'his fellow Indian'; with a lexicalized participle, beside me·xke·ɔhkəs·i·lí·č·i (45.5).

(p. 46)

[*The Future Indian State.*]

46.1 /b NEMATISTWK —
 /p ni·mahtə́sto·kw!
 /t My brothers!

46.2 /b Alintrmirq eku kpepumenevemo wropset rpet: |
 /p a·lənté·mie·kw íka kpihpəminníhəmɔ we·ɔ́·psi·t é·p·i·t.
 /t Some of you have stayed where the whiteman is.

/b   kwatonro ct alintc nuni rlrk qetulitwakun; |
/p   ko·wa·to·né·ɔ=ét a·lə́nte nə́ni é·le·k kkwi·tələt·əwá·k·an.
/t   Some of you must know how those laws of his are.

/b   kutatuminrn numelanru wrmi mrxkrokiset qetulitwakuninu;
/p   nkat·a·t·amə́ne·n nəmi·la·né·ɔ wé·mi me·xke·ɔhkə́s·i·t nkwi·tələt·əwa·k·anə́na,
/t   We desire to give all Indians our law,
/n   ⟨k-⟩ for /nk-/ and ⟨q-⟩ for /nkw-/ (hence both exclusive), as shown by ⟨numelanru⟩; ⟨qetu-|litwakuninu⟩.

/b   rli nwatwnrn li wlit.
/p   é·li no·wa·tó·ne·n lí-wələt.
/t   as we know it is good.

46.3   /b   Jwk tamsi alintc wjifatumunruh nuni;
      /p   šúkw tá·mse a·lə́nte wšinka·t·aməné·ɔ=č nə́ni.
      /t   But perhaps some will not like that.

/b   wlexun | konu lenwntc lavupu;
/p   wəlí·x·ən kɔ́na li·núnte lahápa.
/t   It is fine if they are left alone for a while.

/b   pcxo eli nrmvetetc li wlit, |
/p   péxu ílli ne·mhití·t·e lí-wələt,
/t   Soon, even, if they see that it is good,

/b   wlrlintumwkh nrkumanc wlatovtetc.
/p   wəle·lə́ntamo·k=č, ne·k·əmá·ɔ nə́ wəla·tuhtí·t·e.
/t   they will be happy if *they* have it.
/n   ⟨nrkumanc⟩ for /ne·k·əmá·ɔ nə́/.

46.4   /b   Linapie qetulitwakun piji wlitup,
      /p   ləna·p·e·í·i-khwitələt·əwá·k·an píši wələ́t·o·p,
      /t   The Delaware law was indeed good,

/b   cnta weukik | yrsekrk wcnhi;
/p   énta-wiáki-aesəs·í·ke·k wə́nči.
/t   for when there was an abundance of game animals.
/n   ⟨weukik⟩ for /wiáki/; ⟨yrsekrk⟩ for /aesəs·í·ke·k/; ⟨wcnhi⟩ (for /wə́nči/), perhaps intended as a repair for the ⟨wunhi⟩ that follows.

/b   nuni wunhi kuski lrlrxrtet rlyeokunif.
/p   nə́ni wə́nči-káski-lehəle·x·éhti·t alai·ɔ́·k·anink.
/t   That hunting is the reason they were able to live.
/n   ⟨rlyeo-|kunif⟩: perhaps /alai·ɔ́·k·anink/ 'hunting (loc.)', but word and usage unknown.

46.5 /b   Jwk bqi mrhi muta yrsekri;
     /p   šúkw yúkwe mé·či máta aesəs·i·ké·i.
     /t   But now there are no longer many game animals.
     /n   ⟨yrsekri⟩ /aesəs·i·ké·i/.

     /b   bqih puna mrxkrokiset tolumi na nuni li lrlrxrn ok wropset | rli lrlrxrt;
     /p   yúkwe=č, pənáh, me·xke·ɔhkə́s·i·t tɔ́ləmi- ná nə́ni -lí-lehəlé·x·e·n ɔ́·k we·ɔ́·psi·t é·li-lehəlé·x·e·t.
     /t   Well, now the Indian will begin to live the same way the whiteman lives.
     /n   ⟨mrx-|krokiset⟩.

     /b   ok lupi wlexuna alumi wrtunifi | nuni qetulitwakuninu.
     /p   ɔ́·k lápi, wəlí·x·ən=á· áləmi-we·t·ənínke nə́ni nkwi·tələt·əwa·k·anə́na.
     /t   And again, it would be good if people begin to accept our law.
     /n   ⟨qe-⟩ for /nkwi·-/.

46.6 /b   Nematistwk klistumwk.
     /p   ni·mahtə́sto·kw, kələstámo·kw!
     /t   Listen, my brothers!

46.7 /b   Kwatwnru cntxun kavtif,
     /p   ko·wa·to·né·ɔ éntxən-kahtínk,
     /t   You know that, every year,

     /b   alintc vuf linouk eku | ruk wunhi cntxif Jtrtsul Kaflisuk.
     /p   a·lə́nte=hánkw lə́nəwak íka é·ɔk wə́nči éntxink †šte·tsal kankələ́s·ak.
     /t   some men go there from every state as Congressmen.

46.8 /b   Koti vuf Jtrtif xrli eku weketetch, krxa vuf | wunhi eku anru.
     /p   kwə́t·i=hánkw †šte·tink xé·li íka wi·k·ihtí·t·e, ké·x·a=hánkw wwə́nči- íka -a·né·ɔ.
     /t   If there are many living in one state, several go there from it.
     /n   ⟨weketetch⟩ more likely for /wi·k·ihtí·t·e/ than /wi·k·ihtí·t·e=č/ (as if with =č FUT).

     /b   Ajiti vuf taxetetetc koti Jtrtif tali,
     /p   a·šíte=hánkw ta·txi·t·ihtí·t·e kwə́t·i †šte·tink táli,
     /t   On the other hand, if there are few in one state,
     /n   ⟨Jtrt-|if⟩.

     /b   tatxiti vuf wunhi eku anru.
     /p   ta·txíti=hánkw wwə́nči- íka -a·né·ɔ.
     /t   few go there from it.

46.9 /b   Wrmi vuf eku mrhi pravtetc,
     /p   wé·mi=hánkw íka mé·či pe·ahtí·t·e,
     /t   After they have all arrived there (each time),

/b nu vuf tunta xifwi ahemwlsenru.
/p ná=hánkw [nə́] tə́nta-xínkwi-a·č·i·mo·lsi·né·ɔ.
/t that is where they hold a great council.
/n The /nə́/ of /ná=nə/ is absent; ⟨xi-|fwi⟩.

46.10 /b Nuni cntu ahemwlsif lwcnsw Kaflis.
/p nə́ni énta-a·č·i·mó·lsink luwénsu 'kánkələs'.
/t That place where a council is held is called 'Congress'.

46.11 /b Mrhih mrxkrokiset kotrnaoki avpetc mulaji | kotvaki lisetc,
/p mé·či=č me·xke·ɔhkə́s·i·t kwət·ennáɔhki ahpí·t·e, málahši kwətháke ləs·í·t·e,
/t After the Indians are in one place and they are like one tribe,

/b nunuh qejemanru koti linoul Kaflisekrh rvat;
/p nána=č kwi·š·i·ma·né·ɔ kwə́t·i lə́nəwal, kankələs·i·ké·i=č éha·t.
/t then they will designate one man who will regularly go to Congress.
/n ⟨Kaf-|lisekrh⟩.

/b wrmih krkw qrnavketon mrxkrokiset rli lrlrxrt.
/p wé·mi=č kéku kwe·nahkí·to·n me·xke·ɔhkə́s·i·t é·li-lehəlé·x·e·t.
/t He will watch over everything about how the Indians live.
/n ⟨mrxkrok-|iset⟩.

46.12 /b Lrpolethi vuf jwk linoul lruk eku al,
/p le·p·ɔ·lí·č·i=hánkw šúkw lə́nəwal lé·ɔk, "íka á·l."
/t They tell only a wise man to go there.

/b lrpoth, | ok mrxkrokiset kunh eku al. ‖
/p lé·p·ɔ·t=č ɔ́·k me·xke·ɔhkə́s·i·t kə́nč [..], "íka a·l."
/t Only a wise Indian, also, will [be told] to go there.
/n Verb missing.

(p. 47)
47.1 /b Nematistwk nkutatumunrn wrmi kunwktrnaoksen.
/p ni·mahtə́sto·kw, nkat·a·t·amə́ne·n wé·mi kənukwtennaɔhkə́s·i·n.
/t My brothers, we want you all to be of one kind.
/n ⟨kunwktrna-|oksen⟩ for /kənukwtennaɔhkə́s·i·n/.

/b nunuh mrxkrokiset tolumi lupi hetanisen | ok muxukelin.
/p nána=č me·xke·ɔhkə́s·i·t tɔ́ləmi- lápi -či·t·anə́s·i·n ɔ́·k -maxak·í·lən.
/t Then the Indian will begin to again be strong and big.

47.2 /b Mrhi alumi muta yrsekri,
/p mé·či áləmi- máta -aesəs·i·ké·i,
/t Already there are beginning to be not a lot of game animals.
/n ⟨yrsekri⟩ for /-aesəs·i·ké·i/.

/b javaki keta kutuh | talumwnsi wijumwesuk, ok kwjkwjuk.
/p šáxahki kí·=tá kkát·a-=č -tɔləmúnsi wehšəmwí·s·ak ɔ́·k kwəškwɔ́š·ak.
/t Certainly *you* will be going to have cows and hogs.

47.3 /b Wlexuna kwrtunimun wclvik qetulitwakun |
/p wəlí·x·ən=á· kəwe·t·ənə́mən wé·lhik khwitələt·əwá·k·an,
/t It would be good for you to accept the good law,

/b wcnhih kuski kotrnaxki li lrlrxruf.
/p wénči-=č -káski- kwət·ennáɔhki -lí-lehəle·x·é·ankw.
/t by which we and you will be able to live as of one kind.

47.4 /b Nunuh alumi hetaniseifi,
/p nána=č áləmi-či·t·anəs·iénke,
/t Then, when we begin to be strong,

/b krpwuh khetanisev.umo.
/p ké·pəwa=č kči·t·anəs·íhəmɔ.
/t you'll also be strong.
/n ⟨khetanisev.|umo⟩.

47.5 /b Owlumalseifih krpwuh, kowlumalsevomo.
/p ɔ·wəlamalsiénke=č, ké·pəwa=č kɔ·wəlamalsíhəmɔ.
/t When we are healthy, you also will be healthy.

47.6 /b Kejrlrmwqw ta wrmi koxuna wcnhi wematuntwfq.
/p ki·š·e·ləmúk·ɔnkw=tá wé·mi kó·x·əna, wénči-wwi·mahtə́ntiankw.
/t Our creator is the father of us all, which makes us brothers.
/n ⟨Kejrlrmwqw⟩ for ⟨Kejrlrmwqwf⟩; ⟨wematun-|twfq⟩ for /wwi·mahtə́ntiankw/.

[*Filet*]

[*Why I Made This Book.*]

47.7 /b NEMATISTWK —
      /p ni·mahtəsto·kw!
      /t My Brothers!

47.8 /b Bqi puna mrhi fejeva wuni lrkvekunitit wehumwkunh kwlilisen.
      /p yúkwe pənáh, mé·či nki·š·í·ha wáni le·khi·k·anə́t·ət, wi·č·əmúk·ɔn=č kó·li-lə́s·i·n.
      /t Alright now, I have made this little book that will help you to do right.
      /n ⟨we-|humwkunh⟩.

47.9 /b Klistov ksi cntxi lwrt.
      /p kələ́staw=ksí éntxi-lúwe·t.
      /t So, listen to everything it says.

      /b Watwl nuni wclvik | krkw; ok kata lipol.
      /p wwá·to·l nə́ni wé·lhik kéku, ɔ́·k káhta-ləpɔ́·l.
      /t Know those good things, and seek to be wise.

47.10 /b Muta bni kuski qwni avpewunrn xqetvakumeqi;
      /p máta yó·ni kkáski- kwəní·i -ahpí·wəne·n xkwi·thakamí·k·we.
      /t We are not able to stay long on this earth, we and you.
      /n ⟨xqetvakum-|eqi⟩.

      /b volineti ktaluh b tali lrlrxrnrn.
      /p xuləníti, ktála-=č yú táli -lehəle·x·é·ne·n.
      /t Very soon, we will cease to live here.

47.11 /b Pcxolineti ekuh ktupenu Hesusif;
      /p pexuləníti, íka=č ktap·íhəna či·sás·ink,
      /t Very soon, we will be with Jesus,

      /b ji ta matuntw rpet.
      /p ší=tá mahtánt·u é·p·i·t.
      /t or where the devil is.
      /n ⟨matun-|tw⟩.

47.12 /b Kejrlrmwqwf lwr,
      /p ki·š·e·ləmúk·ɔnkw lúwe·,
      /t Our creator says,

      /b muta kuski avolee matuntw |
      /p "máta kkáski-ahɔ·lí·i, [..] mahtánt·u,"
      /t "You cannot love me [if you also love(?)] the devil,"
      /n Omitted was perhaps /ɔ́·k ahɔ·lát·e/ 'if you also love (him)'.

    /b   rli wlrlituf li lrlrxrmi.
    /p   é·li-wəle·ləntank lí-lehəle·x·é·mhe·n.
    /t   as he rejoices that people are saved.
    /n   ⟨wlrlituf⟩ for /-wəle·ləntank/; ⟨lrlrxrmi⟩ for /lehəle·x·é·mhe·n/.

47.13 /b   Hesus kavuni wlilisw,
        /p   čí·sas ká·xəne wə́li-lə́s·u.
        /t   Jesus is really good.

    /b   kuta wclvkif li lrlrxrmvalkwnu,
    /p   kkát·a- we·lhíkink -lí-lehəle·x·e·mha·lkó·na,
    /t   He wants to save us in the good way,
    /n   ⟨wclvkif⟩ for /we·lhíkink/ (cf. Mt 24.13); ⟨lrlrxrm-|valkwnu⟩.

    /b   wcnhih eku paufq rpet.
    /p   wénči-=č íka -pá·ankw é·p·i·t.
    /t   by which we will come to where he is.

47.14 /b   Bqi lukveqi wlexun kejetrvanru
        /p   yúkwe ləkhíkwi wəlí·x·ən kki·š·i·t·e·ha·né·ɔ,
        /t   At this time it is a good thing that you make up your minds,

    /b   awrnj to krlsityrq Hesus ji ta mantuntw. ‖
    /p   awé·n=š=tá ke·lsə́t·ae·kw, čí·sas ší=tá mahtánt·u.
    /t   as to who you'll listen to, Jesus or the devil.
    /n   ⟨awrnj to⟩ for /awé·n=š=tá/; ⟨krl-|sityrq⟩.

(p. 48)
48.1   /b   Punyrlintu bqi.
       /p   pəna·elə́nta yúkwe.
       /t   Think about it now.

    /b   Wekawseunch muta kuski | krkw punyrlintumwi,
    /p   wi·kɔ·wsiáne=č, máta=á· kkáski- kéku -pəna·eləntamó·wi,
    /t   When your life comes to an end, you won't be able to think about anything

    /b   wcnhih peli li lrlrxrun.
    /p   wénči-=č pí·li -lí-lehəle·x·é·an.
    /t   by which you will live a different way.

48.2   /b   Kwatwn muta kuski a muxkumwn tumakun | avi peskrki.
       /p   ko·wá·to·n, máta kkáski-=á· -maxkamó·wən təmá·k·an áhi-pi·ské·k·e.
       /t   You know that you would not be able to find the path if it is very dark.
       /n   /máta kkáski-=á·/: cf. /máta=á· kkáski- / (48.1; cf. Jn 5.30).

/b Nani tupisqi lro, ok wekawseuni. |
/p nə́ni tpə́skwi-lé·w ɔ́·k wi·kɔ·wsiáne.
/t It is like that also when your life ends.

/b Hesus kavuni kutumakrlumwkwn rli melkwf taptonakun.
/p čí·sas ká·xəne kkət·əma·k·e·ləmuk·ó·na, é·li-mí·lkɔnkw tɔ·pto·ná·k·an.
/t Jesus really pities us, as he gave us his word.
/n ⟨kutumakrlumwkwn⟩ for /kkət·əma·k·e·ləmuk·ó·na/; ⟨tap-|tonakun⟩.

/b Ktavolkwnu, ok jerlumwkwnu,
/p ktahɔ·lkó·na, ɔ́·k kši·e·ləmuk·ó·na,
/t He loves us, and he grieves for us,
/n ⟨jerlumwkwnu⟩ for /kši·e·ləmuk·ó·na/ (after /ɔ́·k/).

/b rli | mrtvikwf ktcli mitumrnrn matuntwf rlvakrxif tumakun.
/p é·li me·thíkink ktə́li-mətəmé·ne·n, mahtánt·unk e·lhaké·x·ink təmá·k·an.
/t as we are on the road to evil, the path that leads to hell.
/n ⟨mrtvikwf⟩ for /me·thíkink/; ⟨tu-|makun⟩.

48.3
/b Paketafqch nini toptonakun,
/p pahki·t·aɔ́nkwe=č nə́ni tɔ·pto·ná·k·an,
/t If we cast aside those words of his,

/b krpunuh muta | ktumakrlumwkewnu;
/p ké·pəna=č máta kkət·əma·k·e·ləmuk·o·wí·wəna.
/t he will show us no mercy, either.
/n ⟨ktum-⟩ for /kkət·əm-/.

/b kpukelkwnuh mrhi kutumufwc bni prmvakamekrk.
/p kpak·i·lkó·na=č, mé·či nkat·əmánkwe yó·ni pe·mhakamí·k·e·k.
/t He will cast us away after we leave this earth.
/n ⟨kut-|umufwc⟩ for /nkat·əmánkwe/.

48.4
/b Ne netes kvakybu.
/p ní· ní·t·i·s khak·ayúwa.
/t You (all) are *my* friend.

48.5
/b Bqi nuni ktcnxi krkw lilunru, rli avolrq.
/p yúkwe nə́ni ktə́ntxi- kéku -lələné·ɔ, é·li-ahɔ́lle·kw.
/t I tell you this many things now, as I love you.

48.6
/b Cntxun opuf kumjalawuh Hesus.
/p éntxən-ɔ́·p·ank, kəməš·a·láwwa=č čí·sas.
/t Every day, you must remember Jesus.
/n ⟨kumj-/ for /kəməš·-/.

48.7	/b	Qwenuwamanruh kpuakwnru,
	/p	kəwi·nəwama·né·ɔ=č kpənta·k·o·né·ɔ,
	/t	You must ask of him that he hear you,
	/n	⟨kpuakwnru⟩ presumably for ⟨kpuntakwnru⟩.

	/b	ok kumelkwnru woski wvtrval.
	/p	ó·k kəmi·lko·né·ɔ wəski-wté·hal.
	/t	and that he grant you a new heart.
	/n	⟨kumelkwn-|ru⟩.

48.8	/b	Pcxo eli kuta lilvomo qeaqi rlset Kejrlrmwqw | ok Hesus.
	/p	péxu ílli kkát·a-ləlhúmɔ kwiá·kwi é·lsi·t ki·š·e·ləmúk·ɔnkw, ó·k čí·sas.
	/t	Soon, even, I want to tell you still more about what our creator did, and also Jesus.
	/n	⟨Kejrlrmwqw|⟩ for ⟨Kejrlrmwqwf⟩ (as in 47.6).

48.9	/b	Muta bqi xifwilrkvekun fuske maneva.
	/p	máta yúkwe xínkwi-le·khí·k·an nkáski-manni·há·a.
	/t	I am not able to make a big book now.
	/n	⟨maneva⟩: /manni·há·a/ for /manni·há·i/.

[*Filet*]

48.10	/b	NANI WEQURW.
	/p	nəni wí·kwe·w.
	/t	That's the end.

[back cover]

1	/b	LASWC.
	/p	la·s·ó·wi.
	/t	Sing!
	/n	Singular imperative.

2	/b	Ke-jr-lr-mw-qwf o-sa-kum-i av-pw,
	/p	ki·š·e·ləmúk·ɔnkw ɔ·s·áhkame áhpu;
	/t	Our creator is in heaven;

3	/b	Ke-lw-nu vak-if b-qi ktup-iv-u-nu;
	/p	ki·ló·na hákink yúkwe ktap·íhəna.
	/t	*we* are now down below.

4	/b	Ke-jr-lr-mw-qwf nr-ku w-li-li-sw,
	/p	ki·š·e·ləmúk·ɔnkw né·k·a wəli-lə́s·u;
	/t	Our creator, *he* is good;

5   /b Ke-lw-nu ku-mu-hi lr-lr-xr-vun-u.
    /p ki·ló·na kəmáči-lehəle·x·éhəna.
    /t *we* live sinfully.

6   /b Ke-jr-lr-mw-qwf nr-ku xif-wi-li-sw,
    /p ki·š·e·ləmúk·ɔnkw né·k·a xínkwi-lə́s·u;
    /t Our creator is great;

7   /b Ke-lw-nu kti-tuf-i-ti lise-vun-u;
    /p ki·ló·na ktətankíti-ləs·íhəna.
    /t *we* are little.
    /n ktətankíti: -tət·ank- is the prefixed form of ahtank-, but /t/ is likely with -íti.

8   /b Ke-jr-lr-mw-qwf kav-ni he-tan-is-w,
    /p ki·š·e·ləmúk·ɔnkw ká·xəne či·t·anə́s·u;
    /t Our creator is really strong;

9   /b Ke-lw-nu kav-ni a-ve kjaw-se-vu-nu.
    /p ki·ló·na ká·xəne áhi kšawsíhəna.
    /t we are really very weak.

10 /b Ke-jr-lr-mw-qwf e-vap-hi lr-lrx-rp,
    /p ki·š·e·ləmúk·ɔnkw ihá·pči lehəlé·x·e·p;
    /t Our creator has always lived;

11 /b Ke-lw-nu ta-ki-ti klr-lr-xr-vun-up;
    /p ki·ló·na thakíti kəlehəle·x·éhəna·p.
    /t *we* have lived for a short time.

12 /b Ke-jr-lr-mw-qwf ap-hih lr-lr-xr-w,
    /p ki·š·e·ləmúk·ɔnkw á·pči=č lehəlé·x·e·w;
    /t Our creator will always live;

13 /b Ke-lw-nu jyi kta-lu lr-lr-xr-vun-u.
    /p ki·ló·na šá·e ktála-lehəle·x·éhəna.
    /t *we* abruptly cease living.

14 /b Ke-jr-lr-mw-qwf we-vw-la-tr-num-w,
    /p ki·š·e·ləmúk·ɔnkw wihwəla·té·namu;
    /t Our creator is always in good spirits;

15 /b Ke-lw-nu som-wc ku-tum-ak-se-vun-u;
    /p ki·ló·na só·mi kkət·əma·ksíhəna.
    /t *we* are absolutely pitiful.

16 /b   Ke-jr-lr-mw-qwf kut-at-vum-w-kw-nrn,
    /p   ki·š·e·ləmúk·ɔnkw kkat·a·t·ama·k·ó·ne·n,
    /t   Our creator desires it for us,
    /n   /kkat·a·t·ama·k·ó·ne·n/: ⟨-vum-w-⟩ s.b. ⟨-um-a-⟩ (e.g., for /-ama·-/).

17 /b   Kr-pun-a ok nu, kw-lr-lin-tum-un-rn.
    /p   ké·pəna ɔ́·k ná ko·le·ləntamə́ne·n.
    /t   and we also then rejoice.

   [*Filet*]

The Delaware First Book
(Lunapre Lrkvekun, Nrtamexif)

"Second Edition" (1842)

By Ira D. Blanchard and Charles Journeycake

(Edited and Translated by Ives Goddard.)

[p. 1]

THE
DELAWARE FIRST BOOK,
PREPARED
BY
IRA D. BLANCHARD.
Second Edition.
SHAWANOE BAPTIST MISSION PRESS.
J. G. Pratt, Printer.
1842

[p. 2]

/b LUNAPRE LRKVEKUN, NRTAMEXIF.
/p ləna·p·e·í·i-le·khí·k·an ne·tamí·x·ink.
/t First Delaware book.

/b MPLCNHES OK HALUS, TOLRKVONRO.
/p mpəlénči·s ɔ́·k čá·ləs təle·khɔ·né·ɔ.
/t Blanchard and Charles are who wrote it.
/n /nč/: or /nč·/.

[p. 3]

KEY TO THE DELAWARE ALPHABET.

VOWELS.				CONSONANTS.			
r	as a in	f*a*te,		h	as ch in	*ch*urch,
a	" a "	f*a*r,		j	" sh "	*sh*e,
e	" e "	m*e*,		k	" k "	*k*ite,
c	" c! "	m*e*t,		l	" l "	*l*ame,
y	" i "	p*i*ne,		m	" m "	*m*ow,
i	" i "	p*i*n,		n	" n "	*n*ow,
o	" o "	n*o*te,		p	" p "	*p*ay,
w	" o "	m*o*ve,		q	" q "	*qu*ay,
u	" u "	t*u*b.		s	" s "	*s*ay,
b	" u "	t*u*be.		t	" t "	*t*ake,
				x	" * "	
				f	" ng "	li*ng*e[r]
				v	" h "	*h*e,

*This letter denotes a guttural sound peculiar to the Delaware, and is quite indescribable.

[p. 4]

/b RLIMI LINEXSWOKUN.
/p é·ləmi-ləni·xsəwá·k·an.
/t Beginning Delaware Language.
/n (Running header.) Not idiomatic (prenoun with initial change).

[Upper and lower case letters, numerals, and punctuation marks.]

(p. 5)
[Syllables.]

(p. 6)
[The text on pp. 6 and 7 and the first half of p. 8 is written with spaces between syllables and extra space between words.]

6.1 /b   RLIMI LRKVEKUN.
     /p   é·ləmi-le·khí·k·an.
     /t   Beginning Book.
     /n   (Running header.) Not idiomatic (prenoun with initial change).

[Two lines of syllables.]
[*Device*]

                [*The Creation.*]

6.2 /b   Kr ta nu tw et wr mi krkw qe jr lun tu mun rp.
     /p   ke·tanət·ó·wi·t wé·mi kéku kwi·š·e·ləntamə́ne·p.
     /t   God (*lit.*, 'the one who is the great spirit') created everything.
     /n   ⟨qe jr lun-| tu mun rp.⟩.

     /b   Kw taj txi kej qc me kum o swp,
     /p   kwə́t·a·š txí-kí·škwe mi·kəmó·s·o·p.
     /t   For six days he worked.
     /n   ⟨me kum-| o swp⟩.

     /b   nu wr mi kr kw qe jr lun tum un rp, b ta li ok vw qr bf.
     /p   ná wé·mi kéku kwi·š·e·ləntamə́ne·p, yú táli ó·k hukwé·yunk.
     /t   Then he created everything, here and in heaven.
     /n   ⟨qe jr lun tum-| un rp⟩.

6.3 /b   Nr ta mi kej qe kc mon c twn rp vu ki ok mpi
     /p   né·tami-ki·škwí·k·e mɔnni·tó·ne·p hák·i ó·k mpi.
     /t   On the first day he made the land and water.
     /n   ⟨vu-| ki⟩.

     /b   jwq mu tu wul e xun w i | ok ta kw kr kw eku va tri
     /p   šúkw máta wəli·x·ənó·wi, ó·k takó· kéku íka hat·é·i.
     /t   But it was not in good order, and there was nothing there.
     /n   KJV "The earth was without form and void" (Gen. 1.2).

Delaware First Book 185

/b tc xi nu li| pes kr.
/p téxi nə́ lí·pí·ske·.
/t There was nothing but darkness there.

6.4 /b Lu pi o puf c mon c twn voq.
/p lápi ɔ·p·ánke mɔnní·to·n hɔ́kw.
/t The next day he made the sky.
/n (Paragraph not indented.)

6.5 /b Nu lu pi o pufc lw r nun kw tr naov ke xif ch mpi
/p ná lápi ɔ·p·ánke lúwe·, "nənk·wət·ennaɔhki·x·ínkeč mpí,
/t Then the next day he said, "Let the water be one here and one there,
/n ná 'then' w. indep.; ⟨nun kw tr-| naov ke xif ch⟩.

/b wcn hih nrv ko pcf vo kr rk
/p wénči-=č -né·ykɔ penkhɔké·e·k,
/t so that dry land will be visible.
/n ⟨pcf-| vo kr rk⟩.

/b ok sa ki te tch vet kwk ok | ske kov,
/p ɔ́·k sa·k·ihtí·t·eč hítko·k ɔ́·k skí·kɔ.
/t And let trees and grass grow."

/b nu nunc lr.
/p ná ná=nə lé·.
/t Then it was that way.

6.6 /b Nu lu pi o pufc lw r av pi te tch ke jw xok ok a luf ok
/p ná lápi ɔ·p·ánke lúwe·, "ahpihtí·t·eč ki·s·ó·x·ɔk ɔ́·k alánkɔk,
/t Then the next day he said, "Let there be the sun, the moon, and the stars,
/n ⟨ke-| jw xok⟩.

/b wcn hih o xr rk | prm va kum e krk;
/p wénči-=č -ɔ·x·é·e·k pe·mhakamí·k·e·k."
/t so that there shall be light in the world."

/b nu nu nc lr.
/p ná ná=nə lé·.
/t Then it was that way.

6.7 /b Nu lu pi o pufc lw r, av pi te tch | a c lrok
/p ná lápi ɔ·p·ánke lúwe·, "ahpihtí·t·eč aehəlé·ɔk,
/t Then the next day he said, "Let there be birds,

/b   ok   aw rn ek   mpif av pi te tch; |
/p   ɔ·k awé·ni·k mpínk ahpihtí·t·eč.
/t   and let there be creatures in the water."

/b   nu   nu nc   lr.
/p   ná ná=nə lé·.
/t   Then it was that way.

(p. 7)
7.1 /b   Nu lupi o puf c lw r, a r sus uk   av pi te tch,
    /p   ná lápi ɔ·p·ánke lúwe·, "aesəs·ak ahpihtí·t·eč."
    /t   Then the next day he said, "Let there be animals."
    /n   ⟨av-| pi te tch⟩.

    /b   ok lun wu   na nc   kej qek | ke jr lum rp, ok xqr o.
    /p   ɔ·k lónəwa ná=nə kí·škwi·k ki·š·é·ləme·p, ɔ·k xkwé·ɔ.
    /t   And he created a man that same day, and a woman.

7.2 /b   Nu lu pi o puf c   a la xe mwp,
    /p   ná lápi ɔ·p·ánke ala·x·í·mo·p.
    /t   Then the next day he rested.

    /b   ok lw rp b qc   b kej qek   ne fej kw eum
    /p   ɔ·k lúwe·p, "yúkwe yú kí·škwi·k ní· nki·škó·yəm.
    /t   And he said, "This day is my day.
    /n   ⟨lw-| rp⟩.

    /b   wr mi   aw rn   muj a tuf ch   r lum w qun uk u.
    /p   wé·mi awé·n məša·t·ánkeč e·ləmo·k·wənák·a.
    /t   Let everyone remember it forever.
    /n   ⟨wr-| mi⟩; ⟨r lum w qun-| uk u⟩.

[*The Garden of Eden.*]

7.3 /b   W li lu sw pa nek   ok w li le nam w pa nek.
    /p   wəli-ləs·ó·p·ani·k, ɔ·k wəli-li·namó·p·ani·k.
    /t   They did right and were fortunate.
    /n   ⟨w li le nam-| w pa nek⟩.

7.4 /b   Kr ta nu tw et   tov lan cn tu ke je kif | kr kw vet qe kri wun hi.
    /p   ke·tanət·ó·wi·t tóhəla·n énta-ki·š·í·k·ink kéku hitkwi·ké·i wənči.
    /t   God placed them in a place where things grow on trees.
    /n   'on': *lit.*, 'from'.

/b Tul ao ko nu a nuv ko i kwn hi met sev mw b | vet qe kri,
/p təláːɔ, "kɔ́na=áː nahkɔ́ːi kúnči-mitsíhəmɔ yú hitkwiːkéːi,
/t He said to them, "You are free to eat from any of these trees,
/n ⟨ko-| nu a⟩; yú with loc. pl. particle.

/b jwq nu lr la i ne py et ka hi nc wun hi me he vrq
/p šúkw ná leːláːi níːpːaiːt káči nə́ wə́nči miːčːíːheːkw,
/t but the one that stands in the middle, don't eat it from that,
/n ⟨ka-| hi⟩; note /nə́/ and TI(3), and cf. wə́nči P not PV in 7.5.

/b ok ka hi na hi ve r krq.
/p óːk káči naːčiːhiéːkːeːkw.
/t and don't disturb it.
/n ⟨na-| hi ve r krq⟩.

7.5 /b Me he r qe nc wun hi ktuf lwv mwh.
    /p "miːčːiéːkːwe nə́ wə́nči, ktankəlúhəmɔ=č."
    /t "If you eat it from that, you will die."

7.6 /b Jwq mu tu qu ne nu mav tun tw wt xan xkw kif 1ar vo sw.
    /p šúkw máta kwəníːi ná mahtántːu óːtxaːn, xkóːkːink laehɔ́ːsːu.
    /t But not long after that the devil came to them, adopting the form of a snake.
    /n Subd. implying virtual ná 'then'; ⟨wt-| xan⟩.

/b Ok e ka tul e la r ma o tul i a me hen ro qr tul wq ve tet | Kr ta nu tw e le hi.
/p óːk íka təliːlaemáːɔ təli-=áː -miːčːiːnéːɔ kwetəlukhwítiːt ketanətoːwilíːčːi.
/t And he persuaded them to go there to eat what God had forbidden to them.
/n ⟨tul e la-| r ma o⟩.

/b Mr hi me he v te tc | Kr ta nu tw et pa le tul skaoo nc wun-| hi,
/p méːči miːčːihtíːtːe, ketanətóːwiːt palíːi təlskaɔ́ːɔ nə́ wə́nči.
/t After they ate it, God drove them away from there.

/b ok tul ao ta heh kus ki b av pe wun ro.
/p óːk təláːɔ, "táː=áː číːč kkáski- yú -ahpiːwənéːɔ.
/t And he said to them, "You will never again be able to stay here."
/n ⟨av-| pe wun ro⟩.

/b Ok tul ao r li nu ni lu se rq ktum a kuth b cn tu lawsif.
/p óːk təláːɔ, "éːli- nə́ni -lə́sːiekw, ktəmáːkːat=č yú entaláːwsink.
/t And he said to them, "Because you did that, this world will be miserable.
/n ⟨lu-| se rq⟩.

/b   Nux pun ch   mav he qi   ske ko   sa kun.
/p   náxpəne=č mahčí·kwi-skí·kɔ sá·k·ən.
/t   Weeds shall even grow there.
/n   ⟨Nux-| pun ch⟩; subordinative (lack of plural suffix) indicating 'there'?

/b   Okh ‖ kcnh   me kum o se r qe   kw lu mal sev mw. |
/p   ɔ́·k=č kə́nč mi·kəmɔ·s·ié·k·we ko·lamalsíhəmɔ."
/t   And only if you work will you be well."

(p. 8)
8.1 /b   Ok   tul ao   nrl   xkw ku,
     /p   ɔ́·k təláɔ né·l xkó·k·a,
     /t   And he said to the snake,

     /b   wr mi   cnt xr naov kus et   a r sus   keh   knuxw vu   ktum ak sen,
     /p   "wé·mi entxennaɔhkə́s·i·t aésəs, kí·=č kənax·ó·ha-ktəmá·ksi·n.
     /t   "Of every kind of animal, it is you alone that will be miserable.
     /n   ⟨cnt xr-| naov kus et⟩; ⟨ktum-| ak sen⟩.

     /b   kmw tyh   kpum skr twn,
     /p   kəmó·t·ay=č kpəmské·to·n.
     /t   You shall go on your belly.

     /b   Okh | pwfq   kmev me hi   e ku   pc hi   sr kaw se un.
     /p   ɔ́·k=č púnkw kəmihəmí·č·i íka péči se·ka·wsían.
     /t   And you shall be eating dust as long as you live.
     /n   ⟨sr kaw se-| un⟩.

     /b   Okh jif al tw a kun   tr ta e   kta tw lun r o
     /p   ɔ́·k=č šinka·ltəwá·k·an te·t·aí·i kta·to·ləné·ɔ
     /t   And I shall place hatred between you and them
     /n   ⟨kta tw-| lun r o⟩.

     /b   u van vw qi   kne han wa ekr i   r lum w qun uk u.
     /p   aha·nhúkwi kəni·č·a·nəwa·i·ké·i e·ləmo·k·wənák·a.
     /t   through the succeeding generations of your and their descendants forever.
     /n   ⟨r-| lum w qun uk u⟩.

     /b   Pw puk skvum unh   kel | ku hih   ke   wuf o nif.
     /p   pupakskámən=č kí·l, káč·i=č kí· [..] wánkɔnink.
     /t   He shall flatten your head, but *you* shall [..] on his heel.
     /n   As if pəpakskh- for pəpaksk-; verb missing; KJV "bruise" 2x.

[*Device*]

[*The Flood.*]

8.2 /b   Prsutprkc Vaki.
    /p   pe·s·əntpé·k·e hák·i.
    /t   When the Earth was Flooded.
    /n   ⟨Prsutprkc⟩ for ⟨Prsuntprkc⟩.

8.3 /b   Mrhi kexki nejun tclcntxapxki kaxtifc |
    /p   mé·či kí·xki ní·š·ən télən txá·pxki kahtínke,
    /t   After nearly two thousand years,
    /n   /kahtínke/: no IC.

    /b   Kejrlumwkofq pwunamun b cntu lawsif. |
    /p   ki·š·e·ləmúk·ɔnkw pwə́namən yú entalá·wsink.
    /t   our creator looked at this world.

    /b   Wnrmun tuli wrmi awrn mavhilclrxrn.|
    /p   wəné·mən tə́li- wé·mi awé·n -máhči-lehəlé·x·e·n.
    /t   He saw that everyone was living wicked lives.

    /b   Kwti lunw jwq wuli lclrxrp. Lwcnswp | Noc.
    /p   kwə́t·i lə́nu šúkw wə́li-lehəlé·x·e·p. luwénso·p nó·we.
    /t   But one man was leading a good life. His name was Noah.

8.4 /b   Mrhi ncfc tuli wrmi awrn mavhi lelrxrn
    /p   mé·či nénke tə́li- wé·mi awé·n -máhči-lehəlé·x·e·n,
    /t   After he saw that everyone was leading wicked lives,
    /n   ⟨lelrx-|rn⟩.

    /b   jerluntum rli kejrlumatsu.
    /p   ši·e·lə́ntam é·li-ki·š·e·ləmá·tsa.
    /t   he was sorry for having created them.
    /n   /-á·tsa/ 3s–3´.CC.PRES.

8.5 /b   Noc jwq tuli mawsenrp wrli lclrxrt b tali xqetvakameqc.
    /p   (nó·we šúkw tə́li-ma·wsí·ne·p wé·li-lehəlé·x·e·t yú táli xkwi·thakamí·k·we.)
    /t   (Noah was the only one on this earth living a good life.)
    /n   New paragraph with no indentation; ⟨ta-|li⟩.

8.6 /b   Nu tetrvan b tu psuntprkch b vaki
    /p   ná ti·t·é·ha·n, "yúh=tá, psəntpé·k·eč yú hák·i.
    /t   Then he thought, "Alright, let this earth be flooded.
    /n   ⟨b tu⟩ for /yúh=tá/.

| | /b | wrmeh awrn aptwpr, jwq Noc mutu.
| | /p | wé·mi=č awé·n a·ptəp·e·, šúkw nó·we máta."
| | /t | Everyone shall drown, except not Noah."
| | /n | ⟨wr-|meh⟩.

8.7 /b Nu Tulao Nocsu xifolty manetwl,
    /p ná təlá·ɔ no·wé·s·a, "xinkɔ́·ltay manní·to·l.
    /t Then he said to Noah, "Make a large boat.
    /n ⟨Nocsu⟩: /no·wé·s·a/ (⟨Norsu⟩ 4x in the *Harmony*).

    /b ktupenroh ktumemunsumuk.
    /p ktap·i·né·ɔ=č ktami·mə́nsəmak."
    /t You and your children will stay in it."
    /n ⟨ktu-|penroh⟩.

    /b Nu tolumi mekumosen.
    /p ná tóləmi-mi·kəmɔ́·s·i·n.
    /t Then he began to work.
    /n ⟨me-‖kumosen⟩.

(p. 9)
9.1 /b Xrli kavtunri mekumosw nu | kcnh qejetwn.
    /p xé·li kahtəné·i mi·kəmɔ́·s·u, ná kɔ́nč kwi·š·í·to·n.
    /t He worked for many years until he finished it.

9.2 /b Mrhi kejetaqc
    /p mé·či ki·š·i·tá·k·we,
    /t After he finished it,

    /b nu Krtanutwet tulextwn |
    /p ná ke·tanət·ó·wi·t təlí·xto·n
    /t then God made the rule

    /b wcnhi wrmi cntxrnaokusehek arsusuk ekali punhevtet
    /p wénči- wé·mi entxennaɔhkəs·í·č·i·k aesə́s·ak íkali -pənčíhti·t:
    /t by which creatures of every kind entered there:
    /n ⟨ek-|ali⟩.

    /b ninejaj pelschek ok nineju | mutu pelsehek.
    /p nihəní·š·a·š pi·lsí·č·i·k, ɔ́·k nihəní·š·a máta pi·lsí·č·i·k.
    /t seven each of the clean ones, and two each of the unclean ones.

9.3 /b Mrhi wrmi punhevtetc
    /p mé·či wé·mi pənčihtí·t·e,
    /t After they had all gone in,

	/b	ok Noc navle	wehrohi ok nuxe qcsu ok wehrovtehi,
	/p	ó·k nó·we, nahəlí·i wi·č·e·ó·č·i, ó·k náxa kkwí·s·a, ó·k wi·č·e·ohtí·č·i,
	/t	Noah did also, along with his wife, and his three sons, and their wives,
	/n	⟨nuxe⟩ as if náxi (preparticle): presumably an error for /náxa/.

	/b	nu	Krtanutwet kupvamun nc mwxwl.
	/p	ná ke·tanət·ó·wi·t kuphámən nə́ múx·o·l.
	/t	Then God shut the boat up.
	/n	⟨kup⟩ /kup/: ⟨kwp⟩ in 13.5.

9.4
	/b	Nu alumi kjelan nrenxkc txwquni,
	/p	ná áləmi-kší·la·n ne·í·nxke txó·k·wəni.
	/t	Then it started in to rain hard for forty days.

	/b	nu	eli wrmi cntu amufavtif psuntpr.
	/p	ná ílli wé·mi énta-amánkahtink psə́ntpe·.
	/t	Then even all the large hills were under water.

9.5
	/b	Wrmi awrn aptwpr.
	/p	wé·mi awé·n a·ptə́p·e·.
	/t	Everyone drowned.
	/n	(On a new line, but not indented.)

9.6
	/b	Kwti kavtunri ok tclcn txwquni mwxwlif avpwuk,
	/p	kwə́ti-kahtəné·i ó·k télən txó·k·wəni mux·ó·link ahpúwak.
	/t	They stayed in the boat for one year and ten days.
	/n	⟨mwx-|wlif⟩.

	/b	nu kuh pavkunhi vckavlr.	
	/p	ná kə́nč pahkánči hikáhəle·.
	/t	Only then had the waters completely receded.

9.7
	/b	Mrhi krhevtetc potamaowao Krtanutwelehi.
	/p	mé·či ke·č·ihtí·t·e, pɔ·tamaɔwwá·ɔ ke·tanət·o·wi·lí·č·i.
	/t	After they had gone out, they prayed to God.
	/n	⟨Krtanutwe-|lehi⟩.

	/b	Nu tulan, ta heh mpusuntputwun b	prmvakamekrk.
	/p	ná tə́la·n, "tá=á· čí·č mpəs·əntpat·ó·wən yú pe·mhakamí·k·e·k."
	/t	Then he told them, "I will never flood this earth again."

	/b	Ok manukon vokwf totwn wcnhi a wavko li ta heh nc lri.
	/p	ó·k manák·ɔ·n hókunk tó·to·n wénči-=á· -wwáhkɔ li- tá=á· čí·č nə́ -lé·i.
	/t	And he put the rainbow in the sky so that it would be known that that would never happen again.
	/n	⟨to-|twn⟩.

[*The Tower of Babel.*]

9.8 /b Tvakartw lapi xrlwk ok muvtawswuk. |
/p †thakaé·t·u lápi xé·lo·k, ɔ́·k mahta·wsúwak.
/t In a short time there again were many of them, and they were bad.
/n ⟨Tvakartw⟩: ⟨ta ky r to⟩ (B 1834b:3), ⟨ta ky r tw⟩ (B 1834b:6.1).

/b Ok ahemwlswuk lwrok bv tu vwqrbf lekvrtumwq.
/p ɔ́·k a·č·i·mo·lsúwak, luwé·ɔk, "yúh=tá, hukwé·yunk li·khé·t·amo·kw."
/t And they deliberated, saying, "Alright, let's build a building to heaven."
/n ⟨le-|kvrtumwq⟩.

/b Wrmi tuli wulrluntamunro |
/p wé·mi təli-wəle·ləntaməné·ɔ.
/t They all agreed to do it.

/b muxkavsunu arkrok.
/p maxkahsə́na ae·ké·ɔk.
/t They used bricks.

9.9 /b Nu lupi honelarvanro Krtanutwelehi, |
/p ná lápi čɔni·lae·ha·né·ɔ ke·tanət·o·wi·lí·č·i,
/t Then they again offended God,

/b ok poletakwnro rlexsevtet:
/p ɔ́·k pɔli·ta·k·o·né·ɔ e·li·xsíhti·t.
/t and he destroyed their language.

/b Nu qelulusenro rli mutu puntaovtitet.
/p ná kwí·la·ləs·i·né·ɔ, é·li- máta -pənta·ɔhtíhti·t.
/t Then they were at a loss what to do, because they could not understand each other.
/n ⟨qelulu-|senro⟩.

/b Ok alumi ‖ avsrxwrok.
/p ɔ́·k áləmi-ahse·x·wé·ɔk.
/t And they began to disperse.

(p. 10)
10.1 /b Nuni wunhi pepeli lakren, | ok muvtakaltcn.
/p nə́ni wə́nči- pi·pí·li -la·ké·i·n, ɔ́·k -mahta·ká·lti·n.
/t Because of that there are different tribes, and people fight each other.

/b Nunkwti awrn jwq mwjalao Krtanutwelehi.
/p nənk·wə́t·i awé·n šúkw mwəš·a·lá·ɔ ke·tanət·o·wi·lí·č·i.
/t Only one person here and there remembered God.
/n ⟨mwj-|alao⟩.

[*Jacob and the Law.*]

10.2 /b Xrlvakc nevlahi monetwn cvli krnamwet.
     /p xe·lháke nihəláči mɔnní·to·n éhəli-ke·ná·mwi·t.
     /t Many tribes made their own ways of giving thanks.
     /n ⟨krnam-|wet⟩.

10.3 /b Aluntc monetwn krkw patamotuf.
     /p a·lǝnte mɔnní·to·n kéku pa·tamɔ́·tank.
     /t Some made things that they prayed to.

     /b Avi | tatxetwuk krlrluntufek rlkofq Nrvlalwrt.
     /p áhi-ta·txí·t·əwak ke·le·ləntánki·k é·lkɔnkw nehəlá·ləwe·t.
     /t There were very few who held to what the Lord told us to do.

10.4 /b Kwti lunw lwcnswp Nhrkup.
     /p kwǝt·i lǝnu luwénso·p †nčé·kəp.
     /t There was one man named Jacob.

     /b Nani | jwq mutu wunewunrp Kejrlumwkofq rlwrt.
     /p náni šúkw máta wwaní·wəne·p ki·š·e·ləmúk·ɔnkw é·ləwe·t.
     /t Only *he* did not forget what our creator said.
     /n ⟨rl-|wrt⟩.

10.5 /b Tclcn ok neju txelwpani qesul nu wekowsen.
     /p télən ɔ́·k ní·š·a txi·ló·p·ani kkwí·s·al, ná wwi·kɔ́·wsi·n.
     /t He had twelve sons, and then he came to the end of his life.
     /n ⟨wek-|owsen⟩.

10.6 /b Alumi srkelwpani wnehanul,
     /p áləmi-se·k·i·ló·p·ani wəni·č·á·nal.
     /t His children began to multiply.

     /b takw vwusku xrli kavtunwi nu tovi xrlun nu kwtvakr.
     /p takó· hwə́ska xé·li-kahtənó·wi, ná tɔ́hi-xé·lən ná kwətháke.
     /t It was not very many years and there were a great many of that one tribe.
     /n ⟨vw-|usku⟩; ⟨kwt-|vakr⟩, with ⟨-kr⟩ for /-ke/.

     /b Nu nrlwxwrlet Kcjrlumwkofq quluntulao aptwnakun.
     /p ná ne·lo·x·wé·li·t ki·š·e·ləmúk·ɔnkw kwələntəlá·ɔ a·pto·ná·k·an.
     /t Then while they were traveling, our Creator gave them the law to have.
     /n Cf. Bl. p. 6, Jn 1.17; ná 'then' with independent; ⟨qu-|luntulao⟩.

/b   Neju pukavsunu lrkvum, wcnhi a mutu wunelet.
/p   ní·š·a pakahsə́na lé·kham, wénči-=á· máta -waní·li·t.
/t   He wrote on two flat stones, so that they would not forget it.
/n   ⟨lr-|kvum⟩; |əlēkah-| TI(1a) apparently for 'write on'.

10.7 /b   Jr bqc b aptwnakun melatup.
/p   šé· yúkwe yú a·pto·ná·k·an mi·lá·t·əp.
/t   Here is the law he gave them.

[Filet]
[*The Ten Commandments.*]

10.8 /b   QVETULUTWAKUN.
/p   khwitələt·əwá·k·an.
/t   The law (the Ten Commandments).
/n   Cf. ⟨Qetulitowakun⟩ B 1834b 20.3.

10.9 /b   1 Kahi peli qrtanutwetumevan.
/p   1. káči pí·li kwe·tanət·o·wi·t·əmí·han.
/t   1. Don't (you sg.) have any other God.
/k   [1] Thou shalt have no other gods before me.

10.10 /b   2 Kahi manetwvrq krkw a patumotumrq
/p   2. káči manni·tó·he·kw kéku=á· pa·tamɔ́·tame·kw,
/t   2. Don't (you pl.) make anything that you would pray to,
/k   [2] Thou shalt not make unto thee any graven image,
/n   ⟨patumot-‖umrq⟩.

(p. 11)
11.1 /b   rlenaqsct awrn vwqrbf, ji tu xqetvakameqc, ji tu homvakec, ji tu mpif. |
/p   e·li·ná·kwsi·t awé·n hukwé·yunk, ší=tá xkwi·thakamí·k·we, ší=tá čɔ·mhákie,
       ší=tá mpínk.
/t   in the likeness of any creature in the sky, or on the earth, or under the earth,
       or in the water.
/k   or any likeness of any thing that is in heaven above, or that is in the earth beneath,
       or that is in the water under the earth.
/n   ⟨xqet-|vakameqc⟩; 'the likeness of (anim.)': *lit.*, 'the way (anim.) looks'.

/b   Kuhi nejetqetawerkuh nrk, ok patumawerkuh;
/p   káči ni·š·i·tkwi·tawié·k·ač né·k, ɔ́·k pa·tamawié·k·ač.
/t   Don't kneel down to them or pray to them.
/k   Thou shalt not bow down thyself to them, nor serve them:

/b rli ne Nrvlalwrt Krtanutwetum fikufwi,
/p é·li ní· nehəlá·ləwe·t, kke·tanət·o·wí·t·əm nkihkánkwi.
/t for I, the Lord, your (sg.) God, get jealous.
/k for I the Lord thy God am a jealous God,
/n Participles as invariant noun (without person agreement) and possessed noun.

/b kvekulunapc a motawswakun wnehanekri
/p khikəlaná·p·e=á· mət·a·wsəwá·k·an wəni·č·a·ni·ké·i,
/t The sin of the older person would be on his children
/k visiting the iniquity of the fathers
/n ⟨wne-|hanekri⟩ /wəni·č·a·ni·ké·i/ (syntax: Gr. §6.3a).

/b ok nrwun avanvwqi tomemunsumu mwjvekakwlen
/p ó·k né·wən aha·nhúkwi təmi·mə́nsəma mwəshika·k·ó·li·n,
/t and affect four generations of his offspring,
/k upon the children unto the third and fourth generation
/n ⟨tomemunsu-|mu⟩; ⟨-akwlen⟩ /-a·k·ó·li·n/: why not /-á·k·wəli·n/?

/b cntxi jifalehek;
/p éntxi-šinka·lí·č·i·k,
/t of all who hate me,
/k of them that hate me;
/n Shift to plural.

/b ok futumakrlumaok wrmi cntxi avolehek
/p ó·k nkət·əma·k·e·ləmá·ɔk wé·mi éntxi-ahɔ·lí·č·i·k,
/t and I take pity of all those that love me,
/k And shewing mercy unto thousands of them that love me,
/n ⟨fu-|tumakrlumaok⟩.

/b krlrluntufek ntaptwnakun.
/p ke·le·ləntánki·k nta·pto·ná·k·an.
/t and who take my commandments to heart.
/k and keep my commandments.
/n ⟨krlr-|luntufek⟩.

11.2 /b 3 Kuhi nwhqc wivelerkuh Nrvlalwrt Katanutwctum;
/p 3. káči nó·čkwe wihəlié·k·ač nehəlá·ləwe·t kke·tanət·o·wí·t·əm.
/t 3. Don't call the name of the Lord your God frivolously.
/k Thou shalt not take the name of the Lord thy God in vain;
/n ⟨Katanutwctum⟩ for ⟨Krtanutwetum⟩ (above); ⟨wivel-⟩ for /wihəl-/.

/b rli Nrvlalwrt ta koski | mutu hanelackweo awrni nwhqc wivelkwke.
/p é·li nehəlá·ləwe·t tá=á· kóski- máta -čani·laehko·wí·ɔ awé·ni nó·čkwe wilkúk·i.
/t because the Lord could not but be offended by anyone who names him frivolously.
/k for the Lord will not hold him guiltless that taketh his name in vain.
/n ⟨wivelk-|wke⟩ (with the stem copying the previous line) for /wilk-/.

11.4 /b 4 Mujatumwmc alaxemwe kejqek, li pelut.
/p 4. məša·t·amó·me ala·x·i·məwí·i-kí·škwi·k, lí-pí·lət.
/t 4. Remember the day of rest, for it to be holy.
/k Remember the sabbath day, to keep it holy.

/b Kwtaj txi kejqc kmekumosi,
/p kwət·a·š txí-kí·škwe kəmi·kəmó·s·i,
/t You shall work for six days,
/k Six days shalt thou labour,

/b okh wrmi krkw rlumekuntamun keji lusen.
/p ó·k=č wé·mi kéku e·lami·kə́ntaman kkí·š·i-lə́s·i·n.
/t and you shall do all of your work.
/k and do all thy work:

/b Jwq lupi opufc alaxemwe qejkwbm Nrvlalwrt Krtanutwetum;
/p šúkw lápi ɔ·p·ánke ala·x·i·məwí·i-kwi·škó·yəm nehəlá·ləwe·t kke·tanət·o·wí·t·əm.
/t But the next day it is the day of rest of the Lord, your God.
/k But the seventh day is the sabbath of the Lord thy God:
/n ⟨Nrv-|lalwrt⟩.

/b nuni lukveqi kahi mekumosevun,
/p nə́ni ləkhíkwi káči mi·kəmɔ·s·í·han,
/t At that time do not do any work,
/k in it thou shalt not do any work,

/b ke, navle qes, ok ktanus, ok ktalwkakun lunw navle xqr,
/p kí·, nahəlí·i kkwí·s, ó·k ktá·nəs, ó·k ktalo·ká·k·an, lə́nu nahəlí·i xkwé·,
/t you, as well as your son and your daughter, and your servant, man as well as woman,
/k thou, nor thy son, nor thy daughter, thy manservant, nor thy maidservant,

/b ok ktalumwnsuk, ok awrn wetarmkonc.
/p ó·k ktaləmúnsak, ó·k awé·n wi·t·ae·mkɔ́ne.
/t and your animals, and anyone if they are living with you.
/k nor thy cattle, nor thy stranger that is within thy gates:
/n ⟨kta-|lumwnsuk⟩.

/b   Rli kwtaj txi kejqc mekuntufup Nrvlalwrt kejrluntufc
/p   é·li- kwə́t·a·š txí-kí·škwe -mi·kəntánkəp nehəlá·ləwe·t ki·š·e·ləntánke
/t   For the Lord worked for six days when he made
/k   For in six days the Lord made heaven and earth,

/b   vwqrbf ok b cntu lawsif, ok munwprko, ok wrmi eku cntu lawsehek
/p   hukwé·yunk, ɔ́·k yú entalá·wsink, ɔ́·k mənəp·é·k·ɔ, ɔ́·k wé·mi íka entala·wsí·č·i·k,
/t   the heaven, and the earth, and the seas, and all that live there,
/k   the sea, and all that in them is,

/b   cn‖ lupi opufc alaxemwp.
/p   énta- lápi -ɔ·p·ánke ala·x·í·mo·p.
/t   and the next day he rested.
/k   and rested the seventh day:
/n   ⟨cn‖⟩: for ⟨cntu⟩.

12.1 /b   Nuni wunhi, Krtanutwet wlapcnswvatumun alaxemwc kejqek, ok peletwn.
     /p   nə́ni wwə́nči- ke·tanət·ó·wi·t -wəla·p·enso·há·t·amən ala·x·i·məwí·i-kí·škwi·k,
          ɔ́·k -pi·lí·to·n.
     /t   For that reason, God blessed the day of rest and sanctified ("purified") it.
     /k   wherefore the Lord blessed the sabbath day, and hallowed it.
     /n   ⟨Kr-|tanutwet⟩.

12.2 /b   5 Myaopretaw kwx ok kavrs;
     /p   5. maya·ɔ·p·e·í·taw kó·x ɔ́·k kkáhe·s,
     /t   5. Be faithful towards your father and your mother,
     /k   Honour thy father and thy mother:
     /n   In Bl. AI translates KJV 'be faithful' and 'be honourable'.

     /b   wcnhih xrltuk kejkwbmul cntu melkon Nrvlalwrt Krtanutwetum.
     /p   wénči-=č -xé·ltək kki·škó·yəmal énta-mí·lkɔn nehəlá·ləwe·t kke·tanət·o·wí·t·əm.
     /t   so that your days will be many in the place that the Lord your God gives you.
     /k   that thy days may be long upon the land which the Lord thy God giveth thee.

12.3 /b   6 Kahi nvelwrvun.
     /p   6. káči nhiləwé·han.
     /t   6. Do not kill people.
     /k   Thou shalt not kill.

12.4 /b   7 Kahi oweukski wepcfrvun.
     /p   7. káči ɔwiákski wi·penké·han.
     /t   7. Do not sleep with others promiscuously.
     /k   Thou shalt not commit adultery.
     /n   Cf. wiak- 'abundantly, plenty'.

12.5 /b 8 Kahi kumwtkrvun.
/p 8. káči kəmo·tké·han.
/t 8. Do not steal.
/k Thou shalt not steal.

12.6 /b 9 Kahi kulwnrokun lukunemerkuh wetawswmut.
/p 9. káči kəlo·ne·ó·k·an lak·əni·mié·k·ač wi·t·a·wsó·mat.
/t 9. Do not tell a lie about your neighbor.
/k Thou shalt not bear false witness against thy neighbour.
/n ⟨we-|tawswmut⟩; kəlo·ne·ó·k·an 'lie' as the complement of /l-/ '{so}'.

12.7 /b 10 Kahi nahetawerkuh wetawswmut weket, ji tu wehrohi,
/p 10. káči na·či·tawié·k·ač wi·t·a·wsó·mat wí·k·i·t, ší=tá wi·č·e·ó·č·i,
/t 10. Do not mess with your neighbor's house, or his wife,
/k Thou shalt not covet thy neighbour's house, thou shalt not covet thy neighbour's wife,
/n *Lit.*, 'bother, handle'.

/b ji tu tolwkakunu lunwu ji tu xqro, ji tu tolumwnsu, tuk tu krkw nrvlatuf.
/p ší=tá tɔlo·ká·k·ana, lə́nəwa ší=tá xkwé·ɔ, ší=tá tɔləmúnsa, tákta kéku nehəlá·t·ank.
/t or his servant, man or woman, or his animals, or anything he owns.
/k nor his manservant, nor his maidservant, nor his ox, nor his ass, nor any thing that is thy neighbour's.
/n ⟨lu-|nwu⟩.

12.8 /b Jr nhwv nuni tulwrn Krtanutwet.
/p šé·, nčú, nə́ni tə́ləwe·n ke·tanət·ó·wi·t.
/t Look, my friend, that is what God said.

/b Punarluntu wcntawseun.
/p pəna·elə́nta wenta·wsían.
/t Study what to live by.
/n ⟨Pu-|narluntu⟩.

/b Aphi vuh nanc ktulsen bqc b rlwt?
/p á·pči=háč ná=nə ktə́lsi·n yúkwe yú é·ləwe·t?
/t Do you always now do what he says?

/b Mutu vuh vuji ktulsewun nc qrtvekrt?
/p máta=háč háši ktəlsí·wən nə́ kwe·thíke·t?
/t Have you never done what he forbids?
/n ⟨ktul-|sewun⟩.

[*Rule.*]

[*Jacob, Joseph, and Benjamin.*]

13.1 /b Lomwc avpwp lunw lwcnsw Nhrkup,
　　 /p ló·məwe ahpó·p lə́nu, luwénsu †nčé·kəp.
　　 /t Long ago there was a man named Jacob.

　　 /b tclcn ok neju txelwpani kwesu.
　　 /p télən ó·k ní·š·a txi·ló·p·ani kkwí·s·a.
　　 /t He had twelve sons.

　　 /b Tcfseselehi tovi avolapani,
　　 /p tenksi·si·lí·č·i tóhi-ahɔ·lá·p·ani.
　　 /t He loved the youngest very much.

　　 /b xrlrnaovk rlektrk jakvwqeun mwelapani;
　　 /p xe·lennáɔhki e·lí·kte·k ša·khuk·wí·ɔn mwi·lá·p·ani.
　　 /t He gave him a coat of many colors.
　　 /n ⟨-aovk⟩ for ⟨-aovki⟩; ⟨jakvw-|qeun⟩ for /ša·khuk·wí·ɔn/ or /ša·khuk·wí·an/.

　　 /b Lwcnswp Nhoscp.
　　 /p luwénso·p nčó·səp.
　　 /t His name was Joseph.

13.2 /b Nhoscp lajemwp, tuli mekumosenro vakehakunif wemavteny,
　　 /p nčó·səp la·š·í·mo·p, tə́li-mi·kəmɔ·s·i·né·ɔ haki·há·k·anink wi·mahtí·nay,
　　 /t Joseph dreamt that he and his brothers were working in the field,

　　 /b vwet kukxptw-|uk,
　　 /p hwí·t kəkxptó·wak.
　　 /t tying wheat into bundles (KJV "sheaves").

　　 /b nrku krxptaqi amwekilr nevlahi,
　　 /p né·k·a ke·xptá·k·wi a·mwi·kíhəle· nihəláči.
　　 /t And *his* bundle (KJV "sheaf") rose up by itself,
　　 /n Number clash: ⟨krxptaqi⟩ should be ⟨krxptaq⟩ (and see next line).

　　 /b ok wrmi wemavtenw krxptwlet ekali jaopilro.
　　 /p ó·k wé·mi wi·mahtí·na ke·xptó·li·t íkali šaɔp·ihəlé·ɔ.
　　 /t and all the ones his brothers tied together bent over towards it.
　　 /n ⟨wemavtenw⟩ for ⟨wemavtenu⟩ or ⟨wemavteny⟩; ⟨krxptwlet⟩ should be ⟨krxptwlethi⟩; ⟨jao-|pilro⟩.

13.3 /b Lapi lajemw rlei kejwxo ok tclcn ok kwti alufo tumuketakw.
　　 /p lápi la·š·í·mu: ellí·i ki·š·ó·x·ɔ ó·k télən ó·k kwə́t·i alánkɔ tɔmak·i·tá·k·u.
　　 /t He has another dream: the sun and the moon and eleven stars bowed down to him.
　　 /n KJV "made obeisance to me."

13.4 /b Ok tulao wxo ok xonsu jr b ntulajemwen
/p ɔ́·k təlá·ɔ ó·x·ɔ ɔ́·k xɔ́nsa, "šé· yú ntəla·š·í·mwi·n."
/t And he told his father and his older brothers, "This is what I dreamt."
/n ⟨ntulajem-|wen⟩.

/b jwq wxo loxkamkw,
/p šúkw ó·x·ɔ lɔxká·mku,
/t But his father scolded him,

/b tulkw ne vuh a ok kavrs ok kxansuk ktumuketwlvwmnu?
/p tə́lku, "ní·=háč=á· ɔ́·k kkáhe·s ɔ́·k kxánsak ktamak·i·to·lhúmənа?"
/t saying to him, "Do I and your mother and your brothers bow down to you?"

13.5 /b Ok wrxesmusehek tulawao, ktalwvikainuh vuh?
/p ɔ́·k we·x·i·s·əməs·í·č·i·k təlawwá·ɔ, "ktaluhikaíhəna=č=háč?"
/t And his older brothers said to him, "Are you greater than us?"
/n ⟨ktalwvik-|ainuh⟩.

/b Nu alwe wjifalanro rli nc lajemwet.
/p ná aləwí·i wšinka·la·né·ɔ é·li- nə́ -la·š·í·mwi·t.
/t Then they hated him more because he dreamt that.

13.6 /b Nu tamsc kwtun kejkw wrtxatc, cntu krnavkevalet arsusu.
/p ná tá·mse kwə́t·ən kí·šku we·txá·t·e, énta-ke·nahki·há·li·t aesə́s·a.
/t Then a day came when he went to them where they were taking care of animals.
/n *Lit.*, 'Then sometime there was one day when …'.

/b Eku pumuskrok Ehiptif rahek,
/p íka pəməské·ɔk †i·číptink e·á·č·i·k.
/t And people going to Egypt came by there.
/n ⟨Eh-|iptif⟩.

/b nu wremavtehek mvalumaonro lih tolwkakunen.
/p ná we·i·mahtí·č·i·k mhalamaɔ·né·ɔ lí-=č -tɔlo·ká·k·ani·n.
/t Then his brothers sold him to someone to be a servant (or slave).
/n ⟨mvalumaon-|ro⟩; *lit.*, 'sold him to (indef.) for (indef.) to have him as a servant'.

/b Ok nrkumao anvwqi movlumakwnro Ehiptif cntu kvekabmvrlehi
/p ɔ́·k ne·k·əmá·ɔ a·nhúkwi məhəlama·k·o·né·ɔ †i·číptink énta-khikayəmhe·lí·č·i.
/t And *they* in turn sold him to one who was a ruler in Egypt.
/n ⟨kvekabmvr-|lehi⟩; period missing.

13.7 /b Nrli nc avpet xifwrlumwqset seket, nwhqc muvtukunema,
/p né·li- nə́ -ahpí·t xinkwe·ləmúkwsi·t wí·k·i·t, nó·čkwe mahtak·əní·ma·.
/t While he was staying in the noble's house, he was unjustly accused.
/n ⟨seket⟩ for ⟨weket⟩; ⟨nw-|hqc⟩.

/b nu kwpvasen. ‖
/p ná kuphá·s·i·n.
/t Then he was put in prison.

14.1 /b Jwq mutu qune na myai sakemu kanjajemwv.
/p šúkw máta kwəní·i ná mayá·i-sa·k·í·ma kanša·š·í·mu.
/t But not long after the king had an amazing dream.
/n ⟨ka-|njajemwv⟩.

/b Ok takw awrn ahpe krski eku pchi lupot rlajemwet;
/p ɔ́·k takó· awé·n ahpí·i ké·ski- íka -péči-ləpɔ́·t e·la·š·í·mwi·t.
/t But there was no one who was able to come there and interpret his dream.
/n 'Interpret' (KJV Gen. 41.15): *lit.*, 'be wise about', with 'his dream' as adjunct.

/b nuni wunhi ave suqrluntamun.
/p nə́ni wwə́nči-áhi-sak·we·lə́ntamən.
/t He was therefore very upset.

14.2 /b Jwq mawselw tolwkakunu tulkw,
/p šúkw ma·wsí·lu tɔlo·ká·k·ana tɔ́lku,
/t But one of his servants said to him,

/b skenwtut ekali avpw kpavwtwekaonif krski a wrehextaq rlajemweun.
/p "skinnó·t·ət íkali ahpu kpaho·t·əwi·k·á·ɔnink ké·ski=á· -we·i·č·í·xta·kw e·la·š·í·mwian."
/t "There's a young man in prison who would be able to explain your dream."
/n ⟨ske-|nwtut⟩.

/b Tulao, nwatwn tuli a kuski lusen,
/p təlá·ɔ, "no·wá·to·n tɔ́li-=á· -káski-lə́s·i·n.
/t He said to him, "I know that he would be able to do it.
/n ⟨nwa-|twn⟩.

/b wrehextakup rlajemweu nckc krpvaseanc,
/p we·i·č·i·xtá·k·əp e·la·š·í·mwia néke ke·pha·s·iá·ne,
/t He explained a dream of mine when I was in prison,
/n we·i·č·i·xtá·k·əp 'one who explained it'; perhaps emend to nəwe·i·č·i·xtá·k·əp 'he explained (it) for me'.

/b ok mrhi ntulenamun rletup.
/p ɔ́·k mé·či ntəlí·namən e·lí·t·əp.
/t and what he told me has now happened to me.
/n ⟨ntu-|lenamun⟩.

14.3 /b Nu nu sakemu wcnheman Nhosupu,
/p ná ná sa·k·í·ma wwenčí·ma·n nčɔ·sə́p·a.
/t Then the king sent for Joseph.

/b ok Krtanutwet watulan wcnhi nc lajemwif, wcnhi kuski ahemwet.
/p ɔ́·k ke·tanət·ó·wi·t o·wá·tə la·n wénči- nə́ -la·š·í·mwink, wénči-káski-a·č·í·mwi·t.
/t And God let him know the reason for that dream, so that he was able to tell about it.
/n ⟨lajem-|wif⟩.

/b Tulao nu sakema, Jr bqch kekyimve wrmi avpami Ehiptif.
/p təlá·ɔ ná sa·k·í·ma, "šé·, yúkwe=č kki·kayə́mhe wé·mi ahpá·mi i·číptink."
/t The king said to him, "Alright, now you will be the ruler of all of Egypt."
/k ... and he made him ruler over all the land of Egypt. (Gen. 41.43)

/b Jeki tuphrvlasif tovlao, nali pumuthclalan,
/p ší·ki-təpčehəlá·s·ink tɔhəlá·ɔ, ná li-pəməč·éhəlala·n,
/t He placed him in a chariot ("fine wagon"), and he was then driven in it.

/b ok lwrn nejetqetw.
/p ɔ́·k lúwe·n, "ni·š·i·tkwí·to·."
/t and people were told to kneel down to him.
/n ⟨nejet-|qetw⟩; *lit.*, 'it was said, "Kneel to him (you pl.)."'

14.4 /b Jwq wxo Nhrkupu mutu wavkweo.
/p šúkw ó·x·ɔ nče·kə́p·a máta o·wahko·wí·ɔ.
/t But his father Jacob did not know about him.

/b Rli wrxesmusehek mrhi keji mvalumwntc, mwkvotumunro nc jakvwqeun,
/p é·li we·x·i·s·əməs·í·č·i·k mé·či kíši-mhalamúnte, mmo·khɔ·t·amə né·ɔ nə́ ša·khuk·wí·ɔn.
/t Since after his older brothers had sold him, they put blood on that coat,

/b ok pwnwntulanro wxwao, tulkwao jr lu! arsus wvtutwxkunao.
/p ɔ́·k pwənuntəla·né·ɔ o·x·əwá·ɔ, təlkəwá·ɔ, "šé·=láh! aésəs wtəto·xkəná·ɔ.
/t and they showed it to their father and said to him, "Look, an animal tore him to pieces."
/n ⟨pwnw-|ntulanro⟩; ⟨wv-|tutwxkunao⟩.

/b Nu tamsc mrhi kcxi kavtifc avi maotakunwp wrmi avpami Nhrkup rpetup. ‖
/p ná tá·mse mé·či kéxi-kahtínke ahi-maɔt·á·k·ano·p wé·mi ahpá·mi †nčé·kəp e·p·í·t·əp.
/t Then sometime several years later there was a great famine all around where Jacob was.
/n ⟨mao-|takunwp⟩.

15.1 /b Puntufc li weukut vwet Ehiptif,
/p pəntánke lí-wiák·at hwí·t i·číptink,
/t When he heard there was plenty of wheat in Egypt,

/b eka tulalwkalao qesenu, tuli a mvalumulen.
/p íka təlalo·ka·lá·ɔ kkwi·s·í·na, təli-=á· -mhalamóli·n.
/t he sent his sons there to buy some.
/n ⟨tula-|lwkalao⟩.

15.2 /b Eka praletc Nhosup wununaoo, jwq nrkumao mutu.
/p íka pe·a·lí·t·e, nčɔ́·səp wənənaɔ́·ɔ, šúkw ne·k·əmá·ɔ máta.
/t When they arrived there, Joseph recognized them, but *they* did not (recognize *him*).

/b Tulao kutu ct jwq kvekenamunro b avpami wcnhi parq.
/p təlá·ɔ, "kkát·a-=ét šúkw -khiki·naməné·ɔ yú ahpá·mi, wénči-pá·e·kw.
/t He said to them, "You probably only want to become acquainted with what's around here, which is why you come."
/n ⟨kve-|kenamunro⟩; KJV: "to see the nakedness of the land ye are come.".

/b Tulkw takw, wrmi tu kwti nwtwxinu,
/p tə́lku, "takó·, wé·mi=tá kwət·i no·t·o·x·íhəna,
/t They said to him, "No, we are all sons of one father,
/n ⟨Tul-|kw⟩; KJV: "We are all one man's sons."

/b ok kwti nuxesumusnu eku nwxunanif avpw.
/p ɔ́·k kwət·i naxi·s·əmə́s·əna íka no·x·əná·nink ahpú.
/t and one of our younger brothers is with our father.
/n ⟨kw-|ti⟩; KJV: "the youngest is this day with our father."

15.3 /b Tulao bv ktu mawswh jwq ntavwunu,
/p təlá·ɔ, "yúh=ktá, má·wsu=č šúkw ntáhwəna.
/t He said to them, "Well alright then, I will detain only one.

/b faxpeluh, kpavwtwekaonifh ntavla.
/p nkaxpí·la=č, kpaho·t·əwi·k·á·ɔnink=č ntáhəla.
/t I will tie him up and put him in prison.

/b Lupi parqc prjwrqc kxesmuswu nwlamvetumunh rlwrrq.
/p lápi pa·é·k·we pe·š·əwé·k·we kxi·s·əmə́s·əwa, no·la·mhítamən=č e·ləwé·e·kw.
/t If you come back again bringing your younger brother, I'll believe what you say.
/n ⟨Lu-|pi⟩; ⟨nwlamvetu-|munh⟩.

15.4 /b   Nu mohenro, eku pravtetc tulahemwlxanro wxwao wrmi rlenamevtet.
     /p   ná mɔ·č·i·né·ɔ, íka pe·ahtí·t·e təla·č·i·mo·lxa·né·ɔ o·x·əwá·ɔ wé·mi e·li·namíhti·t.
     /t   Then they left, and when they got there they told their father everything that had happened to them.
     /n   ⟨tulahemwl-|xanro⟩.

     /b   Nu nu velwsus avi suqrluntum.
     /p   ná ná hiló·səs áhi-sak·we·lə́ntam.
     /t   Then the old man was very upset.

     /b   Takw tuli wulrluntamwun wetrlen rli letrvat trfsesetu ufulu;
     /p   takó· tə́li-wəle·ləntamó·wən wwi·t·e·li·n, é·li-li·t·é·ha·t, tenksi·sí·t·a ánkəla.
     /t   He was not agreeable to having him go along, as he thought the youngest was dead.
     /n   ⟨wul-|rluntamwun⟩; 'agreeable', *lit.*, 'happy'; subordinative without |əlī| PV but as complement to |əlī| PV; independent as complement of 'think'.

     /b   nuni wunhi avi avolan nrl kexki tcfseselehi.
     /p   nə́ni wwə́nči-áhi-ahɔ́·la·n né·l kí·xki tenksi·si·lí·č·i.
     /t   That is why he greatly loved the next youngest.

15.5 /b   Jwq mrhi lupi qelulusetc, nu alikc tulan, bv ktu eku aq.
     /p   šúkw mé·či lápi kwí·la-lǝs·í·t·e, ná álike tə́la·n, "yúh ktá, íka á·kw."
     /t   But after he again had a failure, he nevertheless said to them, "Alright, go there."
     /n   ⟨tu-|lan⟩.

     /b   Tulao xifwi nuxpufwntwakun kulunumwq,
     /p   təlá·o, "xínkwi-naxpankuntəwá·k·an kələ́nəmo·kw.
     /t   He said to them, "Carry with you a big present.
     /n   ⟨nuxpuf-|wntwakun⟩.

     /b   kmelanroh nu xifwrlumwqset,
     /p   kəmi·la·né·ɔ=č ná xinkwe·ləmúkwsi·t.
     /t   You shall give it to the highly honored man.

     /b   okh kwehrvkwu kxesmuswu, tuk tu jekunh.
     /p   ɔ́·k=č kəwi·č·e·ykúwa kxi·s·əmə́s·əwa, tákta ší·kanč.
     /t   And your younger brother is to go with you, come what may.
     /k   For the last phrase, cf. KJV "If I be bereaved of my children, I am bereaved."
     /n   ⟨kxesmu-|swu⟩; cf. tə́ta šíhkanč 'come what may' (LTD).

     /b   Eku pravtetc, wunejetqetaoao Nhosupu.
     /p   íka pe·ahtí·t·e, wəni·š·i·tkwi·taɔwwá·ɔ nčo·sə́p·a.
     /t   When they got there, they knelt down to Joseph.
     /n   ⟨Nhosu-|pu⟩.

/b   Tulao wulamalsw vuh kwxwu velwsus rkunemrkup,
/p   təlá·ɔ, "wəlamálsu=háč kó·x·əwa, hiló·səs e·k·əni·mé·k·əp?
/t   He said to them, "Is your father well, the old man you spoke about?
/k   "Is your father well, the old man of whom ye spake?
/n   ⟨velw-|sus⟩.

/b   qeaqi vuh lclrxr? ‖
/p   kwiá·kwi=háč lehəlé·x·e·?"
/t   Is he still alive?"
/k   Is he yet alive?"

16.1 /b   Nu tolumi kulifoman Mpcnhimanu,
     /p   ná tóləmi-kəlinkó·ma·n †mpenčəmána.
     /t   Then he began to fix his gaze on Benjamin.

/b   tulao wuni vuh kxesmuswu rlwrrkup?
/p   təlá·ɔ, "wáni=háč kxi·s·əməs·əwa e·ləwe·é·k·əp?
/t   He said to them, "Is this the one you said was your younger brother?"

/b   ok lwr, Krtanutwet ktumakrlumwkonch fwes.
/p   ɔ́·k lúwe·, "ke·tanət·ó·wi·t ktəma·k·e·ləmúk·ɔneč, nkwí·s."
/t   And he said, "May God have mercy (or, take pity) on you, my son."
/k   "God be gracious unto thee, my son."
/n   ⟨fw-|es⟩.

/b   Nu avkrxami rli anvwquntrk tujilan,
/p   ná ahké·xkami é·li-a·nhukwə́nte·k təš·íhəla·n.
/t   Then he immediately rushed into an adjoining room.
/n   ⟨x⟩ for /xk/ (Bl. pp. 73, 118): ⟨avkrxkumi⟩ (Mt 13.20), RSV 'immediately'.

/b   mai kemei lupuq, rli nrot xonsu.
/p   mái-ki·mí·i-ləpákw, é·li-né·ɔ·t xɔ́nsa.
/t   He went to weep secretly, because he saw his older brother.

/b   Nrli lupukuk amunhei ksifwr.
/p   né·li-ləpák·ək, amənčí·i ksínkwe·.
/t   As he wept, he went ahead anyway and washed his face.
/n   ⟨lu-|pukuk⟩; KJV "refrained himself," RSV "controlling himself."

/b   Ok ekali khe ok lwr xamw.
/p   ɔ́·k íkali kčí·, ɔ́·k lúwe·, "xámo·."
/t   And he came out there and said, "Feed them."

/b Ok kemei tulao tolwkakunu, hwvotwq tcmpsenwtywao
/p ɔ́·k ki·mí·i təlá·ɔ tɔlo·ká·k·ana, "čuhɔ́to·kw tempsi·no·t·ayəwá·ɔ.
/t And he said to his servants secretly, "Fill their bags.
/k KJV "commanded the steward of his house."
/n 'Fill': imperative plural .

/b okh moneumwao eku ktatwnro,
/p ɔ́·k=č mmɔni·yəməwá·ɔ íka kta·to·né·ɔ,
/t And you must put their money in them,
/n ⟨moneum-|wao⟩.

/b navle monei mpaentum Mpcnhuman tovcmsenwtcf.
/p nahəlí·i mɔnií·i-mpaíntəm mpénčəman tɔhempsi·nó·t·enk."
/t as well as my silver cup in Benjamin's bag."
/n ⟨mpaen-|tum⟩; prenoun before possessive prefix (cf. 11.4).

16.2 /b Mrhi prtapufc tulao, bqc tu alumskaq, alumwxotwq kmehwakunwu.
/p mé·či pe·t·a·p·ánke, təlá·ɔ, "yúkwe=tá aləmska·kw, aləmúxɔhto·kw
    kəmi·č·əwa·k·anúwa.
/t After daybreak he said to them, "Now depart, and take your food with you."

/b Mrhi rlumskaletc tulao tolwkakunu naol.
/p mé·či e·ləmska·lí·t·e, təlá·ɔ tɔlo·ká·k·ana, "ná·ɔl.
/t After they had left, he said to his servant, "Follow them.
/n ⟨rlu-|mskaletc⟩.

/b Muvtulutc ktulaokh, koh vuh alumwxotarq nrvlalet pointum,
/p mahtalát·e, ktəlá·ɔk=č, 'kɔ́č=háč aləmuxɔhtáe·kw nehəlá·li·t pɔíntəm?"
/t And when you catch up to them, you must say to them, 'Why are you taking my lord's cup?
/n ⟨Muv-|tulutc⟩.

/b kmutarvosivmw rli nc luserq.
/p kəmat·aehɔ·s·íhəmɔ é·li- nə́ -lə́s·ie·kw.'"
/t You do evil in doing that."

/b Mrtalatc, nanc tulan.
/p me·t·alá·t·e, ná=nə tə́la·n.
/t When he caught up to them, that is what he told them.

/b Tulkw cntxecf awrn muxkamaotc nrkuh nvela,
/p tə́lku, "entxíenk awé·n maxkamaɔ́t·e, né·k·a=č nhíla·.
/t They said to him, "If you find that any of us has it, he will be killed.
/n ⟨nr-|kuh⟩; lit., 'if you find it for (etc.) any of all of us'.

/b   kuhih takokek tolwkakunenuk.
/p   káč·i=č takó·ki·k tɔlo·ka·k·aní·nak."
/t   But the others will be slaves."
/n   KJV: "be my lord's bondmen."

/b   Jwq tulao, cntxerq kch awrn muxkamaokc, nunulh nu tolwkakunen
/p   šúkw təlá·ɔ, "entxíe·kw=ké=č awé·n maxkamaók·e, nánal=č ná tɔlo·ká·k·ani·n,
/t   But he said to them, "Well, if I find that any of you has it, that one will be a slave,
/n   ⟨mux-|kamaokc⟩.

/b   kahih takokek mutu.
/p   káč·i=č takó·ki·k máta."
/t   but the others will not be."

/b   Nu tolumi vcmsenwtyekri lutwnumun,
/p   ná tóləmi- hempsi·no·t·ai·ké·i -lat·ó·namən.
/t   Then he set about searching for it in the bags.

/b   kxunki Mpcnhiman tcmsenwtcf tuntu muxkamun.
/p   kxántki mpénčəman tempsi·nó·t·enk tɔ́nta-máxkamən.
/t   And eventually he found it in Benjamin's bag.
/n   ⟨mu-‖xkamun⟩; kxántki: or possibly kxánk·i.

17.1 /b   Nu krvlu avi sukwrluntamwk.
     /p   ná kéhəla áhi-sak·we·lə́ntamo·k.
     /t   Then they were extremely upset.
     /n   ná with the independent; ⟨kwr⟩ for ⟨qr⟩ /k·we·/.

/b   Wrmi lupi qtukeok.
/p   wé·mi lápi kwtək·í·ɔk.
/t   And they all went back again.

17.2 /b   Mrhi lupi eku pravtetc Nhosupif, tovi wenwumawao.
     /p   mé·či lápi íka pe·ahtí·t·e nčɔ·sə́p·ink, tóhi-wi·nəwamawwá·ɔ.
     /t   After they had come back to Joseph's place again, they pleaded with him.

/b   Nani krkaet pwrxwsvekaoo Nhosupu,
/p   náni ké·kai·t pwe·x·o·shikaó·ɔ nčɔ·sə́p·a.
/t   The eldest approached Joseph.
/n   ⟨pwrxwsvek-|aoo⟩.

/b   nu nc tuntu avkunwtumaon rlkeqi ktumaksetup nu velwsus
/p   ná=nə tɔ́nta-ahkəno·t·əmáɔ·n e·lkí·kwi-ktəma·ksí·t·əp ná hiló·səs
/t   There he explained to him how miserable the old man was

/b   rlu nrotc tcfseselehi,
/p   é·la-ne·ó·t·e tenksi·si·lí·č·i.
/t   when he no longer saw the youngest one.

/b   ok a lupi rlkeqi ktumakset mutu Mpcnhiman mahetc,
/p   ó·k=á· lápi e·lkí·kwi-ktəmá·ksi·t máta mpénčiman ma·č·í·t·e.
/t   and how miserable he would be again if Benjamin did not go home.

/b   kxunki keji ktumaktwnvalatc, tulao ne a kwtalwkakunen nvaky.
/p   kxántki kíši-ktəma·kto·nha·lá·t·e, təlá·o, "ní·=á· ko·t·alo·ká·k·ani·n nhák·ay.
/t   Finally, after he had spoken pitifully to him, he said to him, "*I* should be your slave.
/n   ⟨ktum-|aktwnvalatc⟩.

/b   Ktumakrlum velwsus nwx, konu lenaw Mpcnhiman mohen,
/p   ktəma·k·é·ləm hiló·səs nó·x; kóna lí·naw mpénčəman mó·č·i·n.
/t   Have mercy on my old father; let Benjamin go home.

/b   rli ne ta fuski nroi nwx mutu Mpcnhiman avpetc.
/p   é·li ní· tá=á· nkáski-ne·ó·i nó·x, máta mpénčəman ahpí·t·e.
/t   For *I* will not be able to see my father if Benjamin is not there.

17.3 /b   Nu Nhosup toly heh hetanetrvan.
     /p   ná nčó·səp tó·lai- čí·č -či·t·ani·t·é·ha·n.
     /t   Then Joseph was not able to control his emotions any longer.

/b   Lwr wrmi kheq.
/p   lúwe·, "wé·mi kčí·kw."
/t   He said, "Everyone go out."

/b   Nu jwq nrkumao xwvu wemavtenu.
/p   ná šúkw ne·k·əmá·ɔ xó·ha wi·mahtí·na.
/t   Then it was only his brothers alone by themselves.

/b   Alumi amufrwvtum.
/p   áləmi-amanké·wtəm.
/t   He began sobbing loudly.

/b   Ok tulao, ne tu kemavtuswu.
/p   ó·k təlá·ɔ, "ní·=tá ki·mahtós·əwa.
/t   And he said to them, "I'm your brother.

/b   Ne tu Nhosup.
/p   Ní·=tá nčó·səp.
/t   I'm Joseph.
/n   ⟨Nho-|sup⟩.

/b Lclrxr vuh nwx.
/p lehəlé·x·e·=háč nó·x?"
/t Is my father living?"

/b Nu tolumi lupukvatenro.
/p ná tóləmi-ləpakhati·né·ɔ.
/t Then they all began weeping.
/n ⟨lupuk-|vatenro⟩.

/b Alu lupukvatitetc; tulao jarseq kavtu prjw kwxunu
/p ála-ləpakhatihtí·t·e, təlá·ɔ, "ša·é·s·i·kw, káhta-pé·š·o· kó·x·əna.
/t When they stopped weeping, he said to them, "Make haste to go and bring our father.

/b ok jr bk tuphrvlasuk alumwxolw
/p ɔ́·k šé· yó·k təpčehəlá·s·ak aləmó·x·ɔlo·,
/t And here, take these wagons,

/b wcnhih kuski prjwrq navle wehrrqek ok kunehanwaok.
/p wénči-=č -káski-pé·š·əwe·kw, nahəlí·i wi·č·e·é·k·wi·k ɔ́·k kəni·č·a·nəwá·ok.
/t so that you'll be able to bring him along with your wives and children.

/b Ok kahi natrluntufvrq ktulavhrswakunwao;
/p ɔ́·k káči na·te·ləntánkhe·kw ktəlahče·s·əwa·k·anəwá·ɔ,
/t And don't be concerned with your possessions,
/n ⟨na-|trluntufvrq⟩; KJV: "regard not your stuff."

/b rlih nevlatumrq wcnhih oulumalserq b tali.
/p é·li-=č -nihəlá·t·ame·kw wénči-=č -ɔ·wəlamalsíe·kw yú táli."
/t for you shall have the means to be well in this place."
/n ⟨nev-|latumrq⟩; KJV: "the good of all the land of Egypt is yours." (Gen. 46.20).

17.4 /b Eku pravtetc wxwaif tulahemwlxanro wrmi rlenamivtet,
/p íka pe·ahtí·t·e o·x·əwá·ink, təla·č·i·mo·lxa·né·ɔ wé·mi e·li·namíhti·t.
/t When they arrived at their father's, they reported to him all that had happened to them.

/b ok tulaoao. Nhosup ‖ tu lclrxr, kvekybmvr tali Ehiptif.
/p ɔ́·k təlawwá·ɔ, "nčó·səp=tá lehəlé·x·e·, khikayə́mhe· táli i·číptink.
/t And they said to him, "Joseph is alive and is a ruler in Egypt.

18.1 /b Ok kwcnhemwq ktuli a eku an."
/p ɔ́·k kəwenčí·mukw ktə́li-=á· íka -á·n."
/t And he invites you to go there."

/b   Jwq kulwvetum.
/p   šúkw kəlo·hítam.
/t   But he was in disbelief.

18.2 /b   Nu tulanro wrmi cntxi lwqvetet Nhosupu.
/p   ná təla·né·ɔ wé·mi éntxi-lukhwíti·t nčɔ·sə́p·a.
/t   Then they told him everything that Joseph told them.

/b   Mrhi nrotc tuphclasu nu wlamvetamun.
/p   mé·či ne·ɔ́·t·e təpčehəlá·s·a, ná o·la·mhítamən.
/t   After he saw the wagons, then he believed.

/b   Lwr mrhi trpi. Fwes Nhosup lclrxr.
/p   lúwe·, "mé·či tépi. nkwí·s nčɔ́·səp lehəlé·x·e·.
/t   He said, "That's enough. My son Joseph is alive.
/k   "It is enough; Joseph my son is yet alive."

/b   Bv numy nron nrsko ufulwu.
/p   yúh nəmái-né·ɔ·n né·skɔ-ankəló·wa."
/t   Now I shall go and see him before I die."
/k   I will go and see him before I die.
/n   Subordinative for statement of intent.

18.3 /b   Nu jac wcnhavken eku r.
/p   ná šá·e wwénčahki·n, íka é·.
/t   Then he immediately got ready and went there.

         [*Rule.*]
            [*Address to Boys.*]

18.4 /b   Kavni ntrvif kwnhi ofwmlwvmw skenwvtwq rli avolrq.
/p   ká·xane, nté·hink kúnči-ɔnko·məlúhəmɔ, skinnúwto·kw, é·li-ahɔ́lle·kw.
/t   I really greet you from my heart, boys, because I love you.
/n   ⟨Kavni⟩: continues the ⟨-i⟩ of the 1834 primers; ⟨sken-|wvtwq⟩. Compare this section with B 1834b:3-4.

/b   Kavni nwlrluntum rli Kejrlumwkofq lclrxrmvalkofq bqc pchi.
/p   ká·xane, no·le·ló́ntam é·li- ki·š·e·ləmúk·ɔnkw -lehəle·x·e·mhá·lkɔnkw yúkwe péči.
/t   I'm really happy because Our Creator made us live until now.

18.5 /b   Ok ktcli mjekakwnrn wulumalswakun,
/p   ɔ́·k ktɔ́li-məši·ka·k·ó·ne·n wəlamalsəwá·k·an,
/t   And for good health to benefit us,
/n   'benefit': *lit.*, 'affect, come over'.

/b ok lupi ktuli melkwnrn tcpi meheufq, ok rqeufq,
/p ɔ́·k lápi ktə́li-mi·lkó·ne·n tépi mí·č·iankw, ɔ́·k é·k·wiankw.
/t and that he again gives us enough to eat, and what to wear.

/b Krvlu Kejrlumwkofq kutumakrlumwkwnu
/p kéhəla ki·š·e·ləmúk·ɔnkw kkət·əma·k·e·ləmuk·ó·na,
/t Our Creator truly has mercy on us,
/n ⟨kutumakrlu-|mwkwnu⟩.

/b wcnhi melkofq wrmi krkw wrlapcntamufq.
/p wénči-mí·lkɔnkw wé·mi kékw we·la·p·éntamankw.
/t which is why he gives us everything we make good use of.
/n ⟨wr-|lapcntamufq⟩.

18.6 /b Kutu krxaptwn krkw lulvwmw.
/p kkát·a- ke·x·á·pto·n kéku -ləlhúmɔ.
/t I want to tell you a few words about something.

/b Klistaeq ksi luvupu krkw ntclwrn;
/p kələstái·kw=ksí lahápa kéku ntə́ləwe·n.
/t So, listen to me say something for a while.
/n ⟨Klis-|taeq⟩; =ksí with imperative (also B 1834b:8.2).

/b ok pcxw, keji krkw lwranc, kahi wunevrq, cntxi lwru.
/p ɔ́·k péxu kíši- kéku -luwe·á·ne, káči waní·he·kw éntxi-luwé·a.
/t And don't forget any of what I say soon after I have spoken.

18.7 /b Wrmi kwsksevnu mulaji kcnh wrnu ktalumi lclrxcnu.
/p wé·mi ko·sksíhəna; málahši kə́nč wé·na ktáləmi-lehəle·x·éhəna.
/t We are all young; it's as if we're still only just begining our lives.

/b Takw kwatwunrn srkih lclrxrufq.
/p takó· ko·wa·tó·wəne·n sé·ki·=č -lehəle·x·é·ankw.
/t We do not know how long we will live.
/n ⟨sr-‖kih⟩.

19.1 /b Jwq ktuli watwnrn li a mutu ameku
/p šúkw ktə́li-wwa·tó·ne·n lí-á· máta amí·ka.
/t But we *do* know that it will not be a long time later.

/b rli krxwqunuku, ji tu krxu kejwxif, ji tu rli kcxi kavtif,
/p é·li-ke·x·o·k·wənák·a, ší=tá ké·x·a ki·š·ó·x·ink, ši=tá é·li-kéxi-kahtínk,
/t It is for a few days, or for a few months, or for a few years,
/n Cf. Acts 1.5.

/b   ktulih eku prtawsenrn, ktulih alu b tulawsenrn.
/p   ktə́li-=č íka -pe·t·a·wsí·ne·n, ktə́li-=č -ála- yú -tala·wsí·ne·n.
/t   that we will live until, for us to cease living here.
/n   ⟨pr-|tawsenrn⟩.

19.2 /b   Tu tu rli lclrxrufq, fumri cntxun opuf unhi prxwtut srki b avpeufq.
/p   tə́ta é·li-lehəle·x·é·ankw, nkəmé·i éntxən-ó·p·ank ánči-pe·x·ó·t·at
     sé·ki- yú -ahpíankw.
/t   However long we live, the end of our stay here is ever closer every day.
/n   pe·x·ó·t·at: or -ət?

/b   Piji bqc kwsksevnu.
/p   píši yúkwe ko·sksíhəna.
/t   We *are* young now.

/b   Jwq tvakartw pcxw kekainu.
/p   šúkw †thakaé·t·u péxu kki·kaíhəna.
/t   But a short time later we'll be old.
/n   ⟨tvakartw⟩ †thakaé·t·u: see 9.8; ⟨kekai-|nu⟩.

/b   Ajiti bqc bk kvekwenwuk wekoswukh, nrli skenwerq.
/p   a·šíte yúkwe yó·k khikəwinnúwak wi·kɔ·wsúwak=č, né·li-skinnúwie·kw.
/t   On the other hand, these older people here now will come to the end of their lives while you are young men.
/n   ⟨wekosw-|ukh⟩; sentences divided differently in B 1834b:4.1.

19.3 /b   Nuni a lukveqi kmujvekakwnro, ktcwaif lupwrokun.
/p   nə́ni=á· ləkhíkwi kəməšhika·k·o·né·ɔ ktehəwá·ink ləpwe·ɔ́·k·an,
/t   That would be the time for wisdom to infuse your hearts,
/n   ⟨ktc-|waif⟩; cf. B 1834b:4.1.

/b   Wcnhi a kuski lupavperq kwxwaok wekositetc.
/p   wénči-=á· -káski-lapahpíe·kw ko·x·əwá·ok wi·kɔ·wsihtí·t·e.
/t   so that you would be able to take the place of your fathers when their lives end.
/n   ⟨lupav-|perq⟩.

19.4 /b   Skenw wifi oojri krkw punarluntafc,
/p   skínnu wínki- †ɔ·ɔhšé·i kéku -pəna·eləntánke,
/t   If a young man likes to study bits and pieces(?) of things,
/n   †ɔ·ɔhšé·i: cf. ⟨òhshèxahko⟩ 'woodchips' (LTD).

/b   aphi vufq, mutu hwxqi krkw, pepunarluntamwi, taoni mrhi velwsw.
/p   á·pči=hánkw máta †čúxkwi kéku pi·p·əna·eləntamó·wi, tá·ɔni mé·či hiló·s·u.
/t   he never studies things completely(?), even though he has become old.
/n   †čúxkwi: a guess; ⟨pepunar-|luntamwi⟩.

19.5 /b Mutu a kotki watwun rlexif lupwrokun, rlkeqi wulutuk.
/p máta=á· kwə́tki-wwa·tó·wən e·lí·xink ləpwe·ó·k·an, e·lkí·kwi-wələ́t·ək.
/t He would not come back knowing what wisdom is like, how good it is.
/n ⟨kotki⟩ copies B 1834b:4.3.

/b Muluji nwhqc lclrxr, takw a, krkw laprmkwsei.
/p málahši nó·čkwe lehəlé·x·e·; takó·=á· kéku la·p·e·mkwəs·í·i.
/t It's as if he lives for nothing; he wouldn't be fit to do anything.

/b Jwq awrn qhi wataqc wrlvik lupwrokun nrli wuskset, koski lusen.
/p šúkw awé·n kwčí-wwa·tá·k·we wé·lhik ləpwe·ó·k·an né·li-wə́sksi·t, kóski-lə́s·i·n.
/t But if anyone tries to know good wisdom while he's young, he's able to do so.

19.6 /b Pwuntamun xifwi krkw,
/p pwə́ntamən xínkwi-kéku.
/t He understands the important things.

/b mrhi kvekaetc, kuski a awrn lr jr a b ktuli lclrxrn.
/p mé·či khikaí·t·e, káski-=á· awé·n -lé·, "šé·=á· yú ktə́li-lehəlé·x·e·n."
/t After he's old, he'd be able to say to anyone, "Here's how you should live."
/n ⟨kvekae-|tc⟩; ⟨awrn⟩ for ⟨awrni⟩ awé·ni as the object (B 1834b:4.5).

19.7 /b Tuk tu krkw, rli wataon nrli wuskulunapreun.
/p tákta kéku é·li-wwá·taɔn né·li-wəskələna·p·é·ian,
/t Anything you know how to do when you are a young person,
/n ⟨wuskulu-|napreun⟩.

/b alumi, nuni luseunc, ktapwrlun-‖tamunh,
/p áləmi- nə́ni -ləs·iáne, kta·p·əwe·lə́ntamən=č.
/t if you go on doing that, you'll think it's easy.

20.1 /b nuni ktulsen, eku pchi kvekaeunc.
/p nə́ni ktə́lsi·n, íka péči-khikaiáne.
/t You do that until you are old.
/n ⟨kvekae-|unc⟩.

20.2 /b Nrli wuskulunapreun, alumi kewseunc,
/p né·li-wəskələna·p·é·ian, áləmi-ki·wsiáne,
/t If you begin getting drunk while you're a young person,

/b apwut ktulih avi wifwsumwen, tutu srki lclrxrun.
/p á·p·əwat ktə́li-=č -áhi-winkó·s·əmwi·n, tə́ta sé·ki-lehəlex·é·an.
/t it's easy for you to be very fond of drink for as long as you may live.

/b Krvlu wefwsumweunc, tpusqi lr, kpuketwn klclrxrokun.
/p kéhəla winko·s·əmwiáne, tpə́skwi-lé· kpak·í·t·o·n kəlehəle·x·e·ɔ́·k·an.
/t If you are very fond of drink, it's like you throw away your life.

/b Ok ta krkw ktulaprmkwsei.
/p ɔ́·k tá=á· kéku ktəla·p·e·mkwəs·í·i.
/t And you won't be fit to do anything.

/b Jwq mutu nahetwanc nuni munrokun nrli, wuskseun,
/p šúkw máta na·či·tó·wane nə́ni məne·ɔ́·k·an né·li-wəsksían,
/t But if you don't mess with drink while you are young,

/b ktapwrluntumunh, mutu vuji knahetwun.
/p kta·p·əwe·lə́ntamən=č, máta háši kəna·či·tó·wən.
/t you'll find it easy never to mess with it.
/n ⟨ktapwr-|luntumunh⟩.

[*Rule.*]
[*The Evils of Drink.*]

20.3 /b Kmevmunc vuh nhwv?
/p kəmíhəmane=háč, nčú?
/t Do you drink, my friend?
/n This section closely follows the temperance homily in B 1834b:7-8.

/b Nuni a luseunc, ntitc qwlu kpwnetwn bqc jac.
/p nə́ni=á· ləs·iáne, ntíte, kwə́la kpo·ní·to·n yúkwe šá·e.
/t If you do that, I wish you would leave it alone now immediately.
/n ⟨luse-|unc⟩; *lit.*, 'I think, "I wish for you to ...".'

/b Ok ktulun wcnhi nuni lulun.
/p ɔ́·k ktə́llən wénči- nə́ni -lə́lən.
/t And I tell you why I tell you that.

/b vetami puna, rli ta krkw wuntwun rlapcntamun;
/p hítami pənáh é·li- tá=á· kéku -wəntó·wan e·la·p·éntaman.
/t Well first, because you won't get anything you can make good use of from it.

/b wulava jwq kutumakevkwn, ta vuji kwnhi owulumalsewun.
/p wəláha šúkw kkət·əma·k·íhko·n, tá=á· háši kúnči-o·wəlamalsí·wən.
/t Rather, it only makes you miserable; you'll never be healthy from it.
/n ⟨wula-|va⟩; ⟨ow-|ulumalsewun⟩.

20.4 /b Kmwxwmsinanifu takw memunrepanek.
/p kəmuxˑoˑmsənaˑnínka takóˑ miˑməneˑíˑpˑaniˑk.
/t Our ancestors ("grandfathers") never used to drink.
/n ⟨memunrepa-|nek⟩.

/b Alwe owulumalswpanek ok avkoni lclrxrpanek.
/p aləwíˑi ɔˑwəlamalsóˑpˑaniˑk, ɔ́ˑk ahkɔ́ˑni-leheleˑxˑéˑpˑaniˑk.
/t They were healthier, and they lived long.

20.5 /b Takw tu vuji awrn wunhialwe avoprewun.
/p takóˑ=tá háši awéˑn wwə́nči- aləwíˑi -ahɔˑpˑeˑíˑwən.
/t No one ever gets richer because of it.
/n ⟨wunhialwe⟩ for ⟨wunhi alwe⟩; ⟨avo-|prewun⟩.

/b Wulava xrli awrn wunhi ktumaksen. ‖
/p wəláha xéˑli awéˑn wwə́nči-ktəmáˑksiˑn.
/t Rather, many people are miserable because of it.
/n ⟨ktu-|maksen⟩.

21.1 /b Ok takw vuji awrn wunhi wulatrnamewun,
/p ɔ́ˑk takóˑ háši awéˑn wwə́nči-wəlaˑteˑnamíˑwən.
/t And no one is ever happy because of it.
/n ⟨wulatrname-|wun⟩.

/b Jwq wulava wunhi mavhamalsen.
/p šúkw wəláha wwə́nči-mahčamálsiˑn.
/t But rather they have bad health because of it.

21.2 /b Ok mutu nuni jwk nwnhi letrvawun qwlav kpwnetwn bqc jac,
/p ɔ́ˑk máta nəni šúkw núnči-liˑtˑeˑháˑwən, "kwə́lah kpoˑníˑtoˑn yúkwe šáˑe."
/t And it's not only because of that that I wish you'd leave it alone right away.
/n *Lit.*, '... that I think, "I wish for you to leave it alone ..."'.

/b rli Krtanutwet lwrt wifwsumwet ta vuji powun rpeu.
/p éˑli- ketanətˑóˑwiˑt -lúweˑt, "winkóˑsˑəmwiˑt táˑá́ háši pɔ́ˑwən éˑpˑia."
/t Because God said, "A drunkard will never come to where I am."

21.3 /b Tu vuh wunheyb wunhi awrn wifwsumwet? luvupu ktclun.
/p táˑháč wənčíˑayu wénči- awéˑn -winkóˑsˑəmwiˑt? lahápa ktə́llən.
/t What's the origin of why someone is a drunk? Let me tell you.
/n ⟨wunhi⟩ (for ⟨wcnhi⟩) and ⟨ktclun⟩ (for ⟨ktulun⟩) as in B 1834b:7.13; ⟨wifw-|sumwet⟩.

/b   Vetami vufq krkrxiti munr.
/p   hítami=hánkw ke·ke·xíti məné·.
/t   At first he drinks a little each time.
/n   ⟨kr-|krxiti⟩.

/b   Humenu awrn nuni lusetc qelulr wifwsumw.
/p   čəmí·na awé·n nə́ni ləs·í·t·e, kwí·la-lé· winkó·s·əmu.
/t   If someone keeps on doing that, he can't help being a drunk.
/n   čəmi·na: cf. kwčəmí·na (OA, ME).

/b   Jr nuni wunheyb wc-|nhi awrn wifwsumwet.
/p   šé· nə́ni wənčí·ayu wénči- awé·n -winkó·s·əmwi·t.
/t   That's the origin of why someone is a drunkard.

21.4 /b   Awrn rlumi wifwsumwetc mulaji punuse;
/p   awé·n é·ləmi-winko·s·əmwí·t·e málahši pənás·i·.
/t   When someone starts liking to drink, it's as if he's going downhill.
/n   ⟨pu-|nuse⟩.

/b   apwat tolumamalekrn li wifwsumwakunif.
/p   á·p·əwat tɔləma·malí·ke·n lí winko·s·əməwá·k·anink.
/t   It's easy for him to start taking steps toward drunkenness.
/n   ⟨wifwsum-|wakunif⟩.

21.5 /b   Ok ktulun wunhi a mutu awrn avpet wifwsumwet.
/p   ɔ́·k ktə́llən wénči-=á· máta awé·n -ahpí·t winkó·s·əmwi·t.
/t   And let me tell you how there would *not* be anyone who is a drunkard.
/n   ⟨wunhi⟩ for /wénči-/ (also in 24.1), or for /wə́nči-/ (with no IC).

/b   Wrmi a wusku lunaprok mutu nahevtwvtetc;
/p   wé·mi=á· wəskələna·p·é·ɔk máta na·či·tuhtí·t·e,
/t   If all the young people do not mess with it,
/n   ⟨nahevtwvtetc⟩ for ⟨nahetwvtetc⟩.

/b   qunarkc a ta avpei wifwsumwet.
/p   kwənaéke=á· tá=á· ahpí·i winkó·s·əmwi·t.
/t   in the end no drunkard would exist.
/n   Assuming ⟨ta⟩ for /tá=á·/, with =á· repeated.

/b   Rli punu bqc rvotufek mutuh qune wunelkwnro.
/p   é·li pəná yúkwe ehɔ·t·ánki·k, máta=č kwəní·i wənilko·né·ɔ.
/t   For, as for the ones that love it now, it won't be long before it kills them.
/n   máta kwəní·i 'not long after'; idiomatic here?

21.6	/b	Mutu vuh nhwv bqc kuski lwri neh mutu vuji nahetwun?
	/p	máta=háč, nčú, yúkwe kkáski-luwé·i, "ní·=č máta háši nna·či·tó·wən"?
	/t	Are you, my friend, not able to say now, "I'll never mess with it"?
21.7	/b	Lrpotc lunw, nekane vufq prhifwcvlr,
	/p	le·p·ó·t·e lənu, ni·k·a·ní·i=hánkw pe·č·inkwéhəle·,
	/t	When a man is smart, he first gives a look.
	/b	mrtvik nrfc, pale vufq totwn voky;
	/p	mé·thik nénke, palí·i=hánkw tó·to·n hók·ay.
	/t	When he sees something evil, he puts himself elsewhere.
	/n	Differs from B 1834b:8.10.
	/b	jwq krphahek amunhei eku levlrok.
	/p	šúkw ke·pčá·č·i·k amənčí·i íka lihəlé·ɔk.
	/t	But fools rush to it regardless.

[*Rule.*]
[*Warning of Danger.*]

22.1	/b	Wavukc a hepi arsus, tuli nvelan rlafwmaleani cntxun kejqek,
	/p	wwa·hák·e=á· čípi-aésəs təli-nhíla·n e·lanko·ma·liáni éntxən-kí·škwi·k,
	/t	If I know that a dangerous animal is killing your relatives every day,
	/n	⟨rlafw-|maleani⟩; this section closely follows B 1834b:8.13 ff.
	/b	ji tu tuli nwtuntamun tumakun mrtumrun
	/p	ší=tá tóli-no·t·óntamən təmá·k·an me·t·əmé·an,
	/t	or is keeping a close watch on the road where you go,
	/n	⟨nwtun-|tamun⟩.
	/b	jwq mutu lulwunc, mutu vuh a khanemei? Piji a.
	/p	šúkw máta ləló·wane, máta=háč=á· kčani·mí·i? píši=á·.
	/t	but I don't tell you, wouldn't you criticize me? Yes you would.
	/n	⟨lul-|wunc⟩.
22.2	/b	Ji tu wavukc lunw ktuli kavtu kumwtumwkwn, ok ktuli kavtwnalwkwn,
	/p	ší=tá wwa·hák·e lənu któli-káhta-kəmo·t·əmúk·o·n, ó·k któli-kahto·nalúk·o·n,
	/t	Or if I know there is a man who intends to rob you and wants to kill you,
	/n	⟨ku-|mwtumwkwn⟩.
	/b	mutu vuh a khanemei mutu lulwanc? Piji a.
	/p	máta=háč=á· kčani·mí·i, máta ləló·wane? píši=á·.
	/t	wouldn't you criticize me, if I didn't tell you? Yes you would.

22.3 /b Ji tu wavukc lunwuk ktuli kavtu nwhqc lwkwn netes tu kvaky;
/p ší=tá wwa·hák·e lə́nəwak ktə́li-káhta- nó·čkwe -lúk·o·n, "ní·t·i·s=tá khák·ay,"
/t Or if I knew that men wanted to say to you unseriously, "You're my friend,"
/n ⟨nwh-|qc⟩.

/b jwq kavtu keolwkonc ktulavhrswakun;
/p šúkw káhta-ki·ɔlúk·ɔne ktəlahče·s·əwá·k·an,
/t but if they wanted to cheat you out of your property,
/n ⟨ke-|olwkonc⟩.

/b mutu vuh a kwnhi pemrlumewun mutu lulwunc?
/p máta=háč=á· kúnči-pi·me·ləmí·wən, máta ləló·wane?
/t wouldn't you think me deceitful because of it, if I didn't tell you?
/n ⟨kw-|nhi⟩; 'deceitful' for pi·m- 'slanted, etc.' is a guess.

/b Jaxavki a khanrluntum.
/p šáxahki=á· kčane·lə́ntam.
/t You would certainly be disappointed.
/n ⟨Jaxav-|ki⟩.

22.4 /b Ji tu nrwulunc ktuli neski krkw mehen nrlkon a,
/p ší=tá ne·wəláne ktə́li- ní·ski-kéku -mí·č·i·n nélkɔn=á·,
/t Or if I see that you're eating something nasty that would kill you,
/n ⟨meh-|en⟩.

/b mutu vuh a kwnhi pemrlumewun hetkwseanc,
/p máta=háč=á· kúnči-pi·me·ləmí·wən či·tkwəs·iá·ne,
/t wouldn't you think me deceitful because of it if I kept silent,
/n ⟨pemrlum-|ewun⟩; see 22.3.

/b konu lenwlunc knevlan kvaky?
/p kɔ́na li·nó·lane kəníhəla·n khák·ay?
/t if I let you kill yourself?
/n ⟨knev-|lan⟩.

22.5 /b Bv tu bqc ktahemwlxulun rlenamu ok rli watao.
/p yúh=tá, yúkwe kta·č·i·mo·lxə́lən e·lí·nama ɔ́·k é·li-wwá·taɔ.
/t Listen, I'm now telling you about what I've experienced and what I know to be.

/b Trku tu klustael.
/p té·ka=tá kələstái·l.
/t I warn you, listen to me!

22.6 /b Krkw tu nrm alwe a qrtamun. Fumri prlivkon,
/p kéku=tá nné·m aləwí·i=á· kwé·taman, nkəmé·i pe·líhkɔn.
/t I saw something you should fear more, which always destroys you.
/n ⟨Fum-|ri⟩.

/b fumri eku ktulwxolwkwn cntu a ktumakseun.
/p nkəmé·i íka ktəlo·x·ɔlúk·o·n énta-ktəma·ksían.
/t It always takes you to where you are miserable.
/n ⟨cn-|tu⟩.

/b Kutu vuh watwn?
/p kkát·a-=háč -wwá·to·n?
/t Do you want to know what it is?

/b Vwijki tu nhwv.
/p wə́ški=tá, nčú.
/t It's whiskey, my friend.

/b Tamsc a ktetc koh vuh ct?
/p tá·mse=á· ktíte, "kɔ́č=háč=ét?"
/t Do you maybe wonder why?

/b Luvupu ‖ ktulun.
/p lahápa ktə́llən.
/t Let me tell you.

23.1 /b Wefwsumwet vuh avoprb? ji vuh wuli lusw? ji vuh xifwrlumwqsw? ji vuh lupwr?
/p winkó·s·əmwi·t=háč ahɔ·p·é·yu? ší=háč wə́li-ləs·u? ší=háč xinkwe·ləmúkwsu? ší=háč ləpwé·?
/t Is a drunkard rich? or is he good? or is he respected? or is he smart?

/b Takw tu.
/p takó·=tá.
/t No.

23.2 /b Nevlahi ct ktrpi nrmun wcnhi mutu avopret, ok wcnhi mutu wuli luset,
/p nihəláči=ét ktépi-né·mən wénči- máta -ahɔ·p·é·i·t, ɔ́·k wénči- máta -wə́li-lə́s·i·t,
/t I guess you can have seen for yourself why he's not rich and why he's not good,

/b ok wcnhi mutu lupot, ok wcnhi mutu xifwrlumwqset.
/p ɔ́·k wénči- máta -ləpɔ́·t, ɔ́·k wénči- máta -xinkwe·ləmúkwsi·t.
/t and why he's not smart, and why he's not respected.
/n ⟨xifwr-|lumwqset⟩.

23.3 /b Wuli a punarluntumunc knrmun a li Vwjki wunhi nuni lr.
/p wə́li-=á· -pəna·eləntamáne, kəné·mən=á· lí- wə́ški -wə́nči- nə́ni -lé·.
/t If you study it well, you'll see that that happens because of whiskey.
/n ⟨Vwjki⟩ for ⟨Vwijki⟩ (22.6).

[*Rule.*]
[*The Evils of Whiskey.*]

23.4 /b Knatwtumaen vuh li mutu vuji rlaprmko wunheyei vwijkif?
/p kənat·o·t·əmái·n=háč lí- máta háši e·la·p·é·mkɔ -wənči·aí·i wə́škink?
/t Do you ask me whether nothing useful ever comes from whiskey?
/n ⟨rlapr-|mko⟩; subordinative for 'whether' complement.

/b takw tu vuji.
/p takó·=tá háši.
/t Never.

/b Krkw ksi ct lu wcnhi wivifi awrn munrt?
/p kéku=ksí=ét=láh wénči-wihinki- awé·n -məné·t?
/t Why then, you wonder, does anyone like to drink it?
/n ⟨Kr-|kw⟩.

23.5 /b Rlik kpuhat.
/p é·li-=k -kpə́č·a·t.
/t Well, because they're foolish.

/b Kvehi tu jwq krphahek tuli wifwsumwenro.
/p khičí·i=tá šúkw ke·pčá·č·i·k təli-winko·s·əmwi·né·ɔ.
/t Truly only the foolish are the ones that are drunkards.
/n ⟨Kvehi⟩ (only here) presumably for ⟨Kvehei⟩.

/b Ji vuh ktclwc aluntc ok wropset wifwsumw.
/p ší=háč ktə́ləwe, "a·lə́nte ɔ́·k we·ɔ́·psi·t winkó·s·əmu."
/t Or do you say, "Some white people are also drunkards"?

23.6 /b Rlix ok nrk kpuhavtet.
/p é·li-=x ɔ́·k né·k -kpəč·áhti·t.
/t It's because they, also, are indeed foolish.

/b Konu ct ok ktetc, mutu a wropset memanetaqc ta awrn mwemunrwun.
/p kɔ́na=ét ɔ́·k ktíte, "máta=á· we·ɔ́·psi·t mi·manni·tá·k·we, tá·á· awé·n mwi·məné·wən."
/t Maybe you also think, "If the Whiteman never made it, no one would ever drink it."

23.7 /b Kjekunul ok mevmanetw wropset,
     /p kší·k·anal ó·k mihəmanní·to· we·ó·psi·t.
     /t The Whiteman also makes knives.

     /b nuni vuh a wunhi keskekovjan awrn vokyu,
     /p nə́ni=háč=á· wwə́nči-ki·skíkɔhša·n awé·n hókaya,
     /t Would that be the reason why someone cuts their head off,
     /n ⟨nu-|ni⟩.

     /b rli mevmanetaq kjekunu wropset.
     /p é·li-mihəmanní·ta·kw kší·k·ana we·ó·psi·t?
     /t because the Whiteman makes knives?

     /b Mutu a awrn memunrtc ta awrn wifi manetwun.
     /p máta=á· awé·n mi·məné·t·e, tá=á· awé·n wwínki-manni·tó·wən.
     /t If no one drank it, no one would be willing to make it.

24.1 /b Ktulwc vuh jwq nwivifi lwq wropset Mvalumai?
     /p ktə́ləwe=háč, "šúkw nəwihínki-lúkw we·ó·psi·t, 'mhalamái.'"?
     /t Do you say, "But the Whiteman always likes to say to me, 'Buy it from me.'"?

     /b Qelu ksi lusi wunhi mvalumun, rli lwkon mvalumai.
     /p kkwí·la-=ksí -lə́s·i: wénči-mhálaman, é·li-lúk·ɔn, "mhalamái"?
     /t Are you saying you can't do anything about it: the reason you buy it is because he tells you to buy it?
     /n ⟨wunhi⟩ for /wénči/ (cf. ⟨wcnhi wvifi mvalamun⟩ B 1834b:12; also 21.5);
         ⟨mvalum-|un⟩.

     /b Takw ne fuski letrvai kwifi a krkw mvalam nrlkon a,
     /p takó· ní· nkáski-li·t·e·há·i, kəwínki-=á· kéku -mhálam nélkɔn=á·,
     /t *I* can't believe you would want to buy something that would kill you

     /b jwq wropset lwkonc mvalu.
     /p šúkw we·ó·psi·t lúk·ɔne, "mhála."
     /t if a Whiteman just tells you, "Buy it."

24.2 /b WRMI.
     /p wé·mi.
     /t That's all.

www.ingramcontent.com/pod-product-compliance
Lightning Source LLC
Chambersburg PA
CBHW060420010526
44118CB00017B/2289